末世举人刘大鹏

濬文
Revival

末世举人
刘大鹏

行 龙 著

山西出版传媒集团 三晋出版社

目录

从《碑铭》说起 /001

刘大鹏及其《退想斋日记》
一、标注本《退想斋日记》 /023
二、相关研究述评 /027
三、"内地乡绅"刘大鹏 /033
四、稿本《退想斋日记》 /060
五、遗存著述 /066

初为塾师
一、初为塾师 /076
二、刘玠入泮 /089

三、刘大鹏中举　　/099

个体的灾害史
一、毒品　　/118
二、瘟疫　　/125
三、悬想"个体的灾害史"　　/133

"详尽而反复"的生命史
一、生老病死　　/138
二、一点讨论　　/167

抗战叙事
一、"大清之人"　　/185
二、"无政府之时代"　　/194
三、"民穷财尽"　　/206
四、"再生"五年　　/214
五、相关的讨论　　/231

刘大鹏与晋祠

一、斯祠斯人　　/242

二、纂修《晋祠志》　　/248

三、重修晋祠　　/256

四、最后的牵挂　　/266

一部《晋祠志》　前后两版本

一、关于十六卷本《晋祠志》　　/275

二、十六卷本与四十二卷本比勘　　/282

三、十六卷本增减之"文本的背后"　　/292

刘大鹏生平及著述简表　　/307

后记　　/323

编后记　　/325

从《碑铭》说起

这里的《碑铭》，即指立于太原晋祠圣母殿南侧廊的《刘友凤先生碑铭》。

晋祠不仅是中国现存最早的古典祠庙园林，且以其数量众多的文物遗存享誉海内外。唐太宗李世民亲撰亲书的《晋祠之铭并序》，以其年代久远且引领行书新气象而冠晋祠三大名刻之首，唐叔虞祠、翰香馆、难老泉、圣母殿、奉圣寺各处碑廊更有金元以来各种碑碣百余通。陈毅《游晋祠》诗有"金元明清题咏遍"，以"题咏"移作"碑碣"，当亦不过。

在晋祠众多的碑碣中，我对圣母殿南侧廊最西边的那通《刘友凤先生碑铭》情有独钟。已经记不清多少次看过此碑了，最近的一次是在2023年6月2日。当日，沿着晋祠中轴线一路观摩西行，在庄严古朴气势宏伟的圣母殿前徘徊感叹良久，绕廊而西，我与山西大学中国社会史研究中心张玲（中心外聘教授，现任英国剑桥李约瑟研究所教授）、李嘎、张力及赤桥村梁计元、北大寺村武海龙一行六人聚集在《碑铭》周围。

即如拿到一本新书一样，我的习惯是先看"前言后语"。

2023年6月,与张玲等在晋祠观碑

同人要我对碑文作以简单讲解,便依旧习如法道来。《碑铭》劈头一句:"民国三十有一年,夏历七月十九日,太原刘友凤先生卒于里第。"民国三十一年,即公历1942年。碑铭主人刘大鹏字友凤，别号梦醒子、卧虎山人。里第，即晋祠北"一箭之遥"的赤桥村。卒年已到20世纪40年代，纪年仍以夏历民国纪年，这倒也符合刘大鹏生前的习惯。

"邑人王景文辈恐其潜德幽光寂寞千秋也"，"将谋被诸贞石"。说的是太原县王景文等人，唯恐刘大鹏德业寂寞千秋而倡立此碑。按，王景文（1873—1955），名惠，太原县刘家堡（今属太原市小店区）人，晚清副贡，热心公益，善书法而喜藏书，家境殷实为一邑富户。王景文又是王琼之十四代孙，而王琼则与于谦、张居正并称明代三重臣，誉满朝野。

王景文少刘大鹏16岁。民国以来，两人交往逐渐增多。举凡进县署与县长交涉有关事务、受邀县长"吃春酒"、同为太原县保存古迹古物委员会委员参加月初例会，以至于家事互相应酬等多有交情。刘大鹏离世前的最后三年，王景文前后两年来赤桥拜年。听闻刘大鹏腹泻数日，王景文托人送来饼干和罐头，并亲往赤桥刘家看视，嘘寒问暖。刘家被日军劫掠，无粮度日，王景文派人送来粮食，帮刘家度过饥荒。民国三十一年（1942）二月初三日，也就是刘大鹏离世的五个月前，刘大鹏的二孙女之女嫁给了王景文之孙，二人也可算是儿女亲家。刘大鹏则无事会到晋祠附近的长巷村下油房磨找王景文会面。六月初八日，86岁的刘大鹏往晋祠访前数日仍以补修晋溪书院［明嘉靖十一年（1532），王琼之子王朝立以王琼别墅"晋溪园"改建］的王景文不遇，他又徒步到下油房磨与王会面，"坐谈一时，即行告辞"，这可能是刘大鹏生前二人的最后一次见面。刘大鹏一生交往甚广，可以交心的朋友却也不多，但刘大鹏说王景文与他"情谊甚深"。[1]以王景文之社会身份及其与刘大鹏的交情，倡立此碑，众皆敬从。

看过"前言"，再看"后语"。《碑铭》经理人共二十人：韩笑山、陈国英、张友椿、石昆、王国珍、胡国佐、张光鉴、高振福、孙宜松、贾性灵、郭廷荣、陈守仁、焦政国、孙恕、牛天秩、高映嵩、纪廷瑛、任宝麟、苏全忠、曹俊臣。

二十位经理人，要一一举其行迹，实在是太难为我了。不过，在看过刘大鹏的现存著述，尤其是他写了半个多世纪的《退想斋日记》（简称《日记》）稿本后，我与其中几位倒是似曾相识：

最眼熟的是张友椿。张友椿（1897—1966），字亦彭，又作逸蓬。太原县城后街人。早年毕业于省城太原有名的阳兴中学，后在县境小店、南堰等地任高小教员。中华人民共和国成立后，曾为晋祠古迹保管所负责人，现有《晋祠杂谈》《太原文存》《阎若璩学谱、阎若璩年谱》出版行世。

刘大鹏与张友椿的父亲为莫逆之交，身为教员的张友椿嗜书如命，且钟情于地方文化研究。20世纪30年代起，张友椿多次从刘大鹏处借来还去刘氏所著《晋祠志》《晋水志》《重修孙家沟幻迹》等著述。民国二十五年（1936）五月底，他曾对刘大鹏言，《晋祠志》十六卷缩写本欲送南京，或送上海商务印书馆，刘大鹏请其"酌量办理"。[2]后来，张友椿果然

---

[1] 刘大鹏著：《退想斋日记（稿本）》，民国三十年六月初十日，山西省图书馆藏。
[2] 刘大鹏：《退想斋日记（稿本）》，民国二十五年五月二十七日。

致信商务印书馆总经理王云五，推荐出版十六卷本《晋祠志》。[1]

民国二十年（1931）三月初七日，刘大鹏正月接到张友椿来函，请其为父亲作一墓表，刘氏欣然接受。[2]越十年，民国三十年（1941）七月初二日，时在省教育厅充任科员的张友椿又到赤桥家中，托刘氏为其母七十寿辰作寿屏并诗。[3]刘大鹏是否作诗以为其寿，笔者迄今未曾看到，

张友椿题写的《晋水志》书牌

墓表和寿序倒是有幸存世。刘氏所作《张山卿先生墓表》中称，他与张相交"历数十年之久，毫无疑义，非但系忘形之友，而且为耐久之朋"[4]。《张逸蓬母宁太孺人七十寿序》，则将张逸蓬之嘉言懿行及其母壸范妇德全行表出。[5]张友椿"克

---

[1] 蒙谢泳先生示知此信影印件，特致谢忱。影印件见本书《一部〈晋祠志〉前后两版本》。

[2] 刘大鹏：《退想斋日记（稿本）》，民国二十年三月初七日。

[3] 刘大鹏：《退想斋日记（稿本）》，民国三十年七月初二日。

[4] 刘大鹏：《张山卿先生墓表》，见张友椿编：《太原文存》，太原：三晋出版社，2016年版，第281—283页。

[5] 参见谢泳：《晋省稀见文献四种及解析》，载行龙主编：《社会史研究》第14辑，北京：社会科学文献出版社，2023年版，第319—322页。

尽孝道",且有"好学之心",刘氏在寿序中也多有表彰。

经理人中两位县署科长或科员在后期的《退想斋日记》中也曾出现。一位王国珍,民国二十九年(1940)为太原县署第一科科长。寒冬腊月三九天前一日,刘大鹏曾面见县长,为四儿子刘玞谋取县署差务员一职,想必第一科科长王国珍应知情。十二月十二日《日记》写道:"本县第一科长王国珍将为玞儿荐在本县公署充一差务员。"[1]

另一位高映嵩,大概属科员一级。民国二十九年(1940)十一月初四日,刘大鹏照例赴县,准备翌日参加保存古迹古物委员会例会,并将十六卷本《晋祠志》亲手交于高映嵩之手。第二天,又见高某,被告知会期已改,刘氏返回。[2]王、高二人,均载入翌年刘大鹏85岁生日祝寿"县公署科长科[员]"之名录。[3]

经理人中另两位,纪廷瑛和高振福,则在刘氏所著《太原现状一瞥》中见过。该书成书于刘大鹏去世的前一年,而所记多为20世纪30年代太原县事务,内容实为刘氏上书山西省政府和南京中央政府的状告信。书前,刘氏有一个很简略的说明,谓其身处乱世,将手撰之文卷重行整理,"先将《太原现状一瞥》三卷另葺一册"。

卷二提及"小店之镇长冀(纪)廷英(瑛)"谓,民国二十二年(1933)兴修同蒲铁路时,一切费用按户起派,筑

---

[1] 刘大鹏:《退想斋日记(稿本)》,民国二十九年十二月十二日。
[2] 刘大鹏:《退想斋日记(稿本)》,民国二十九年十一月初四日、初五日。
[3] 刘大鹏:《退想斋日记(稿本)》,民国三十年五月十八日。

路工人工资亦不予发放，而包工头竟向太原县各村讨要此项工资，多数乡镇街长对此概不承认，时任县长陈洒蓉却蛊惑包括纪廷瑛在内的四位乡镇街长"先行承认"。[1]

另一位高振福当为太原县第三区联校校长，兼任戴家堡乡副乡长。《太原现状一瞥》提及他的两件事。一为民国二十一年（1932），第三区郜村聘任孝廉郝济卿为小学教员，"该众皆欣慰，教育局并未干涉"，而第三区联校校长高振福"决不承认"，以致"触动众绅之公愤"，众绅面禀县长，县长允许郜村自行聘请小学教员作罢。再者，高振福"包办各村之学校教员，每岁该村出薪金二百元，该教员仅得一百四十元，而联合校长即得三四十元，教育局员得十元八元"[2]。按，郝济卿为刘大鹏早年省城崇修书院同窗好友，光绪二十年（1894）同时考中甲午科举人，光绪二十一年（1895）和光绪二十四年（1898）两次公车北上参加会试，两人均曾同行。晚年两人交好如初，直到民国二十二年（1933）八月郝氏去世。刘大鹏深为郝济卿的去世而哀感，称其"失一品学兼优之良友矣"。[3]刘、郝交谊，终其一生，此处不得不提。

二是指责高振福为"媚官殃民之绅士"。民国二十二年（1933）夏秋之际，太原县遭受特大水灾，报灾村庄百余处，而县长陈洒蓉仍饬令各乡镇街长征收秋季钱粮，并征民国十

---

[1] 刘大鹏：《弹劾山西太原县贪官污吏劣绅痞棍章》，《太原现状一瞥》卷二，手稿。

[2] 刘大鹏：《弹劾山西太原县贪官污吏劣绅痞棍章》，《太原现状一瞥》卷二，手稿。

[3] 刘大鹏：《退想斋日记（稿本）》，民国二十二年九月十四日。

六年至二十年之缓征。乡镇街长及绅士数人，包括"戴家堡之乡副高振福"等，媚官殃民，助桀作恶，勒逼村民完粮。又，山西省政府虽已下令各机关人员不准兼差，而高振福充任联校校长多年，仍然兼充整理白契调查员、十年建设计划调查员、县财务局副局长，此为"违背兼差之训令"。[1]让我感到有点惊讶的是，民国二十九年（1940）十月，即刘大鹏去世前的两年，他和高振福都去参加了戴家堡原万义生木店号掌李玉昌的葬礼，刘大鹏称他与高"旧相友善……相谈夜深"。[2]二人谈话内容已不可知，时过境迁，或许一笑而已。

二十名经理人中更让我惊愕的是陈守仁。民国二十三年（1934）六月初，刘大鹏赴县访陈守仁不遇，却在老友陈寅庵处听说，陈守仁因有人指控其为共产党，已逃至天主教聚集的洞儿沟，且已加入天主教。[3]三年后的又一个六月初，时在洞儿沟的陈守仁邀请刘大鹏前往参加洞儿沟天主教夏令会，刘大鹏因为腹泻未能前去。[4]陈守仁是否真为共产党？直至刘大鹏去世，《日记》并未提及。

最后一位见识过的经理人名"孙恕"。民国二十六年（1937）全面抗战爆发后，孙恕时为晋祠镇镇长。十月初六日，立冬，太原失陷，晋水流域民众多入西山避乱，年已八十的刘大鹏在家死守。十一、十二两日，他应邀到县。县城

---

[1] 刘大鹏：《弹劾山西太原县贪官污吏劣绅痞棍章》，《太原现状一瞥》卷二，手稿。

[2] 刘大鹏：《退想斋日记（稿本）》，民国二十九年十月二十六日。

[3] 刘大鹏：《退想斋日记（稿本）》，民国二十三年六月初九日。

[4] 刘大鹏：《退想斋日记（稿本）》，民国二十五年六月初一日。

并无日本人,县政府人员已全行逃匿,四街长召开维持地方会议,拟于十五日召集各村村长开联合会。十四日上午,刘大鹏急急到晋祠见镇长孙恕,打听翌日是否开会,孙言并未接到开会传单,不知如何,刘氏怏怏而归。[1]后来孙恕被绑票而去,三个月后又乘隙逃回,仍到镇公所办公,他也只是听之于传言。[2]

此外,从《退想斋日记》可知,另一经理人石昆担任县高等学校的校长。

以上观之,二十名经理中,或县署科长、科员,或镇长、乡长,或邑之乡绅,或共产党人,或教会人士……陈国英则是太原青帮的成员,可见当时太原县从官方到民间,各个方面的人物都参与了《刘友凤先生碑铭》的立碑事宜。由此亦可见刘大鹏的社会声望和影响。行笔至此,不禁想到刘氏后裔追述的刘大鹏离世后之葬礼盛况。[3]

接下来,《碑铭》撰文者阎佩礼,为民国时期太原一带乡绅名流。

阎佩礼(1882—1945),太原县西寨村人,清代考据大家阎若璩后裔。阎自幼聪慧,光绪二十九年(1903),22岁即乡

---

[1] 刘大鹏:《退想斋日记(稿本)》,民国二十六年十月十一日、十二日、十四日。

[2] 刘大鹏:《退想斋日记(稿本)》,民国二十六年十一月初九日、民国二十七年二月二十日。

[3] 2021年11月19日,偕刘大鹏后裔刘卫东访刘佐卿笔记。刘佐卿(1926—),刘大鹏第四孙,是为与祖父刘大鹏一起生活,现今在世的刘氏后裔。据言,刘大鹏离世后,仍着清朝官服,刘家出卖十余亩土地以送葬。邻里乡党各界人士云集,极尽哀荣。

试中举。历任太原阳兴中学校长及河南偃师、山西吉县、永和、偏关等县县长，后任山西省教育厅秘书处主任、山西教育会会长等职。阎生性敦厚，一生以文化教育为重，子弟多有成才，深得乡民敬重。

阎、刘两家亦多有交情。光绪二十九年（1903）八月，山西因义和拳事件，乡试改往陕西，刘大鹏次子刘瑄等十人赴秦参加乡试，刘瑄落第而阎佩礼中举。九月二十四日，刘瑄到西寨村为阎佩礼贺喜，刘大鹏认为此"人之常情也"。[1] 翌年（1904年）春，长子刘玠又与阎佩礼相偕赴河南开封会试。民国二年（1913）十一月，刘氏为省钱省事，将长子刘玠续弦和长女出嫁二事合于一日办理，长女红荚正是嫁给阎佩礼之胞弟阎佩书，可谓门当户对。阎佩书后考入北京大学法学院，毕业后曾在察哈尔、河南、安徽、上海等地任职。民国二十一年（1932）赴任陕西米脂县县长。可怜他上任不足两年，年仅四十岁，身心疲惫病死在任上。

民国二十一年（1932）十月，太原县成立保存古迹古物委员会后，刘大鹏和阎佩礼同为该委员会委员，两人交集当更多。

"阎佩礼撰，王惠书。"此"王惠"乃王景文，"景文"是王惠的字号。王景文不仅首倡发捐立碑，且以其工整的楷书书写了《碑铭》。"王惠书"后，紧接一句"谨将捐资芳名另缮一册俾刘氏子孙珍藏，以志感德不忘云尔"。可惜，遍访刘氏后裔诸人，此捐资名册不得复见。

---

[1] 刘大鹏：《退想斋日记（稿本）》，光绪二十九年九月二十四日。

《碑铭》落款"中华民国三十三年，岁次甲申，腊月吉日，王钊勒、陈肄三石、马颐年、寿阳李光祖镌"。

勒石者王钊系赤桥村人。刘大鹏称其为"邻人"。民国二十一年（1932）春，王钊曾为刘大鹏推荐小学生，请其在家设帐教授，刘大鹏不得已而应允，又做起了一次教书先生。是年底，王钊送来脩金一百元，另加十元，刘大鹏说他"可谓厚道之至矣"。[1] 刘大鹏得病，王钊会前来看视，刘大鹏也乐于前往王家助婚，并为王母葬礼做题主。[2] 刘大鹏逝世的前几年，王钊为赤桥村村长。民国二十七年（1938）三月，王钊曾被土匪用铁棍击中，出血十余处，幸未丧命。[3] 民国二十九年（1940）年底，赤桥改选村长，王钊当选，虽欲辞退而不能。[4] 越两年立此《碑铭》，王钊当仍为赤桥村村长。

陈肄三与刘大鹏亦为儿女亲家。民国九年（1920），刘大鹏孙女刘喜鸾嫁于陈肄三儿子陈琬。刘大鹏又与其兄陈寅庵交情深厚。陈寅庵为清末廪生，太原一带知名士绅。民国以后，他与刘大鹏交往甚多。20世纪30年代后，两人同为县保存古迹古物委员会委员，又同为县文献委员会委员。刘大鹏每次赴县参加有关会议或办理其他事务，多会到城内东街陈家与其会面，在陈家吃饭休息。民国三十年（1941）五月十二日，陈寅庵逝世，85岁的刘大鹏"亲身往吊，尽我哀

---

[1] 刘大鹏：《退想斋日记（稿本）》，民国二十一年三月初十日、十二月二十二日。

[2] 刘大鹏：《退想斋日记（稿本）》，民国二十八年三月十八日。

[3] 刘大鹏：《退想斋日记（稿本）》，民国二十七年三月二十三日。

[4] 刘大鹏：《退想斋日记（稿本）》，民国二十九年十二月二十二日。

情"。[1] 二十五日，他本欲参加陈寅庵葬礼并在灵前题主，因病而未往。不料，二十四日，又接到陈肆三其妻张氏去世的讣闻。一柩尚未安葬又来一柩，刘大鹏在《日记》中写道："固其家之大不幸事，令人惋惜焉。"[2]

马颐年此人，在刘大鹏的现存著述中并未提及。感谢刘卫东先生的有益提示，太原市晋源区政协所编之《晋阳文史资料》第一辑中有《华严石经与太原县风洞》一文对马颐年有所介绍。据言，马颐年在抗战时期任日伪太原县第一区助理员。约在民国二十九年（1940）秋，驻守太原县城的日军小队头目伊藤曹长命马颐年派民夫挖取风洞内贮藏的《华严石经》，马奉命行事，差使民夫将洞内石经挖出至洞口附近。之后，马颐年意识到日军欲将石经劫运至日本，遂将此事暗地报告予民政科科长王国珍，刘家堡绅士王景文当时在场。再后来，经太原县各方人士的共同努力，打消了日军劫运石经的计划，《华严石经》全部运往晋祠庙内保存。[3] 查民国三十年（1941）八月初二日《日记》，刘大鹏得知消息，初五日有省派郭委员来县考察风洞之《华严经》古碑，初四日召开保存古迹古物委员会例会。初四日，刘氏赴县参加例会，讨论风洞古碑及其他事宜。初五日，委员们坐一大车到风洞迎接省委员，等候多时并无消息。后来等到的是一位省陆军特务

---

[1] 刘大鹏：《退想斋日记（稿本）》，民国三十年五月十六日。

[2] 刘大鹏：《退想斋日记（稿本）》，民国三十年五月三十日。

[3] 胡春英、王鸿宾：《华严石经与太原县风洞》，载政协太原市晋源区委员会编，杜锦华主编：《晋阳文史资料》第一辑，1999年版。

机关班长，此人曾手持"电灯"入洞，验视石碑，历时而出。遂在洞口会议石碑移动与否，未曾决议而返。[1] 可以肯定的是，马颐年、刘大鹏都参与了这个时期保护风洞《华严石经》的有关事宜，刘氏生前当与马颐年相识。至于马颐年说到的"约在1940年秋"，或许是年过八旬老人的记忆之误。

"寿阳李光祖镌"，镌意"凿"，镌刻，镌石。寿阳多石匠，这在晋中一带属于常识。据王景文后人回忆，李光祖系寿阳细石匠，早年来太原县，久居刘家堡。

《碑铭》拓片

《碑铭》的书写与铭刻都是在刘家堡完成的。前后历时两年，民国三十四年（1945）正月立碑于晋祠圣母殿南廊下。[2]

---

1 刘大鹏：《退想斋日记（稿本）》，民国三十年八月初二日、初四日、初五日。
2 2023年6月2日，王景文后人口述。

谈过"前言后语",我们回头看看《碑铭》内容。《碑铭》楷体竖排,无标点分段。现依叙述先后,大体分作五段:

首先是刘大鹏的履历。"九岁受业同里刘丽中先生门下,凡十余年","壬午,偕同研友张干臣桢赴省入崇修书院,前后十年",这是刘大鹏青少年时期求学的主要经历。同里刘丽中,即赤桥北刘刘午阳。刘氏授徒先以《孝经》、朱子、小学,"教人不沾沾于举子业",而"必勖以孝弟忠信礼义廉耻诸大端"[1],这对刘大鹏的一生都产生了很大的影响。光绪壬午(1882年),刘大鹏到省城崇修书院研修,偕同前去者同门张桢。刘大鹏视张为大孝子,《晋祠志》特立《张孝子桢传》,言其妻"犯七出之首",张"遂出其妻"事。然时人皆以为非,刘大鹏慨叹"孝道之不明久矣"。[2]刘午阳私塾和崇修书院肄业中间,刘氏曾在太原县桐封书院肄业一年,"为梗阳王效尊山长激赏之"。在崇修书院,同样得到包括山长杨深秀等人的指授,"学益大进"。

光绪二十年(1894)八月,在乡试"七科而不得",登科之心渐泯的心绪中,刘大鹏再一次参加乡试,居然中举!这是他的高光时刻。耳顺之年后的刘氏仍以自己"已经登科吏部,注册为拣选知县"自誉。[3]翌年(1895年),刘氏公车北上首次参加会试,落第而归。戊戌(1898年),再次赴京会

---

[1] 刘大鹏著,慕湘、吕文幸点校:《晋祠志》卷二十五《刘师竹先生传》,太原:山西人民出版社,2003年版,第480—481页。

[2] 刘大鹏:《晋祠志》卷二十五《张孝子桢传》,第482—483页。

[3] 刘大鹏:《退想斋日记(稿本)》,民国十一年三月二十八日。

试，又名落孙山。然亲睹京师之奢华，津门之繁华，"浅见耳目遂觉较前扩充矣"。

二段书其有关乡邦文献著述。两次公车北上，会试不中，紧接着庚子年（1900）义和团来了。《碑铭》谓："时值庚子乱后，国势丕变，先生争胜礼闱之心顿减，始惄然有意乎不朽之作，其于乡邦文献探讨尤力。"乡邦文献者，《晋祠志》十六卷、《晋水志》十三卷、《汾河河渠志》若干卷、《重修孙家沟幻迹》二卷、《柳子峪志》八卷、《明仙峪记》四卷。"此外凡有关枌榆掌故之作，散见先生他著者又数数观。"

三段书其"种种善举"。有民国二十三年（1934）上书南京中央政府豁免苛捐杂税，恢复太原县征粮旧法；清末充省谘议局议员；民国初年充任县议会议长；民国初期修葺晋祠庙宇；20世纪30年代保存古迹古物等，"种种善举，笔难罄述"。

接下来是生卒、家世、子女诸端。刘大鹏，生于清咸丰七年（1857）五月十八日，卒于民国三十一年（1942）七月十九日，终年86岁。曾祖刘美，祖父刘兴义，父亲刘明，"义高一乡，世称善人"。父亲刘明（1825—1907），早年习武，武童生，后经商。光绪十年（1884）在太谷里满庄（今里美庄）创设万义和木店，直至晚年在家去世。母亲刘氏，谨守礼法，治家勤俭，"族党咸为称颂"。[1]其子五人：长子刘玠（1876—1928），光绪二十年（1894）入泮，光绪二十八年

---

[1] 刘大鹏：《先妣刘太孺人闺范记》，载张友椿编《太原文存》，太原：三晋出版社，2016年版，第342—343页。

（1902）中举。民国初期任太原县高等小学校教员、县劝学所所长，后去代县任教。次子刘瑄（1881—1958），光绪二十四年（1898）入泮，光绪二十八年（1902）入山西大学堂校士堂，曾在赤桥设馆教书。三子刘珦（1892—1961），民国时期曾在赤桥村、南张村小学校教书。四子刘玢（1897—1978），民国初期，先后在太原县高等小学校、省城阳兴中学、师范讲习所就学。后在榆次、太原等地教书。抗战时期在文水、太原县政府任职。五子刘钰（1920—1988），民国二十五年（1936），晋祠高等小学校毕业，先后在赤桥、三家村等地做教员。这就是《碑铭》所谓五子"均业儒"。两个女儿：长女红荑，嫁西寨村阎佩礼胞弟阎佩书。次女翠荑嫁清源县长头村张永福。四个孙子：仲卿、佑卿、俊卿、佐卿，可谓瓜瓞绵延。

最后一段是除"系于乡邦文献者"以外，有关个人和家庭的其他著述。《碑铭》所列有：《醒梦庐文集》八卷、《卧虎山房诗集》三十五卷、《从心所欲斋妄咏》五十卷、《潜园琐记》六卷、《衔恤录》十卷、《迷信丛话》十七卷、《乙未公车日记》四卷、《戊戌公车日记》六卷、《桥梓公车日记》四卷、《蓻照堂家训》二卷、《梦醒子年谱》十二卷、《退想斋日记》二百册等共21种。据刘卫东统计，《碑铭》共提到刘氏著述28种，而实际则有36种。[1]惜多数著述现多遗失，为之一叹！

《碑铭》结尾为四言铭文，兹录如下：

---

[1] 参见刘卫东编《刘氏一支子孙概况》《刘大鹏的著述》。蒙刘卫东先生示知此两种打印稿，谨致谢忱。

悬瓮之山，晋水出焉。龙蟠虎伏，国士桥边。笃生异人，信道不迁。

澡身浴德，媲美前贤。幼抱大志，解民倒悬。公车北上，猛着祖鞭。

李广数奇，蕴蓄未宣。乃喜自放，寄情林泉。余事荷锄，稼穑农田。

春秋佳日，览胜留笺。乡邦文献，关怀有缘。表扬潜德，著述连篇。

天不憖遗，杀青何年。晋水潺潺，相与呜咽。千秋万祀，其视此镌。

解读《刘友凤先生碑铭》许久，站在晋祠中轴线上的圣母殿高台，我的脑际不断地思忖着业师乔志强先生几十年前识读此碑的情景，就在初读《碑铭》后，他便萌生了搜寻刘大鹏遗著的念头，进而整理标注了《退想斋日记》吗？由近及远，毗邻晋祠的赤桥村那个普通的刘家小院——刘大鹏当年著书立说的地方，恍惚间也闯进我的脑海。

碑铭著述今何在？祠内晋水空自流。

附：

刘友凤先生碑铭

民国三十有一年，夏历七月十九日，太原刘友凤先生卒于里第。邑人士王景文辈恐其潜德幽光寂寞千秋也，于是发捐启，醵资金，将谋披诸贞石，而以碑辞相諈诿。余景仰先生有年，曷敢以不文辞。谨按先生讳大鹏，字友凤，号卧虎山人，别署梦醒子。世居县南赤桥村，性朴实。九岁受业同里刘丽中先生门下，凡十余年。备读经史诸书。年二十三，肄业县桐封书院。为梗阳王效尊山长激赏之。翌年，壬午，偕同研友张干臣桢赴省入崇修书院，前后十年，经山长闻喜杨仪村深秀、兴县康达夫际清、代州庞次符玺、寿阳任保甫明哲、张公甫鉴衡诸进士指授，学益大进。清光绪二十年甲午，遂以县学生员乡试中式，出山左高熙喆编修之门。戊戌公车北上，下第归来，乃度居庸关，经上谷郡，至云中，历雁门、勾注诸山川，俯仰古今，一寓之于诗。癸卯，公车至汴，借闱会试，亦未售。时值庚子乱后，国势丕变，先生争胜礼闱之心顿减，始惄然有意乎不朽之作，其于乡邦文献探讨尤力，以晋祠为三晋名胜之区，向无专书以纪其胜，特编《晋祠志》一十六卷，《重修晋祠杂记》二卷，晋水溉田三万余亩，邑之食其德者三十余村。乃创辑《晋水志》十有三卷，太原水利以汾河为巨，又别著《汾水河渠志》若干卷，而县中河害莫甚于晋水北河之孙家沟，以地极洼下也。先生殚精竭虑谋改筑堤堰以除之，已呈准上宪矣，会有人沮之，不果行，为撰《重修孙家沟幻迹》二卷，以望之后人。邑之西山一带，富于矿产而兼具名胜者，厥惟柳子、明仙两峪，成《柳子峪志》八卷，《明仙峪记》四卷。此外凡有关枌榆掌故之作，散见先生他著者又数数观。先生素怀康济斯民之愿，常以不得行其志为恨，岁甲戌，目睹省税繁重，民不聊生，曾上书南京中央政府为民请愿，卒蒙下令豁免苛捐杂税，一时晋民称快。他如呈请省宪撙节全县经费也，请求上峰复县征粮旧法也，充谘议局议员焉，任县议会议长焉，修葺晋祠庙宇焉，保存古物建树焉，种种善举，笔难罄述。季世江河日下，人多为己，似先生之抱遗订坠急公好义者能有几人？先生生于清咸丰七年丁巳五月十八日，春秋八十有六，墓在卧虎山麓。曾祖美，祖兴义，父明，义高一乡，世称善人；母刘氏，子五：玠，清光绪庚子、辛丑并科举人；瑄，邑增生；珣、珊、钰，均业儒。女二，孙男四。先生之书其不系于乡邦文献者，又有《醒梦庐文集》八卷、《卧虎山房诗集》三十五卷、《从心所欲斋妄咏》五十卷、《琢玉闲吟》八卷、《砭愚录》八卷、《衔恤录》十卷、《寄慨录》十二卷、《随意录》四卷、《潜园琐记》六卷、《游绵山记》二卷、《唾壶草》二卷、

《遁庵随笔》二卷、《迷信丛话》十七卷、《愠群笔谭》二十五卷、《乙未公车日记》四卷、《戊戌公车日记》六卷、《桥梓公车日记》四卷、《刘氏世系谱》三卷、《藜照堂家训》二卷、《梦醒子年谱》十二卷、《退想斋日记》二百册。噫！可谓勤矣！先生姱修自好，遗爱在人，生平所施行自订年谱甚详，兹独述其著书之旨与有功桑梓者于此，借彰盛德于万一。铭曰：

悬瓮之山，晋水出焉，龙蟠虎伏，国士桥边。笃生异人，信道不迁，澡身浴德，媲美前贤。幼抱大志，解民倒悬，公车北上，猛着祖鞭。李广数奇，蕴蓄未宣，乃喜自放，寄情林泉。余事荷锄，稼墙农田，春秋佳日，览胜留笺。乡邦文献，关怀有缘，表扬潜德，著述连篇，天不慭遗，杀青何年。晋水潺潺，相与呜咽，千秋万祀，其视此镌。

经理人　韩笑山　陈国英　张友椿　石　昆
　　　　王国珍　胡国佐　张光鉴　高振福
　　　　孙宜松　贾性灵　郭延荣　陈守仁
　　　　焦政国　孙　恕　牛天秩　高映嵩
　　　　纪廷瑛　任宝麟　苏全忠　曹俊臣

阎佩礼撰　王惠书　谨将捐资芳名另缮一册俾刘氏子孙珍藏，以志感德不忘云尔。

中华民国三十三年，岁次甲申，腊月吉日，王钊勒、陈肄三石，马颐年、寿阳李光祖镌。

甲午科舉人太原劉大鵬先生肖像

刘大鹏及其《退想斋日记》

晚清举人刘大鹏的《退想斋日记》稿本终于要由三晋出版社影印出版了！这是我多年来萦系心头的一桩学术夙愿，也是许多学界同人期盼已久的事，更是"名不出乡里"的刘大鹏意想不到的事情。我为出版方的学术识见感到高兴并为之贺！

现就刘大鹏和《退想斋日记》的相关问题作一点介绍，一得之见，尚祈指正。

一、标注本《退想斋日记》

影印本之前，曾有标注本《退想斋日记》在坊间流行，这是首先需要有个交代的。

《退想斋日记》最早为先师乔志强先生发现。先生祖籍山西交城，1928年出生于太原，1951年山西大学历史系毕业后留校任教。从那个时候开始，他就注重在田野工作中搜集整理地方文献。"山西是义和团活动的主要地区之一，为了搞清基本史实，从20世纪50年代初期开始，他就坚持背起书包，带上相机，跋山涉水，实地走访考察了许多城镇、乡村，并

乔志强先生在书斋

且通过去图书馆、档案馆以及通信访求等形式，搜集了大量稿本、档案等第一手材料。"[1]刘大鹏的《退想斋日记》正是先生田野工作所得。忆及20世纪80年代初，应《晋阳学刊》原主编高增德先生之约，为《中国当代社会科学家传略》添一乔先生小传。在谈及先生早年搜集山西义和团史料时，先生这样回忆道：早在20世纪50年代，也就是他刚从教不久，一次偶然的田野考察活动中，他发现了晋祠圣母殿左、右两廊众多碑石中的《刘友凤先生碑铭》，此碑不仅对"世居县南赤桥村"的刘大鹏生平有简略介绍，而且罗列刘氏著述二十多

---

1 行龙：《乔志强：中国社会史研究的重要开拓者》，《山西文史资料》2000年第11期。

种。先生慧眼识珠，便有了搜集刘氏文献的念头。很巧，山西大学图书馆古籍书库有位薛愈先生，世居毗邻刘大鹏家乡赤桥村的古寨村，人熟地熟，两人一拍即合。不久，薛愈先生在刘大鹏的一位亲戚家中找到了刘大鹏的遗著多种，以后很长的一段时间里，皆由薛先生从收藏者家中临时借来数册，再由乔先生不分昼夜地在学校摘抄，这便是乔先生1980年以刘大鹏《潜园琐记》及《退想斋日记》为基本史料，整理出版《义和团在山西地区史料》（山西人民出版社1980年版）的基础。20世纪80年代，乔先生发表的《山西地区的义和团运动》《从〈潜园琐记〉看义和团》《辛亥革命前夕学堂的兴起》等论文中，大多引用了这批资料。

《退想斋日记》及刘氏其他部分手稿后来辗转入藏山西省图书馆。20世纪80年代初，乔先生有关中国近代社会史研究的学术思想渐已成熟。1982年，我以大学三年级学生身份考取业师的硕士研究生，此年山西大学研究生招生简章乔志强的名下即明确标示"中国近代社会史"方向。记得硕士一年级的后半学期，先生交代我一件事情，这也是他给我的第一个任务，就是到太原市内文源巷山西省图书馆抄录刘大鹏的《乙未公车日记》和《桥梓公车日记》。很有意思的是，乔先生当时担任历史系主任，也许他的学生太多，并没有过多注意到我这样一个普通的学生，也许是口音所致，他在给省图书馆古籍部主任池秀云的介绍信中，把我的名字写成了"新龙"，好在池老师也是他早年的学生，微微一笑而过。这样，我开始趴在古籍部整日抄写，开始在字里行间认识刘大鹏。

两部日记抄写完后，乔先生又安排我和同窗徐永志抄录

《退想斋日记》中的"社会史资料"部分，次年又有下一届研究生崔树民、王先明的加入。《退想斋日记》每季一小册，煌煌二百余册！直到1985年四五月间，按照有关"社会史资料"的要求，仍有近半数未能抄录。是年暑期，我又从历史系高年级学生中请到高聪明等三位同学继续此事。如今想起三十多年前，整日带上几沓16开300格的普通稿纸，骑着自行车往十里开外的省图书馆跑，午间随便吃点儿什么，再从不收门票的迎泽公园西小门入园闲逛，不到下午开馆时间便又等候在图书馆门口，每天竟然能抄出万把字，那真是一种求学时代的辛劳与快乐。

《退想斋日记》按照先生的意见抄录完毕后，他又标点注释，并将80万字删节为近50万字，准备交付出版。1986年6月，中国社会科学院近代史所王庆成先生应先生之邀主持山西大学中国近代史硕士研究生答辩会，在一次乔先生家的早餐席间，我曾聆听两位先生关于出版《退想斋日记》的讨论，王先生极力主张出版此书，乔先生自然心领神会。1987年春，业师即将标注过的书稿及"前言"交付山西人民出版社，这也是1990年出版标注本《退想斋日记》"所见略同"的一段佳话。

时至2020年，距离山西人民出版社标注本《退想斋日记》出版已经整整三十年。三十年来，标注本"受到中外史学界广泛的征引，已经成为研究中国社会史、乡村史乃至科举史的必读书"，然坊间早已难觅书踪。有鉴于此，北京师范大学出版社谭徐锋工作室再版此书，标注本有了两个版本。北师大标注本出版之际，我曾作《标注本〈退想斋日记〉再版小

1990年山西人民出版社版和2020年北京师范大学出版社版标注本书影

引》忝列书前,以上这些文字即自"小引"转录,读者鉴之。

二、相关研究述评

1990年,山西人民出版社《退想斋日记》标注本出版后,并未引起学界过多关注,只是在乔志强先生主编的《中国近代社会史》和拙著《人口问题与近代社会》(两书均于1992年由人民出版社出版)及相关论文中有所引用。

20世纪90年代中期,罗志田最早利用《日记》标注本开展了有关科举制度废除与近代中国乡村社会的研究,他在台湾新竹《清华学报》(1995年第25卷第4期)发表了《科举制的废除与四民社会的解体:一个内地乡绅眼中的近代社会变迁》一文,又在《读书》(1996年第10期,署名:罗厚立、葛佳渊）发表了《近代中国的两个世界——一个内地乡绅眼中的世事变迁》一文，这个"内地乡绅"就是刘大鹏，征引的材料自然是《日记》。前文以《日记》所记科举废除前后二十年的社会变迁，探讨"四民社会"这一社会结构变迁的历程。后文则以刘大鹏在不同地区的见闻，论证以京师和通商口岸及其影响辐射区为一方，以广大内陆地区为另一方来划分晚清两个"世界"的观点。罗氏两文对刘大鹏及其《日记》的研究具有开拓之功。关晓红利用《退想斋日记》和《朱峙三日记》发表的《科举停废与近代乡村士子——以刘大鹏、朱峙三日记为视角的比较考察》（《历史研究》2005年第5期）一文，立足"尽可能多层面地通过生活在同一时代的人物命运及其生存状态来展现历史事件的进程和变化"，比较刘、朱二人眼中的科举制及其科举制度停废后各自的调适和命运，以期显示更多信息，加深对"废科举"及其社会影响的整体认识。没有想到的是，关氏这篇比较考察的论文，引来了后来多篇以刘大鹏为比较对象不同论题的不同讨论，诸如席胜魔、恽毓鼎、郝星久、蔡尔康、孙宝瑄、张枫、皮锡瑞、王锡彤等都成为另外一个比较对象。

与此同时，有关刘大鹏及其《退想斋日记》的研究，除史学界的持续关注外，社会学、教育学、传播学、宗教学、民俗学等学科都表现出相当的兴趣。刘云杉、任吉东、郝平、韩晓莉、王守恩、王海燕、田正平、花宏艳、邵雨甜、聂蕾、汴冬磊、李玉、周山仁、耿密、程浩芯、刘卫东等，分别从《日记》中涉及的日常生活、粮食价格、风俗习惯、节日礼俗、学制变革、世风士风、宗教文化、信息接受、社会危机、民众生活及刘大鹏的人生观、科举情结、阅读生活、生存逻辑、思想嬗变、修志实践、国家观念等多层次多角度地进行过不同程度的探讨。[1]正如乔志强先生三十年前为标注本所写《前言》所言："《日记》的涉及面十分广泛，从作者的视野和角度反映了这一时代的各个方面。"据笔者不完全统计，现已发表的有关刘大鹏及其《退想斋日记》的论文，包括已刊和未刊的硕士、博士论文，总数当在近百篇，虽难说是涉及"各个方面"，但论题和内容确已"十分广泛"。对刘氏及其《日记》的研究，三十年来经历了从历史学，尤其是社会史到多学科多角度的探讨过程，斯可谓中国近现代史研究领域一个小小的热点。

迄今对刘大鹏及其《退想斋日记》研究用力最勤者当属英国学者沈艾娣（Henrietta Harrison）。忆及20世纪90年代末，风华正茂的沈艾娣独自来太原开展刘大鹏研究，我曾委托当时在读的硕士生毕苑陪同她熟悉环境并做相关口述访问，也就此研究进行过简单的座谈交流。正因为她对刘大鹏及其《日记》的出色研究，山西大学中国社会史研究中心特聘其为海外客座教授。2000年，英国《过去与现在》杂志发表沈氏《中国农村的报纸与民族主义》一文，该文通过分析《日记》所载各类报纸、传言、谣言、信件等传播方式，挑战近代民族主义只是通过报纸这一近代化人士操持的主流媒体传入中国的传统观点。她的另一篇论文《华北的村落认同：刘大鹏

---

[1] 参见王禹浩辑：《刘大鹏及〈退想斋日记〉见刊论文集》，山西大学中国社会史研究中心内部稿。

日记中的地方感》，从京师、省会（太原）、县城（晋源）、镇（晋祠）、村（赤桥）的系列行政空间入手，通过对《日记》和相关资料的分析，指出城市和乡村、工业化、现代化、城市化等现代性的概念与区分，有其重要的社会历史根源，由行政区划到城乡区别，实际上是一个空间重建的过程。两篇论文在刘大鹏及其《日记》研究中，均给人耳目一新之感。

2005 年，沈艾娣的英文专著 The Man Awakened from Dreams: one Man's Life in a North China Village 1857-1942 由斯坦福大学出版社出版。2013 年，该书中文版《梦醒子：一位华北乡居者的人生（1857—1942）》由北京大学出版社出版（译者赵妍杰）。这是迄今为止有关刘大鹏研究的唯一一本专著。该书除序言和尾声两部分外，将刘大鹏一生分为写作、儒生、孝子、议士、商人、老农等六章，希望通过刘大鹏的故事，展现 20 世纪前期一个中国乡村日常生活的鲜活面貌，"反思现代性所带来的悲剧"。书中的另一个主题是"清朝覆亡后儒家伦理不断变化的特性"。在写作方法上，沈氏认为"本书最有意义的贡献在于它提供了一种微观史的范例"，虽然它不像西方典型的利用档案资料和司法调查撰写的微观史，而是以《日记》和刘氏其他作品如《晋祠志》及地方史志资料，尤其是对刘氏后人及赤桥村人的口述访问为基础材料，"借鉴运用了微观史研究方法的一些基本元素——对个体生命和观念的具体研究、一种叙事的结构"。该书出版后，中外多位学者如罗威廉、杜赞奇、王汎森、葛兆光等均给予积极评价，《历史研究》《读书》等刊发表书评给予推介，可谓反响热烈。

一位晚清举人和他连续数十年的日记，在其逝世半个多世纪后，竟然引起海内外学界持续几十年的关注，这不仅是刘大鹏和赤桥村人没有想到的事情，也是我们这些对其有兴趣的研究者们出乎意料的事情。我在通读沈艾娣的专著和百篇左右的相关论文和评论后，对此学术现象不免感到些许惊讶。沈著的贡献有目共睹，不同视角不同主题的研究论文亦各具特色，但所有这些仅限于标注本《日记》的解读，并不足以全面完整地理解刘大鹏及其时代，其中的不足与缺陷也是显而易见的。

沈艾娣著《梦醒子》一书中译本书影

其一，相对于数百万字的稿本《退想斋日记》，标注本《日记》仅为其中一小部分，况且当年只是按照我们理解的有关"社会史资料"进行抄录，乔志强先生又"选辑了史料价值较大的部分"予以删节。仁者见仁智者见智，抄录、删节都是当事人当时的理解，都是可以讨论的问题，而研究者以不完整的标注本《日记》为依据，很大程度上影响着研究的质量，甚至有误读和错讹流传。譬如，已有论著均以为刘大鹏在太谷南席村作私塾先生十余年，忽略了他在之前曾经的三年（1892—1894年）王郭村张资深家塾坐馆的事实（其实，若认真通读标注本《日记》，也可以看出这样的问题）。然而，此三年时间内，刘大鹏的第一次塾师经历、1894年长子刘玠春闱考取秀才、刘大鹏秋闱考取举人，对刘氏自身及其家庭都是非常重要的事件，同样是意义深远的事件。沈艾娣显然是读过稿本《退想斋日记》的，但她也不是完整地通读。在我看来，因为她"预想的读者是英国和美国大学的本科生"，过分强调其"一种微观史的范例"，对影响社会发展的宏观大历史显然关注不够。另外，她也承认对"中国传统典籍"的理解不深，因而出现某些误读，这或许就是通常所谓的"隔膜感"吧。当然，对于沈艾娣这样一位外国学者而言，我们是不可以过于苛求的。

其二，正因为刘大鹏历经晚清、民国、抗战不同历史时期，《日记》时间跨度半个多世纪，所记内容又十分丰富，更多的论文或截取某一时段，或"抽离"某个专题，并不足以前后关照地探讨刘大鹏的生活经历和思想世界，更难完整细致地把握《日记》及其作者的复杂性。譬如，有研究者从心理学的角度，将标注本《日记》每天所表露的情感状况分为高兴、平和、生气三类，以曲线形式予以表现，以此分析刘大鹏的情绪变化。这样的"抽离"其实有诸多可疑之处，且不说标注本只是全部稿本的一小部分，即使具体到某一天的《日记》，当年抄录时也非一天《日记》的完整抄录，再者具体到某一天，刘氏可能因此事高兴，又因彼事生气，如此"抽离"必然是雾里看花不得真谛。

总之，这里指出的现有研究中存在的"不足与缺陷"，或多或少都与研究者未能看到完整的《日记》稿本，而只是以标注本为研究文本有关，这也正说明了此次影印出版完整版《日记》的必要性。

三、"内地乡绅"刘大鹏

尽管有关刘大鹏及其《日记》的研究已有不少成果，但对刘大鹏其人的角色定位却有诸多不同表述："近代乡村士子""近代乡绅""华北村庄士绅""北方绅士""内陆士绅""乡村士人""底层士人""华北乡居者""保守绅士""保守士人"等，这些都是见诸已刊论著的不同表述，反映着不同的研究者对刘氏的不同认识和理解。沈艾娣专著的中文版书名副标题为"一位华北乡居者的人生"，书中六章的具体内容：写作、儒生、孝子、议士、商人、老农，实则取法于西方社会学的角色理论，是不同时期不同角色的刘大鹏。诸多表述中，我倒是认可罗志田的表述，即刘大鹏是一位"内地乡绅"，我的那篇《怀才不遇：内地乡绅刘大鹏的生活轨迹》（《清史研究》2005年第2期）正是借用了罗氏这一表述。不同的表述，其实是源于研究者截取不同时段的刘大鹏或"抽取"不同主题的刘大鹏，未能很好地贯通刘氏一生八十多年的人生心路历程。

时光如梭，自1982年按照业师的要求抄录刘氏两部《公车日记》，至今已经四十余年。四十余年来，刘大鹏及其《退想斋日记》、赤桥、晋祠、晋水流域成为我学术研究的重要组成部分。2005年前后，我就刘大鹏及晋水流域的水资源问题写过几篇学术论文，后以"以水为中心的晋水流域"为名结集出版（山西人民出版社2007年版）。进入21世纪后，山西大学中国社会史研究中心进一步推动刘大鹏及晋水流域的研究，我们曾经完成了一个欧盟委员会关于中国农村可持续发展的"赤桥计划"；成立了社会史研究中心与赤桥村共建的"晋水流域田野工作坊"；出版了《古村赤桥》（山西人民出版社2005年版）和《在田野中发现历史——学生田野调查报告（赤桥篇）》（中国社会科学出版社2021年版）两书。"一面是中心的老师和同学走出校园走进赤桥，一面是赤桥的干部和群众走出赤桥走进中心，大家都在往返中互相关照，乐此不疲。赤桥的干部和群众对我们有很好的信任感和认同感，他们毫不保留地将赤桥村的历史档案移交中心保管，甚至每年送来刚刚收获的赤桥大米供师生享用。"[1]也许是业师的引导，也许是刘大鹏、赤桥、晋祠的故事牵系，我注定会和这里的人与事产生一种莫名的缘分。

值得指出的是，2013年，我指导的一名硕士生邵雨甜同学，曾以《新时代与旧文人：清末民初的刘大鹏》为题撰写硕士毕业论文，获得一致好评。这篇论文最值得肯定的是，它以稿本《退想斋日记》而非标注本《日记》为依据来研究刘大鹏及其时代。让我意想不到的是，一个不短的时间段内，邵雨甜每天跑山西省图书馆去看《退想斋日记》的缩微胶片，并用手机一一拍照，勤奋认真的态度令人敬佩。2018年以来，我在陆续通读由她提供的缩微胶片《日记》全稿后，发现仅以标注本《日记》为依据，显然不能全面完整地理解刘大鹏

---

[1] 行龙：《我的赤桥情结》，载郭华著：《赤桥轶事》，内部稿。

及其时代,甚至可能产生一些误读(当然包括我自己也存在误读的情况)。在此,愿在通读缩微胶片稿本《日记》基础上,即如之前《怀才不遇:内地乡绅刘大鹏的生活轨迹》一文"叙事的方式",以纪传的体例对刘大鹏的一生作简单介绍。

(一)家乡与家世。清咸丰七年(1857),刘大鹏出生于山西太原县赤桥村。赤桥村以"豫让刺赵"的故事闻名于世,至今村内仍有豫让祠、古豫让桥、豫让槐等遗址。村在汾河西岸,毗邻三晋名胜——晋祠,距太原市区西南五十里,距明清太原县城仅十里,古今交通都十分便利。得益于晋水的"近水楼台",资晋水灌溉稻田,且明清以来赤桥村人"造草纸者十之八九"。在刘大鹏的一生中,除去两次"公车北上"和一次"赴汴会试"游览北京、天津、大同外,绝大多数时间他在太谷南席村和家乡赤桥村度过,亦可谓"足不出府"。

明清以来,赤桥村有"九社",刘大鹏说"余家世居赤桥"官道社。这里的世居,从现有文献看最早可以追溯到刘氏八世祖。其时,李自成农民军过境晋祠赤桥一带,刘氏八世祖惶然惊惧,遂携其家眷避难于西山一带。高祖父刘伏保、曾祖父刘美生卒年均不详。祖父刘兴义,生于清嘉庆四年(1799),卒于同治十一年(1872),"三世皆好善不倦,以耕稼为恒业"。

刘大鹏的父亲刘明,生于道光五年(1825),卒于光绪三十三年(1907),终年83岁。刘明早年习武,咸丰初年"应武

"古豫让桥"碑

童试,数奇不售,遂改营商务而家业以成"[1]。先是在晋中一带做游商,光绪十年(1884)在太谷县里满庄(又名李牧庄,今名里美庄)设铺开店,经营木材生意,直至终老。"义高一乡,世称善人。"母亲刘氏,生于道光十一年(1831),卒于光绪二十九年(1903)。刘大鹏曾作《先妣刘太孺人闺范记》,赞其母谨守礼法,以孝事亲,治家勤俭,"族党咸为称颂"。家庭是人生的第一所私塾,父母,尤其是父亲刘明对刘大鹏的一生影响至深。

(二)从师刘午阳。刘大鹏自述其"七岁始能言,仍哺母乳",这是否印应了"贵人语迟"的民间说法?两年后,"九岁从师读书",其师就是在本村赤桥设帐授徒的刘午阳。

刘午阳(1800—1884),字丽中,号师竹。刘大鹏在《晋祠志》中特为乃师立传,言其潜心理学,"设帐授徒,往者不追,来者不拒。凡从而受业之人,必勖以孝弟忠信礼义廉耻诸大端,成就人才甚众。弟子近千人,登科游庠者亦多。教

---

[1] 李成瀛:《刘明墓志铭》,刘大鹏后人刘卫东提供。

刘大鹏及其家人生活过的小院

人不沾沾于举子业，初来学者先授以孝经、朱子、小学，既而授《近思录》《性理精义》《理学宗传》，并先儒一切语录等书。教之躬行实践，力戒浮华。其无益之书，禁不使阅"。幼时刘大鹏肯定是一个刻苦勤奋的读书种子，寒暑往来，诵读背书，对他而言是一件快乐的事情。后来他曾数次高兴地记述其幼年腊月初八日一大早到乃师塾馆读书的情景："回忆幼时，束发从师受读，每当腊八，辄于五更到馆读书，灯下背书，初晓即旋家早餐，犹如昨日也。"五更到馆背书，回家早餐，犹如昨日，说的是寒冬时节的"早读"。

值得重视的是，刘午阳授徒"不沾沾于举子业"，而"必勖以孝悌忠信礼义廉耻诸大端"，"孝悌忠信礼义廉耻"八字成为刘大鹏一生立身行事的根基，也是他评判世事和人事的标准。"九岁受业同里刘丽中先生门下，凡十余年。备读经史诸书。"直到晚年"四书五经留于胸中不至全失"。这十几年时间，不仅为刘大鹏随后到书院备考应举打下了基础，而且对其一生都产生了深远的影响。

（三）书院生涯。在刘午阳私塾中度过的十余年，正是刘大鹏风华正茂的青少年时代。光绪元年（1875），19岁的刘大鹏娶郭氏为妻，结婚成家，翌年长子刘玠出生。21岁应童试，第二年即"入泮采芹"。入泮就是通过县试进入官学成为生员，即民间所称的秀才。他不仅考取了秀才，而且得列一等生，递补为廪生。廪生入县学读书，是可以得到一定数量官府膳费的，其地位也比一般的秀才要高一些，比如童生考试须有廪生作保，乡间丧事廪生可作点主，而秀才却无此资格。廪保、点主正是刘大鹏日后乐此不疲多次充当的社会角色。

"年二十三，肄业县桐封书院。"清代太原县的书院除明代王琼在晋祠开设的晋溪书院外，县城后街也有一所晋泉书院，同治年间改名"桐封书院"。刘大鹏在桐封书院修学三年，深得山长王效尊"激赏"。光绪八年（1882）即赴省城崇修书院研读。

崇修书院创设于同治年间，地址在万寿宫东。虽仅一条汾河之隔，但由县城而省城，同学由一县而一府，山长由贡生、举人而变为更有学问的一省之硕儒，两书院已不可同日而语。除崇修书院外，省城尚有晋阳和令德堂两所书院。晋阳书院前身为三立书院，是为全省最早和最高的官立书院；令德堂则是光绪初年张之洞抚晋时创立的新式书院。崇修小、晋阳老、令德堂新，三所书院各订章程，自有不同。曾有友人劝说刘大鹏"夤缘以入"具有固定膏火银的"高才局"令德堂,刘氏以"究非正大光明之事"婉拒之。又有崇修书院诸生因书院迁址(1879年由万寿宫东迁至桥头街)地脉不佳,致使科名不盛而转读晋阳书院,刘氏亦以"吾人来此肄业,德行之修为重,科名之得为轻","且科名之得不得自有天命存焉,非地所能限也"为辞不去。

崇修书院十年,正值山西"丁戊奇荒"后社会经济的艰难恢复期,父亲刘明在太谷里满庄开设的木店刚刚起步,刘氏家境想必不会宽裕。与那些清晨山长已登堂讲书,却仍钻被窝高枕而卧,甚至"开灯吸食洋烟,群聚赌钱",更有甚者于斋舍存放数十斤海参供其享用的富商子弟相比,刘大鹏自然被视为"俭约过甚"。另一方面,刘大鹏律己严谨,勤奋攻读,除崇修课业外,他还经常会到晋阳、令德堂书院听讲。他最为服膺的是崇修书院山长张公甫和晋阳书院山长李菊圃,两位山长"常升讲堂,讲小学,说诗书,示诸生躬行之学"。言传身教,刘氏意识到:"凡人读书,万不可不读朱子小学。小学者,为圣为贤之基趾也。""若不读此,即读四书五经,亦不得其要领。"由小学而进理学,是士子读书的进阶步骤,待到他从张公甫老师那里涉猎《理学宗传》后,乃知人生在世,不贵功名之得,而贵德行之成。从此,自幼爱读经史之书的刘大鹏,又好看理学诸书,且更加鄙弃徒事辞章之学。同窗肄业的乔沐青述及此时的刘大鹏谓:"虽习举子业,而究非专以举子业为心。昕夕翻阅经史而外,多属理学诸书。凡有关己身心之语,即书左右,目以自警。同舍生多訾笑之,戏呼为'道学先生'。"可叹的是,好读理学诸书而不重科名之得的刘大鹏，日后的科考路上也时常对自己"于诗之精微奥妙一无所知""时文试帖，又不能精""写字最短"、五雀六燕算法"茫然不解"等缺陷颇有悔意。

（四）初为塾师。崇修书院肄业十年，刘大鹏已经36岁。他不时地悔恨自己而立之后尚赖父母养育，自幼迄今"所费不下数千缗"。虽说"学益大进"，然屡考不中的现实使他对中举多少感到渺茫。光绪十八年（1892）春，他就到赤桥附近的王郭村当起了私塾先生。

光绪十九年（1893）十一月十三日夜间，他曾梦到一位六十开外"眉分八彩，目有重瞳"的圣人。他以自己年已37岁，德行学业一无所成，欲学圣贤而有志不逮，进而再三请益，老者告之曰："子欲为圣贤之学，不必他求，从'敬诚'二字做工（功）夫足矣。"梦中的刘大鹏闻之恍如冷水浇背，忽然惊醒，乃知之前都是在梦中过活，直到今日才如梦初醒，从此号曰"梦醒子"。七科不中，登科之心渐泯，不贵功名而重德行的刘大鹏要像圣王尧舜那样立身行事。

王郭村距赤桥西南不足十里，东家是一位普通商人张资深。除了张资深的两个儿子外，尚有两个弟子共四人在读，长子刘玠也时常随其到馆就读。东家对刘大鹏情礼备至，初为塾师的刘大鹏亦很是用心，他吸收朱熹《蒙童须知》及晋祠周边私塾的学规内容，"在馆亦立学规十二条，以教童子"。"一日之中，背书之余，讲书教书，教写字，教平仄音韵，教文试帖，盖无多消闲功（工）夫"，馆中弟子倒也颇为用功，这些都是他感到欣慰的事情。然而，令刘大鹏十分纠结的是，私塾、书院读书二十多年，本为博取功名，以遂"封侯之志"，而今不得已出门教书，真乃虚度光阴，消磨一生之志气。自光绪十八年（1892）就馆教书始，除了张口就来的"家有三石粮，不作童子王"之类外，《日记》中不时会出现他抱怨壮志未酬教书甚苦的诗句。光绪二十年（1894）十二月，登科中举身患腿疾的刘大鹏在馆作《追悔教学》一诗谓："于今教学阅三秋，凌晨内问反增羞……但愿终身辞此事，不知天意许吾不（否）？"翌日午后，弟子们雇来一辆车子将他送回赤桥家中，结束了王郭村初为塾师的三年生涯。

屡战屡败而又屡败屡战，这是科考士子的普遍心态。科考失利而为塾师，既得束脩又可备考，这是多数士子的职业选择。就在"七科而不中""凌晨内问反增羞"的抱怨声中，光绪二十年（1894）刘玠入泮和自身登科，给失去科考信心的刘大鹏增添了自信。

光绪二十年（1894），干支甲午，19岁的长子刘玠像乃父一样已踏上漫漫科考路，他要第二次再应童试。刘玠县试头场尚在进行当中，场外的刘大鹏即得知刘玠妻子因病去世的消息，不禁心烦意乱哀痛伤心。好在，经过县试、府试、院试三级多场连考，刘玠顺利得取府学生员。父子一门两秀才，"阖家皆欣喜踊跃"。刘大鹏更为"玠儿初学作文，应童生试，遂入泮水"感到喜出望外。刘玠初学入泮，恰似一针强心剂，乘风破浪之心耿耿于怀的刘大鹏仍要参加此年的秋闱。另外一个促其再入闱场的因素，就是年来他"屡屡梦笔"。从"梦有人授五色笔"，到父子同夜梦笔，甚至"又梦父亲大人授笔一袋"，梦笔生花，好不欣喜。自八月初八日父子二人同进闱场，十六日三场纳卷出场，其间在闱场度过了一个中秋节。

整整一个月之后，九月初八日三鼓，官府即叩门报喜，刘大鹏中举得第七十名！一举成名天下知，一面忙于四处谢师拜客，一面又忙着为刘玠续弦，还要到王郭村私塾教书。年底，他总结"吾家今岁忧喜皆有，二月家妇溘逝，是为一忧。四月玠儿入泮，余于九月登科，十一月又为玠儿续弦，是为三喜"。一忧三喜，喜大于忧。

（五）两次公车北上。甲午乡试，乙未会试，中日甲午战争的战火并未能阻挡三年一度的朝廷会试。光绪二十一年（1895）正月以后，刘大鹏又多次"梦笔"，甚至梦见朱文公为其会试践行。元宵节刚过，他就与好友郝济卿商定下旬同车赴京会试。翻越太行山，跨过清水河，再过卢沟桥，"半月方才到北京"。自三月初八日至十六日三场应考完毕，其间经过了一个清明节。此科参加会试者，全国统共五千人，其中山西二百八十余人，最后取中十人，一路偕行而来的刘大鹏、郝济卿、马连峰、李仙洲、段岫峰五人均名落孙山。

初次参加会试，虽然出师不利，但一路公车免税通行，贡院极为雄壮的铺排，京都之繁华宏阔，都给第一次出远门的刘大鹏以极大震撼。会试前后应接不暇的各种拜师、拜客、吃请、观剧；游览国子监、琉璃厂、护国寺、万寿山、香山、昆明湖、天坛；经过太和门、午门、天安门、东安门、宣武门、德胜门、正阳门、大清门；甚至随同乡内阁值守刘仲经在内阁署中度过一晚，近观壮丽森严的太和殿，这一切都使他"何等快乐"！快乐之余，刘大鹏深叹京都扰扰攘攘，无非为名为利，"竟尚虚体面"，"无一事不见奢华"。至于会试，考前他就以京都人才荟萃，自己愚昧无知而深感抱愧。况且，

"不读时文于今三年"，而去年乡试竟然登科中举，可见科名悉由命定，今科不中亦不以为意。再有使他认识到的是，"京都习尚写字为先"，为学之士，写字为第一要紧事，翻经阅史则为余事，而他自己平日最好翻经阅史，且"生平最短写字"。进京会试，如梦一场。

首次赴京会试，前后将近五个月。五月十八日，长女红荚出生，巧合的是此女竟与刘大鹏同月同日生，他"为之畅快"。月底以来又多次"梦笔"，科考之心未泯。七月大暑天，他就奉父命带着刘玠、刘瑄两儿到清凉僻静的村西北兰若寺读书。十月太谷省父，有人推荐他来太谷教书。翌年二月初一日，刘大鹏正式就馆太谷县南席村武铁槑家塾。第二次外出教书也是不得已而为之，以刘氏自己的说法是"出门教书，为贫而然也"。九月，他托人自京城买回《皇朝经世文编》等书籍，开始攻读时务文论，曾国藩、李鸿章、倭仁、张之洞、冯桂芬、胡林翼、丁日昌等人的各种奏疏一一读过，"则心中又别有一番意见矣，乃知时务之不可不知也"。友人乔沐青等来函劝其冬季从事帖括，专攻制艺，以备来年捷报。十一月底，他居然梦见自己中了进士，戊戌年会试有了好兆头。

光绪二十四年（1898），干支戊戌，会试大挑年，新科老科举人会聚京城。正月十一日，刘大鹏由家出发第二次北上参加会试，同行者除前次郝济卿、马连峰、李仙洲外，尚有王干臣、郝鲁田、郭旭卿，共七人。刘大鹏之前虽已阅读一些时务之文，但"制艺功夫多年未作"，不免心有忐忑。此科会试人数众多，较之乙未科，山西增加百人，"十八省约近万人"。结果是，山西取中者仅十一名，刘大鹏一干人等无一被取。三月十六日三场考毕，怀着"中与不中亦惟听诸天命而已"的心态，他与郝济卿、李仙洲三人坐火车到天津游览。天津为北方最为繁华的通商口岸，舟楫如林，百货川流，刘大鹏称其为"大码头"。在津一游前后六日，他感到"浅陋耳目颇觉较前扩充矣"。一行三人又由津返京后，刘大鹏独自北出居庸关，从河北到大同、忻州，一路游览以扩胸襟，凡四十余天才返回家乡。让他略感欣慰的是，戊戌会试再次名落孙山，而次子刘瑄却经五月初的府学岁试入泮，此时刘家已是一门一举人两秀才了。

两次公车北上，适逢甲午战争和戊戌变法两大事件，刘大鹏虽非鼎立潮头的弄潮儿，但他毕竟在京师耳闻目睹了较常人更多的事件信息。乙未北上前，他就从各种渠道闻知辽东军务吃紧的消息。乙未会试人数较前次少了两千多人，"由倭寇犯边故也"。《马关条约》既成，他认为"违众而成，恐和议未能久耳，何如不和之为妥也"。战争也影响到了山西，晋中一带不时有大兵过境，支差摊派，百姓苦之。一路风尘刚回到家乡，他在《日记》中就记道："倭寇扰乱一事，人皆在意。近闻讲和，即农夫野人莫不曰'此万不可者也'。余之旋乡，满耳都是此言。"相对而言，戊戌变法这场由士人发动的上层运动，在地方社会却没有什么反映。科考"改时文为策论"、京师创设大学堂、国家变法以图富强、上谕裁撤冗官、康有为和梁启超被严拿惩办、六君子正法、皇太后听政等，都是刘大鹏在南席武氏塾馆看《邸抄》，或从京城刘仲经的来信中得来的消息。在他看来"国家改旧法以行新法，此一大变局也。令天下人心未定，不知所从矣"。应该说，人心未定不知所从的只是刘大鹏这样在科考路上不断奋进的读书人，对于一般"农夫野人"而言，戊戌年并没有什么特别之处。

（六）南席十三年。乙未科会试落第，翌年（1896年）二月初一日刘大鹏即到太谷县南席村武铁睬家塾坐馆，三年后又转到同族武佑卿家塾任教，前后两家不可混淆。武铁睬家塾中，武氏子弟五人，外加一个白绍先，他还带去次子刘瑄和王郭村张资深的儿子张振德、里满庄的弟子牛定兰，弟子共计九人。身为举人，定馆明确每年脩金一百，一日三餐东家备办，待遇当算丰厚。然而，刘大鹏并不志在于此，他"初志本不愿教书，然今出门教者，为糊口计耳"。即如当年在王郭村坐馆一样，他总是在抱怨教书一事是舍己之田耕人之田，甚至可谓"龌龊之极"："读书之士不能奋志青云，身登仕版，到后来入于教学一途，而以多得几脩金为事，此亦可谓龌龊之极矣。"赤桥距南席八十余里，往返需经汾河和洞涡河，夏秋往往道路受阻。加之母亲多病，他也常以不能躬身侍亲而心烦意乱。仅仅一年，刘大鹏就"打定主意，来年辞馆"，但又拿不准父母是否允准。越两年，戊戌再次公车北上，长子刘玠来南席代其坐馆教书。九月，有邻里乡党劝其辞去南席塾馆，回到赤桥设馆授徒，他又怦然心动再生辞馆之心。十月底，刘大鹏向东家正式提出辞馆之请。也许是东家不想举人刘大鹏离去，他感到"自辞馆以来，东家处处冷淡"。

光绪二十五年（1899）、二十六年（1900）两年日记缺失，好在刘氏所著《晋祠志》和《潜园琐记》对晋中一带义和拳也多有记载。《晋祠志》特记这两年天变迭兴。庚子（1900年）六月初，晋水流域"义和拳纷起"。七八月间，南城角、北格镇、小店镇，甚至清源的多股义和拳多次集结于晋祠。"童冠各半，凡数万人"，旗帜有"扶清灭洋，替天行道"字样，又有队伍"红灯照"。汾河两岸多个村庄教民被杀，教堂被焚，教民多逃往洞儿沟。赤桥虽无教民，然受惊"男女老幼莫不惶惶"。太原以外，榆次、太谷、徐沟、清源各地义和拳蜂起，刘明经商的里满庄和刘大鹏教书的南席村皆有义和拳的活动。庚子年（1900年）夏秋间，刘大鹏很可能在家乡赤桥度过。在他看来，世纪之交的义和拳，正是由治入乱之时，而"乱"的根源就是"洋夷扰乱中华"。"海禁不开，洋夷莫能入我疆，洋夷不来我中华，中华何能有教民？"正因为士农工商之外，又有了一个教民群体，且教民在地方官的袒护下横行乡里，"致使民怨愈深，教势愈张，有不可收拾之势。致义和拳之起殆由斯乎！"

光绪庚子（1900年）七月八国联军攻入北京后，西太后携光绪皇帝经太原逃往西安。在小店镇行在"驻跸用膳"，又在北格镇行在"啜茗"后，便"须臾即去"。其时，联军南北两路进攻山西，固关、娘子关、紫荆关、龙泉关处处吃紧。翌年三月，联军进驻太原，"自是而后，三晋全省教案繁兴，而各处教民凭借夷势鱼肉闾里矣"。身处"乱世"的刘大鹏自庚子年底颈部疼痛，精神不振。贴膏药、服汤药、用乩方、揉颈部、以铜钱刮之、用陈醋白醋洗之……甚至新东家武佑卿送来虎骨熊油，又带他到太谷酎泉游览，直到辛丑（1901年）秋季才有好转。山西因义和拳之乱，乡试停考五年，光绪二十八年（1902）"秦晋合闱"，长子刘玠赴西安考取举人！接着次子刘瑄考入山西大学堂校士馆，三子刘珣年十一即定亲纳聘，光绪二十九年（1903）大年初十，乡邻百余人送来"父子登科"匾，登门贺喜之人络绎不绝，东家武佑卿已为他赴开封会试经办妥当，乱世中一连串的喜事，促成了刘大鹏、刘玠父子两举人于二月初九日出发的"赴汴会试"。孰料，出师未捷母病逝。父子二人尚未走进闱场，三月初一日母亲在家中病逝。十六日三场交卷出场后，即有人告诉刘大鹏，家信母亲有病，场事完毕即归。心绪烦乱焦灼万分的刘大鹏四月十一日抵家，母亲寿终正寝已月余。身遭大丧，刘大鹏手指浮肿，身不能转，黑发突而半白。他悔恨自己之前由梦而醒，自号"梦醒子"，于今赴汴会试又入梦中，致贻终身大憾，整日里昏昏迷迷，如坐十里雾中。

赴汴会试落第和母亲的病逝，使刘大鹏再次由梦而醒，两年后科举制度的废除更使他"心若死灰"。辛丑（1901年）五月，清廷宣布新政变法。接着，《辛丑条约》规定赔款白银四亿五千万两，"山西另议"地方赔款数百万两。洋夷猖獗，官媚洋人、教案迭起、加征加税，人心浮动成为庚子后数年山西地方社会的世态和常态。刘大鹏认为，清廷新政，"凡变之法，悉效外洋各国之所为，而先代之良法美意均弃之如遗"，甚至"中国渐成洋世界"。最使刘大鹏这样的秀才、举人、塾师们心神不定的是，兴学堂、废科举已成大势所趋。甲午以来，废书院裁科考之声不绝于耳，山西地方书院减膏火，府县科考改试策论，应试童生数量减少，师道不尊塾师被东家欺负，同人失馆多而觅馆难，省城书院改为大学堂，子弟出洋学西法，蒙养学堂、女子学堂渐次开办，捐纳之例大开等，一系列的闹心事折磨着一代持守孔孟之道的"顽固党"。光绪三十一年（1905）八月中旬，刘大鹏阅《晋报》上谕立停科举，日来"心思昏昏"。所到之处，"同人皆曰科考一停，吾辈生路绝矣，虽欲舌耕而糊口亦不可得，将如之何"？

光绪辛丑（1901年）五月，年近八十的父亲刘明归家后，不再亲手经营里满庄万义和木店。光绪二十九年（1903）母亲病逝后，父亲大人形单影只，以孝当先的刘大鹏又有辞馆回家侍奉老父的想法，只是未能得到乃父允准，东家武佑卿亦竭力挽留。欲辞而不为，又无他业可以糊口，刘大鹏"中心悒悒"，日日忧虑。毕竟岁月不饶人，八十开外的刘明步履维艰，从倚杖而行到肩舆而行，终于光绪三十三年（1907）冬十月初七日撒手人寰。父亲刘明是刘大鹏的精神支柱。守制以来，刘大鹏眼花发白，日事昏迷，食不下咽，寝不能眠。翌年正月十六，百日后安葬乃父。二月下旬到南席馆。清明节偕郝济卿、郜祚丰同游介休绵山凡二十天，以解其忧。然而，一忧未解又添一忧，光绪三十四年（1908）十一月，刘氏第二任妻子武氏溘然离世。除夕夜，寒冷异常，刘大鹏作《除夜哭亲及妻》诗曰："浑忘今夜是新年，恸哭亲妻百虑牵。儿女联肩环膝下，消愁解闷望神仙。"

南席任教十三年，又"在省充议员二年"。武氏去世后的第二年，宣统元年（1909）三月，在山西省谘议局的筹备选举中，刘大鹏由太原县推举为省谘议局议员，他即辞去南席教职回到赤桥。九月，山西省谘议局成立。宣统二年（1910）

九月，刘大鹏又在省谘议局会议上被选为常驻议员，驻省办公。宣统三年（1911）九月初三日，霜降日初夜，正当省议会开会期间，突然会场停电，全场电灯全熄，一片漆黑，端坐会场的刘大鹏认为这是一个不祥之兆，"越五日而省城变起"，这就是宣统三年九月初八日（1911年10月29日）的辛亥太原起义。

（七）鼎革之后。太原起义的炮声即刻传到汾河西岸的太原县城，风声鹤唳一夜数惊，不动干戈旧政权归附民国。刘大鹏拒绝与新政府合作，回到了家乡赤桥村。南京临时政府改行公历，而刘大鹏"称年号仍系宣统，以予系大清之人，非民国之人耳"。他将辛亥鼎革视为"变乱"，大年初一迎神拜祖，"仍戴顶帽，不从叛逆之制"。他认为孙中山是"逆首"，袁世凯是"逆臣"。民国初年的剪辫易服、司法改革、破除神权、反对迷信他一概反对。他的辫子被"贼"强行剪去，恨不能"食其肉而寝其皮"。待到张勋辫子军进京公演"丁巳复辟"，他以"张勋匡扶旧君复位，此千古第一伟人"誉之。他也非常清楚地意识到，"予于时事大不相宜"，民国三年（1914），竟为自己另取一号曰"遁世翁"。真能遁世离俗吗？

鼎革之际，正是新旧人物交替之际。民国元年（1912）三月，年垂六十的前清举人刘大鹏又被推选为太原县议会议长，数次力辞不就后，在县长当面劝说和恐起议会风潮的情势下，他于民国二年（1913）正月"不得不而应允"议长一职。之后，他曾担任县选举资格调查会会长、省国民议会议员、县财政公所所长、县公款局经理、县教育会副会长等职，广泛参与了地方事务。一面是为难"处此新党猖獗之时，深恐所行之事不能达所抱之志也。亦惟竭一己之心力，勇往直前，能进一步则再求进一步而已"；一面是慨叹因口腹之累，不得已而作二代之臣，致使败坏名节而不顾。更有甚者，民国二年（1913）二月，他竟在晋祠村村长牛玉鉴的推荐下，到晋祠初等小学堂当起了新式学堂的教员。以前清之举人身份，"日日晤对小学生，口讲指画"，内心不免几分尴尬。半年以后，原定薪水拿不到分文，他便有了辞职之想。不承认民国正统又做了民国的官，既做了县议长又借故离职，既看不惯议会乱象又乐于参与，既痛恨新式学堂又做了学堂教员，种种件件，都体现了鼎革之后这样一个时空错置正统递嬗的时代中，一位前清举人由此产生的焦虑和欲望、妥协和抗争。或许，刘大鹏所为并不能以"政治正确"与否的标准衡之，适可以"衣食住行是人们最基本的物质生活需要"解释之。父亲刘明去世后，万义和木店收入大减，眼看着子女们一个个长大成人娶妻生子，一个大小男妇十六口的大家庭要靠刘大鹏这位年近六旬的大家长倾力支撑。他切身感受到"每日米面所食甚多，日常费用甚多，此所以常受紧逼莫能宽裕也"。尽管各种社会兼职都有多少不等的薪水，但食指颇繁而入款不多，常有屡屡受困，甚有穷困不可支撑之势。"另图生计，度此乱世"，成为刘大鹏在民国初年政治中腾挪一番后的另一选择。

如果说，议会政治、小学教员都是刘大鹏不愿为之而又不得不为之的事情，那么，民国初年修缮晋祠一事则是他乐见其成并积极参与的公益事业。晋祠自北齐"大起楼观"以迄清亡，或废或兴，屡颓屡修，至民国初年已是第十七次修缮。此次修缮分两个阶段，前段刘大鹏"占其一席"，后段则一手主持。民国三年（1914）大年刚过，晋祠住持邀请晋祠镇及晋水四河渠甲商议修葺之事，刘大鹏也受邀前往，但"众人"对此并不积极。翌年初春旧事重提，经县长同意由十八经理组成工程局主事。开工之后，公款吃喝、镇人（晋祠镇牛玉鉴、杜桓、张永寿）营私舞弊接连不断，街面上人们啧有烦言，刘大鹏因此"生告退之心"，但与晋祠镇人已生嫌隙。后一阶段的修缮得到了第十二混成旅旅长黄国梁的支持。黄与阎锡山同为辛亥太原起义功臣，是为山西第二号人物，对名胜晋祠又情有独钟。刘大鹏利用赴省参加国民会议复选之际，面见黄旅长并"请领重修晋祠之布施"，黄当即应允先付三四百元作为首次布施。黄国梁深信刘大鹏的为人，此次募化修缮，只委托刘大鹏"一手经理"，即使前十八经理亦不准干预。在刘大鹏和杨倬等新任六经理的通力合作下，民国六年（1917）秋八月，全部工程顺利完工。虽然完工刊碑之际，又遭到牛玉鉴等人无理取闹，甚至散布刘氏侵吞巨款之谣言，但刘大鹏扪心自问："未有一钱之私弊，皆为切实之工程。可以对天地，可以质鬼神。"修祠工程接近尾声，刘大鹏又主持了开辟晋祠西路的工程，顺风顺水，一切都算顺利。令他十分痛恨的是，向以"公正绅耆"闻名于乡里，而今修祠却被"群小诬陷"。多年以后，他对此仍然难以释怀。

（八）亦农亦商。祖上三代"以耕稼为恒业"，父亲刘明在外经商，后期的刘大鹏多年经营煤矿，但他自始至终都不以商人自许，而以吾家"以耕读为业"自认。"不耕则糊口不足，不读则礼仪不知"，虽然刘家仅有薄田十数亩，但耕读相兼却是刘大鹏在"世乱纷纭"中退回家庭的护身符。其实，经过民国初期几年乱哄哄的从政经历，辞去了诸多社会兼职之后，20世纪20年代，已过花甲之年的刘大鹏确实成了一个亦商亦农的"老农"。

早在民国三年（1914）开春之际，"将有穷困不可支撑之势"的刘大鹏，即筹措资金租赁西山明仙峪之石门窑，聘请了杨九锡等经理人员，开始"以煤炭为生涯"。秋获以后，煤窑开始忙乱起来，"窑黑子"入窑出窑通宵不歇，运煤人山上山下车马喧嚣，刘大鹏经常往返在赤桥家中和石门窑之间。他有时借拉煤之车入山出山，有时骑驴入山出山，有时则徒步而行，也有许多时候夜住石门窑。入窑看视、整顿窑务、祭祀窑神、外出讨债、年底结算等事务，他都曾亲历亲为。大小窑务纠葛、窑上瘟疫多头牛死、煤不畅销煤价跌落他也都有经历。民国四年（1915）仲秋，他又与武广文、郝六吉、杨卓人伙办柳子峪之西坪窑（和尚窑）。明仙峪和柳子峪虽属两峪，但中间只隔一条山梁，相距不过十余里。他"每入明仙峪，即由石门窑登峰越岭，入柳子峪，驻西坪窑。又由西坪窑逾崖度巘，上游天龙"。不得已而入山开采煤矿，"原属隐遁之意"，上山对他而言，一则照料窑务，一则静养心田，"消遣岁月之一法也"。只知天气寒暑而不知时代兴革，古风犹存、人情朴厚的山区成了刘大鹏心目中与世隔绝的桃花源。石门窑初租五年，后续十年。西坪窑伙办十年，其间他又曾经营柳子峪丽生明矾场和大观窑，民国四年（1915）充任县商会特别会董，民国十一年（1922）被南四峪推为煤矿事务所经理，直到民国十六年（1927）辞卸。他经常名正言顺地到县城窑神庙处理窑务，俨然一商界之人，或曰"绅商"。

刘家此时共有十几亩土地，既有水地也有山地。长子刘玠在外，次子刘瑄辛亥后疯癫，三子刘珦、四子刘珊均为教员，能够从事田间农活的只有年迈的刘大鹏和十多岁的长孙全忠，后来，年幼的五子鸿卿、次孙精忠、三孙恕忠慢慢长大，也常随他到田从事力所能及的劳作。夏秋农忙季节，刘家总有雇工照料农事，高大川、潘长大、王老四、枣花儿、曹顺喜都曾在刘家做长工或短工。每年元宵节刚过，刘大鹏一般要到太谷万义生办理号事，接着二月播春麦；三月灌宿麦、种玉茭、锄麦田；四月种瓜点豆，种菜种葱，收拾山田；五月麦中钩谷、刈割宿麦和春麦、登场碾麦、间谷苗；六月间谷地除草、担粪上瓜菜；七月收拾瓜菜、灌菜粪菜；八月收获玉茭、摘豆打枣、刈谷碾谷；九月又平田整地播种宿麦。整个夏、秋两季，刘大鹏躬身田亩或督率雇工和年少的儿孙们从事农活。他并不以农事为苦累，且曾很有兴趣地试种棉花。最烦心的就是田间除草，夏季禾苗中杂草疯长，此草除去彼草又生，伐不胜伐，诛不胜诛，大有生生不息之势。他将杂草视为人中之小人，慨叹有君子则不能无小人，此为天地自然之气运。

民国八年（1919）的省城五四运动，《日记》中仅有几则简单记录，倒是民国七年（1918）阎锡山执掌山西军政大权后推行的"六政三事"、整理村范等情况反映较多。民国十年（1921），刘大鹏曾应太原县欧阳知事之聘，在县高等女子小学校做过不到半年的校长，那时候，晋祠已易名古唐村而且为模范村。他认为，民国初年以来，各地军阀混战，唯有山西治安，但阎锡山推行的新政劳民伤财，致使民不聊生。民国十五年（1926）冬季，一场严重的瘟疫夺去了刘大鹏三个孙辈的生命；民国十七年（1928）三月，长子刘玠因病去世，几天后其妻张氏服毒自杀，刘大鹏称其"从夫殉节"；民国十八年（1929）九月，刘大鹏与石门窑窑主韩金成发生纠葛，韩用肘戳到他的左臂及小腹，致使他昏迷多时不省人事，小腹多日疼痛不愈，从此他结束了石门窑的租赁开采。之后，他又组织人员经营后瓦窑的开采，但连年亏损，终于从20世纪30年代起退出了煤窑的经营。

民国十七年（1928）冬十一月，他在《日记》中记到，赤桥村二百余户，九十岁以上无一人，八十岁以上仅二人，七十岁以上十一二人，感慨"得寿之难矣"。人生七十古来稀，年过七十的刘大鹏感到自己老之将至。

（九）老之将至。民国二十年（1931）九一八事变发生后，日本人侵入东北，不几日，刘大鹏即从报纸上得知此消息。他将日本人称作"倭寇"或"贼寇"，认为其杀人放火，势极猖獗，其所作所为完全是一种盗贼行为。几个月后，南京政府仍莫敢出头御侮，出兵讨伐，他认为这是坐以待毙，如此必为日人蔑视。待到之后日本人在沈阳扶植溥仪复辟，他认为这就是党人畏日如虎，不敢抵抗，致使日人任意横行的结果。当然，民国以来，以"大清之人"自居的刘大鹏一直在盼望清朝复辟，他在《日记》中记下当时流行的童谣："先推圈圈后带钱，宣统再坐数十年。"宁可相信此"谅非虚言"。天变频仍，春行冬令，他认为是上天干怒，亡国之象已在眼前。他甚至急切地给退隐在晋祠的原兵站总领黄国梁写信，劝其挺身而出，振师鞠旅，荡寇灭虏，复我疆土。当年支持他修缮晋祠的黄旅长以当今小人当道，时局危险已极嗟叹久之。

民国二十二年（1933）春，日军倾陷热河后，又逼近京津一带，南京政府只言抵抗而不敢言征讨，刘大鹏认为党国已"气馁"。伪满洲国成立已两年，"革命党"人执政的南京政府并不与争，他认为"此固天心在清"，俾日人消灭"革命党"。日本人"匡扶"溥仪恢复东三省，改"满洲国"为"后清国"，他认为"此清祚恢复之权舆也"。他曾天真地认为，天若眷清，可以逐渐恢复中华，"后清"必命倭人铲除"革命党"，日本人即可自动退归东洋。之后是日本国内必内乱突起，自顾不暇，非但不能压制"后清"，势必来请"后清"平其国难。因为日本目前之政，行霸术而非王道，岂能长治久安？这个时期，刘大鹏已逐渐承认南京政府正统，中原大战他视阎锡山为叛乱，西安事变他视张学良为叛变，他的心思在共同抗日。

自民国十三年（1924）起，阎锡山连年参加军阀混战，山西已非治安之地。民国十九年（1930）中原大战失败后晋军和冯玉祥部退回山西，支应兵差、供给兵饷、征收粮秣、起夫摊款，纸币闹荒，毒品泛滥，农业衰败，商业萧条，致使民穷财尽、民不聊生。太原县居省城近郊，时有"兵马东西走，苦死太原人"之谣。晋祠附近开办了新式的新华造纸厂，赤桥传统草纸户受到严重冲击。苛捐杂税连年，贪官污吏横行，刘大鹏数次发出岌岌乎不可终日，唾壶欲碎，予与汝偕亡的骂声。他也曾以济世益民为命，写信给住在晋祠的冯玉祥，甚至与乡人同赴河边村欲面见阎锡山，请其减征减税，赈济民众。又曾上书省政府，中央政府监察院、行政院，恳请豁免苛捐杂税。梦中的刘大鹏甚至夜梦身入督军府会晤阎锡山，劝其不可增加税赋。

民国二十一年（1932），奉南京政府之命，太原县成立保存古迹古物委员会，举人出身的刘大鹏以地方绅士的身份担任特别委员，主持了整理天龙山圣寿寺佛经和清查寺产的工作。76岁的他登峰逾岭，不见畏难之态，令同人感叹不已。每月公历一号，委员会例会，他都会往返二十里如期与会。他也时常会利用开会日，与在城的郝济卿、陈寅庵、崔雪田等旧士绅聚首会面。田间的农活，他说自己只可顶"半个工"，做一点溜麦籽、灌田一类不重的劳作。毕竟是年近八十的老人，他会时常出现足痛、腹泻、流鼻涕、浑身瘙痒等老年病，精神不振时偃卧在家数日。兵荒马乱之际，"耕读之家"的刘家，长孙全忠、三孙恕忠都曾外出学商；刘珦和鸿卿在附近村庄做过教员（他也短暂地在家第三次设帐授徒）；次孙精忠在陆军第七军汽车队当汽车兵，后去了西安谋生；三孙恕忠后来又到省城陆军医院习艺；四子刘玧先到省兵站，后来跟随大姐夫阎佩书到了陕西米脂县；可怜的长婿阎佩书，米脂县县长任上不到两年，积劳成疾死在半途；次婿张永福因破产外走；长孙女守寡十余年与族人构讼；史竹楼所生三女碧萸年仅十二离世；崔雪田、郝济卿、任秀琨等老友一一去世。时局混乱，民心不安，年迈的刘大鹏登上晋祠最高处的吕祖阁求签问卦，期望太平之日的到来。

（十）"再生"五年。盼不来太平之日，却来了更多的苦难。民国二十六年（1937）卢沟桥事变后，全面抗战爆发，此时刘大鹏已年过八十。日军侵占平津，进而进攻山西的消息从四面八方不断传到赤桥村，阎锡山下令省城一切人员搬移出城。一时间，从省城搬至晋水流域的各色人等找房赁舍，纷纷扰扰，人心惶惶。八月中旬，日军飞机轰炸太原城，仅距省城五十里的赤桥村村民几乎每天都能看到飞机在屋顶轰轰而过，村西的汽车路上，自太原城逃出来的男女老少一路向南，络绎不绝，目睹此景的刘大鹏，"未免生怜悯之心"。十月初四日，人们乱哄哄地逃往西山避乱，刘家人大多也于凌晨时分逃避各处，家中只有刘大鹏及腿痛不能健走的五子鸿卿、疯癫多年的次子刘瑄，还有一位只管吃饭不给工钱的老妪。上午，突有溃兵四五人闯入刘家，鸿卿登屋逃去，刘大鹏登屋眺望徘徊，忽有飞机在他头顶抛掷两枚炸弹。奇怪的是，炸弹未曾落地，在半空中全行空炸。待到下房看视，只见院中有炸弹铁片。大难不死劫后余生的刘大鹏因此改名为"再生"。直到去世的民国三十一年（1942），他在大年初一的《日记》中，除照例标示干支年月外，特别标出"再生"几年的字样。

省城、县城先后沦陷，本县大小官吏全行逃遁，管狱员到家要刘大鹏拟一降表文，他也"应承拟之"。大概这个降表文尚未拟出，第二天太原县城即挂起降日旗。民国二十七年（1938）公历元旦后，伪太原县政府成立，各村插上了"红心白色旗"，太原县已成为完全的沦陷区。再生五年，耄耋之年的刘大鹏，曾以一个地方士绅名流的身份与伪县政府和日本人均有接触。日本人多次询问有关晋祠和当地古迹事宜，他曾无奈地出面讲解。伪县长聘他为县民代表参加青年会成立仪式，在晋祠参加敬老会，甚至和县长互动祝寿，大多也是出于无奈。他曾天真地劝说县长释放罪轻的犯人，恳其缓纳钱粮以纾民困。可以感受到的是，即使在这样的"大乱"年份，前清举人仍然可以和县长平起平坐，绅士在地方社会仍然发挥着他的作用。

日军侵入晋水流域后，入室抢劫、焚烧庐舍、毁坏煤窑、损伤人命、绑票勒索、败坏财产、奸淫妇女等暴行，刘大鹏均口诛笔伐，骂其"日军已不啻贼也"。他像一般民众一样，每当听到日军战败的消息，莫不欢心称快，若听到日军战胜，则往往宁可不信。民国二十七年（1938）四月，《日记》中记载了两首盼望日军早日败亡的童谣。一曰："日军及早快快走，尚有娘子关一口。若仍在晋乱横行，决定死在红军手。"另一则曰："日本鬼子快快走，娘子关留一道口。若不走，喂了中国狗。"刘大鹏和民众一样相信此类童谣，只是多数不曾记忆，未能付诸《日记》。县城和晋祠已被日本人占领，日军时常出没各村进行抢掠，西山的开化峪、明仙峪、柳子峪、风峪、南峪、阎家峪成了红军活动的主战场。民国二十七年（1938）春，红军（此时红军已统一改编为八路军，《日记》中仍记为红军）在阎家峪成立太原县公署，太原县从此有了山上和平川两个县政府。刘氏记述到，红军"且不大肆征敛，并禁止其人员不准扰民，则较亡国奴之太原县公署差强人意也。至本县之各村长、副，正人少而恶人多，按户起派，概无范围，竟借支应红军之饷需渔利肥己"。

战时民众的生活刘大鹏称之为"亡国奴生活"，刘家像一般民众家庭一样贫困潦倒饥寒交迫。家中大小十余口，粮食不敷食用，经常"无米可炊"。逢年过节，父母生辰和忌日，祭品更不可能丰盛。民国二十七年（1938）青黄不接之时，老友牛锡纯曾馈赠他大洋三元，另一位老友王景文则派人送来玉荄子、谷米、高粱各五斗，"以济穷困"。民国二十九年（1940）四月底，芒种时节种谷，刘家因"家中无谷粒，欲种不能"，只得向邻家借得五十八枚旧年谷粒以解燃眉之急。寒冬来临，家里无煤可烧，刘大鹏会拖着老躯到田里捡拾烧炕的柴草，背负或拽拉着回到家里，他说自己这是"做樵夫"。闲来无事或身有不爽，他会整理旧书或者"温习四书"，以使"心有所寄"。夜里他曾梦见到北京会试。又梦走进会试阁中，捷报传来，已中进士。另一类的梦则是梦请县知事暂缓催纳钱粮，铲除毒品料面，或梦太平之日到来。处此乱世，竟受穷困，衣食皆缺，莫能保暖，他认为这是命数所定。宜饿则饿，宜寒则寒，蔬菜饮食箪瓢陋巷而不改其乐，随遇而行不可分外营求。另一面，他又以姜子牙年登八十被文王所聘而立不朽之功为榜样，慨叹自己年过八十而处此乱世，"概无良策拯援百姓，徒事嗟叹"。孔孟之道古代圣贤是这位年过八十前清举人的灵魂支柱。

民国三十年（1941），太平洋战争爆发，这是一个转折之年。或许是家人看他来日不长，八十五岁的生日过得还算差强人意。除了因战乱在外不能归家的亲人外，在家或出嫁的儿女子孙均从各处前来祝寿，伪县长及县公署十数人送来了寿礼，男女老少三十人坐席五桌共同为老先生祝寿。史竹楼所生五子鸿卿八月完婚，这个老来子的成婚了却他的一桩心事。民国三十一年（1942）年初，刘大鹏多年未愈的浑身瘙痒之病加剧，咳嗽大发。太原县已改名"晋泉县"，日军修筑炮楼日日起夫，飞机乱窜，晋祠南门外日军又在杀人……他无事时便习惯地登高望远，但见得黑霾充塞，宇宙黑暗，内心实在恐怕世乱又起残杀。他头晕目眩但神志清醒地抱衾背诵《大学》《中庸》《孟子》篇章，以度过严冬时节日出前的黑冷时间，期望早点结束战争，世人平安。数月以来，亢旱无雨，晋祠一带村庄纷纷演剧酬神，祈求雨泽。五月十八日过完平生最后一个生日，六月十三日最后一次赴县参加保存古物委员会会议，下旬仍到祖茔修堰，"大致将损伤之处补修已遍，无一处不经手"。七月初四日最后一次赴晋祠赛会。十天之后，他在前日淙淙滴滴的雨声中写完最后一篇日记。再五日，刘大鹏辞世于赤桥家中。

四、稿本《退想斋日记》

稿本《退想斋日记》始自光绪十七年（1891）十二月初一日，但本年仅有十二月初一、初二日两天的日记，这两天又适为公历1891年岁尾和1892年元旦。以此开篇，是一个偶合？抑或刻意为之？

何以名曰"退想斋日记"？且看开篇第一天日记，刘大鹏自记"五戒""七惩""十求""八本"，此可谓刘氏持身涉事进德修业之信条，其中"八本"中有一本为"以退想为快乐之本"。结合此时刘氏已年近不惑，七科乡试而不中，他结束了崇修书院的读书生活，准备来年坐馆教书。从科考士子转变为私塾先生，或许中举无望退一步从教，是否也是"以退想为快乐之本"的应有之义？《退想斋日记》是否取自此"以退想为快乐之本"？

尽管光绪十七年（1891）只有两天的日记，但以年计之，至民国三十一年（1942）最后一年的日记，稿本《退想斋日记》总计是52年。可惜的是，现存《日记》缺失光绪二十五年（1899）、光绪二十六年（1900）年、宣统元年（1909）、宣统二年（1910）、宣统三年（1911）、民国元年（1912）、民国九年（1920）、民国十三年（1924）、民国二十四年（1935）等九年［民国十四年（1925）日记尚存，而标注本未录，这是当年抄录时的一个疏忽］。至于《日记》的册数，现有两种说法：一为《刘友凤先生碑铭》中所谓"《退想斋日记》二百册"，这是一个约数；一为43册说。43册应为《日记》稿本入藏山西省图书馆后，原则上按一年为一册统计登记赋号后的说法了。山西省图书馆历史文献部邢雅梅曾撰《因材施"修"，完美再现——〈退想斋日记〉修复特点》（《中国中医药图书情报杂志》2018年第3期）一文，即谓"《退想斋日记》现存40多册"，最近有关《日记》修复的相关报道，则成了"经过两年时间，邢雅梅与团队完成了43册共一万余页（叶）的修复工作"（《古籍修复师：妙手补千年　全在一指间》，2022年3月9日"金台资讯"）。我曾电话咨询邢雅梅同志，她接手《日记》时，图书馆的财产"登记号"就是43册。我在私揣，52年的《日记》如今缺失9年，恰好也是43年。但光绪十七年（1891）仅有两天日记，当年即与光绪十八年

（1892）合订一册。犹记四十年前抄录《日记》时，池秀云老师每天抱来几摞子《日记》放在长长的堂桌一侧，然后发给我们每人一册去抄录，一册抄完再发一册，绝非仅仅43册，拿到手上的就是不厚的每季一册，麻绳、纸捻、棉线甚至糨糊皆有用以装订。重要的是，最后一册《日记》署"《退想斋日记》第二百零三册，第五十一年写日记，年已八十有六岁，再生五年。山西晋泉县（六月十三日改太原县为晋泉县）赤桥村刘大鹏友凤订"。至此，《退想斋日记》共51年（以刘氏之说，显然不包括最早的1891年）计203册是最为确切的说法。山西省图书馆收藏《日记》稿本后，可能考虑日记较多，也比较散乱，且每小册比较薄，为方便管理才按照基本上一年为一册统计登记赋号。

关于《退想斋日记》的用纸，前揭邢雅梅文已有一些讨论。我的印象是，早期用纸质量较好，愈到后来愈差，这与刘家在不同时期的家境变化是有关系的。其时赤桥的造纸户十之八九，但所造皆为草纸，多用于包装和如厕，不是用于毛笔书写的纸张。后期用纸很杂，账本、日历、公告、报纸、传单、歌谱、收据、试卷、公署用笺、票据等字纸的背面，刘氏均装订成册用以写日记。后期的封面用纸，脆化絮化比较严重。当年抄录时，就有不见封面或者封面破损不全装订断散的。203册《日记》每册封面所署文字也不尽一致，或署日记、季节、作者名，或署某年某月某日订，或未署作者名，后期有署"退想斋四季日记""赤桥村退想斋日记"者。也有很多封面以篆体书写。早期《日记》字迹工整，在我眼里就是很漂亮的毛笔小楷，后来便不那么认真，有点随手写来的意味，这又与刘氏的年龄和精力有关吧。《日记》中也夹着一些小纸条，诸如借条、收条、药方、名片、请柬、会议通知等，这都是当年抄录时可以看到的。

写日记是刘大鹏35岁以后日常生活中的重要功课。除了开始的光绪十七年（1891）十二月初一、初二日两天的日记

修复前后的《退想斋日记》稿本

外，光绪十八年（1892）正月至三月上旬的日记也有间断。三月十四日的《日记》抄录"曾文忠公课程"十二条，其中"写日记"："须端楷，凡日间过恶，身过、心过、口过，皆记出。终身不间断。"他认为"公之课程皆切己治身之学，进德修业之端，有志进修者皆当以此为法"。其实，在此前后，崇修书院的同学乔沐青、张云程，以及在王郭村结识的杜寿山等或劝其写日记不可间断，或各自也在写日记，他就曾看过张云程的日记，这些对刚开始写日记的刘大鹏都会产生影响。光绪二十年（1894）二月十一日，正在王郭村张资深家塾坐馆的刘大鹏，也如曾国藩一样，自订"退想斋每日课程"十九条：早起、洗心、养气、课徒背书、为弟子讲解、写日记、省过、读经、读史、阅先儒理学诸书、读时艺、保身、慎言、求新得、惜福、持敬、惜光阴、不管闲事、戒恼怒。他写日记的标准是："端楷，不拘时刻，凡有感触即记，誓终身不间断。"应该说，这一点刘大鹏是做到了。当然，非常特殊的情况下，之后的《退想斋日记》也是有间断的，光绪二十九年（1903）母亲去世后日记间断20天，光绪三十三年（1907）父亲去世后日记停写了50多天。日记册是刘大鹏的随身之物，他说自己"一日不写，心莫能安"，家中、书院、塾馆、科场、公车路上、出外游览路上他都会随地随记。光绪十九年（1893）四月初八日，他在从赤桥到王郭村塾馆的途中，路过东庄赶会置办家用，竟不小心将装有日记册的手袋丢于货摊，幸亏失而复得，给了他一个小小的惊吓。他曾做梦在一个书院写日记，也曾梦到有人将他的日记偷走，急得他梦中惊醒。科举制停废后的光绪三十二年（1906），他曾命长子刘玠和次子刘瑄和自己一样写日记，两个儿子是否遵照父命也开始写日记，之后的《日记》没有下文。

即如有些研究者指出的那样，与多数传统读书人一样，早期的《退想斋日记》有故意为之，甚至给别人看的痕迹。《日记》以自拟五戒、七惩、十求、八本开头，接着一段时间多读书笔记、辑录之古语、语录，自拟之"七箴言"、"十快乐"、"十二宝"、"每日课程"、对联、诗句、游记、赠友人诗书等，都是传统士人的一般做法。随着时间的推移和个人境遇及时代的变迁，后期《日记》直抒胸臆的成分渐次增多。义和团运动后，刘氏认为中国从此进入到一个"乱世"，《日记》中记载时事的内容明显增多。他也清楚，日记不宜记时事，但"以身处乱世，心无所寄，惟于日记册中聊记慨叹而已"。辛亥革命推翻了清朝，刘大鹏认为这是一个"叛逆之世"，他依然以"大清之人"自居，恨不能诛此叛逆之辈，"心恶若辈为不共戴天之仇敌，弗禁口诛笔伐于暗处，若对他人亦惟危行言逊而已"。"口诛笔伐于暗处"，虽然"口诛"的部分大多会言而不书，但《日记》中对新政权、新党的"笔伐"已溢满字里行间。民国二十年（1931）八月十四日，他在《日记》中再一次写道："予本清代遗民，国变以后，伏处畎亩，度此余生，于今二十年矣。目之所见，耳之所闻，种种事件，无一不违本心，积愤积恨，无处发泄，惟借吟咏以泻一时之感慨，然虽笔之以册，不敢为外人道也。"日记成了他感慨时局发泄不满的出口。与此同时，后期《日记》记述其交往及家庭日常生活的内容越来越多，风雨雷电水旱灾害的记载也与日俱增。

民国三十一年（1942）七月十四日，也即去世前五天，刘大鹏留下了最后一则日记，这又需要何等毅力。

五、遗存著述

刘大鹏一生著述宏富，除《退想斋日记》以外，见诸《刘友凤先生碑铭》的著述即有28种。刘氏所有著述大致可分三类：一类是文集、诗集、家谱、年谱、家训、公车日记等涉及个人和家庭的著述；另一类是"系于乡邦文献"的有关晋祠、晋水、汾河、西山九峪等"有功桑梓者"；另有一些笔记、随笔类著述。十分可惜的是，迄今整理出版的仅有1986年由慕湘、吕文幸点校，山西人民出版社出版的《晋祠志》及后附《明仙峪记》《柳子峪志》《重修晋祠杂记》（又有2003年该社16开再版本）四种。《晋祠志》三校既毕，慕湘先生"惜刘大鹏生非其时，空有等身著作，名不出乡里"，于我心有戚戚焉。

更使人痛心的是，刘氏著述大多已经散失。我的两位老师，即前述乔志强、薛愈先生，生前对刘氏著述颇多留心。二十多年前，我曾重访乔师母和薛愈先生后裔，幸又得刘大鹏著述四种，现依著述时间先后简略介绍如下。若能像《晋祠志》和《日记》一样得以出版，想必对刘大鹏及其相关研究大有裨益。

（一）《晋水志》十三卷，现存四卷。刘大鹏在自序中写到，此书乃奉父命编写而成。《晋祠志》既已告成，父亲刘明看后曾言："虽云详备，而未尝以晋水标名，则不足报晋水之德，大有负于晋水矣，尔曷不专志晋水，独编一书乎？鹏谨受命，遵将河例略为变易分门一十有一，为卷一十有三，体例虽异，事实则同。凡所登载，有增无减，据实直书，不托空言。稿既成，命玠、瑄、珣、琏等儿敬谨誊录，进呈堂上，仰恳家严悉心鉴定，始克成编，命名曰'晋水志'，庶足补邑乘之所未及者。"就像《晋祠志》一样，祖孙三代或命、或撰、或誊而又成《晋水志》，可谓刘氏著述生涯中的又一佳话。

《晋祠志》之外再编《晋水志》，一个非常重要的原因就是有感于因争水而起的讼事不断，尤其是渠甲胡作非为之弊。特编此书，以为后世之鉴。至于《晋祠志·河例》与《晋水志》的不同，刘大鹏在《晋水志·凡例》中讲道："是书登载即《晋祠志》之'河例'十卷也。体例虽殊，而事实则同。有略为加点者，有未更一字者，有前详后略详后略前者，有详年月日有未详年月日者，有《晋祠志》未载而始补登者，总之不出《晋祠志》之范围也。"将现存四卷《晋水志》与《晋祠志·河例》比较，可以看出《晋水志》一个明显的特点，就是除首卷《晋水源流图》外，各河篇首再冠以分图，"俾阅者易于参看，不至茫无所指也"。这样的处理确实便于读者阅文参图，心中有数。从每卷分目来看，前后也多有调整，总的看来更为细，分类更加明晰。"河案"和"碑记"又专列两卷，更突出了"以见讼断之启咎在渠甲"，"唯恐后人或有愆忘"的用心。

（二）《游绵山记》二卷，光绪三十四年（1908）五月成书。是为刘大鹏与同年郝济卿、南席村设馆私塾同事郜祚丰同游介休绵山的日记。起自四月初四日，止于二十四日。时，父亲刘明于去年十月去世，以孝为先的刘大鹏大为哀恸，自觉"无地自容，夙夜泣血，莫或遑处"。百日之后，刘大鹏处理完丧事回到太谷南席塾馆，"忧心殷殷，终莫能解，乃思游绵山以解之"，遂有三人绵山之游。

《游绵山记》虽短短三万余字，但内容十分驳杂。所到之处，刘大鹏不仅尽量摘录寺宇楹联，标注某寺某祠，而且引证古籍，作为小注，《山西通志》及所到各县县志均尽量引用，"以佐证其实见"。凡绵山之兔桥、鹿桥、天桥、石级梯、铁索岭、白云洞、抱腹岩、棋盘洞、回头看、柏龙等胜景无所不至。龙头寺、云中寺、云峰寺、世姑庙、介子推庙、回銮寺等庙宇也是无处不游。很有意思的是，三人毕竟属文人墨客，又意气相投，所到之处遂赋诗题咏，刘大鹏几乎"全行登录，靡有孑遗"，总计整个游记三人诗文多达63首。此类诗句大多触景生情，随意拈来，但也有一些反映当地民情风俗者。

一行三人自太谷启行，一路往返经祁县、平遥、介休、灵石、孝义、汾阳、文水、交城、清源、太原等十县，二十天后回到太谷南席。除绵山游记外，所经之处，刘大鹏均不厌其烦地记载所见所闻，诸如一日三餐在何处、此地与彼地间的路向和距离、商铺老总与名号、名胜古迹与城镇、山川河流与民情风俗等都有涉及，其中不乏有关社会生活的重要信息。另，此次出游，正值黄土高原之春季，《游绵山记》对风之微风、无风、小风霾、石尤风（俗称"打头风"）、大风、旋风、风势甚威、狂风大作、狂风夜吼、西北风凶猛、大风半日、是日无风等——记载，也是气候现象的一种参考。

（三）《弹琴余话》四卷，民国十二年（1923）成书。此为民国十年（1921）刘大鹏担任太原县立女子高等小学校校长时的札记。

卷一凡22则。《退想斋日记》民国十年二月初十日（1921年3月19日）记道："欧阳知事聘予为县立女子高等学校校长，辞之不获，乃不得已应之。"但学校的条件、教员和学生的程度实在有限，女校与国民小学校租用民宅，"共处同居"，学生皆由女子国民小学校中择其年长者充之，"认识之字无多，所有算术加减乘除仍未了然，则与聘书所言之程度迥不相符。教授一事，极其艰苦"。不久，刘大鹏便辞去其职。本卷记有刘氏被聘女校校长、开学典礼、女校地址、学生程度、女教员、男女学生旅行、学生罢课、女生逃学、校长辞职等女子学校事。又有两则记设在省城太原的"同善社"招人及有关事宜。

卷二凡22则。除几则摘自《益世报》《顺天时报》《上海时报》有关国债、外债及河南、山东时事外，主要是对山西时事的记载和评论。《晋阎锡山驻节古唐村记》记述1922年5月11日至18日山西督军兼省长阎锡山在古唐村（晋祠村）视察村制村范事。举凡行政会议、官民合体大会、营火会、音乐会、武术会、老农会、同乐会、分组调查、清源县调查、返回省城各项活动及讲话，无不按之后所编"村话"悉数抄录。《窑伙跋扈记》记述刘氏与杨九锡合办明仙峪煤窑事。《祀窑神文》则为笔者第一次所见，虽简单数十字，可窥其虔诚之心。又记药方9则。

卷三凡9则。除几则录自报纸反映北京、天津、太原的时事外，卷三主要有《民国时局之慨叹》，从风俗奢华、直省捣乱、军阀放恣、官吏贪婪、党派繁多、百姓负担、四海困穷、贼匪猖獗、学生嚣张、警察肆扰、纸币繁多、米粟昂贵、是非颠倒、道德沦丧等32个方面对民国社会百相进行评述。刘氏自谓，此32条"无一不实，无一粉饰之言"，"心有所感，援笔撰之"。

卷三另有《山西政治》计66条，历数阎锡山治晋十余年来政治、经济、军事、文化、社会方方面面，包括种种模范、事事改良、年年栽树、岁岁种桑、政必考核、推广捐输、振兴水利、教育普及、人厌老成、才重青年、钱买议员、银钱缺乏、纸币纷繁、整理村范、厉禁赌博、严禁烟丹、村民会议、村长恣横、工商并困、农士咸穷等。

卷四凡17则。本卷所录最杂。《北京宫殿火灾》录自《新申报》《奉天醒时报》及天津《河北日报》有关1923年5月清宫失火事；《临案趣闻》录自《新早报》，记1923年4月23日津浦铁路临城段被土匪抢劫各种趣闻；涉及山西本土事有《旱魃现形》《晋省勒索缓征》《借祀晋源神祠敛费》《老西儿》等。又有药方5则。

（四）《太原现状一瞥》三卷，民国三十年（1941）成书。书前刘大鹏有一个很简略的序文，谓其身处乱世，将手撰之文卷重行整理，"先将《太原现状一瞥》三卷另葺一册"。

卷一主要内容为民国二十二年（1933）刘大鹏上书太原绥靖公署和山西省政府，弹劾时任太原县县长陈迺蓉呈词，名曰"弹劾太原陈县长呈"。呈文详细列举陈迺蓉在太原县破坏征收钱粮之成法，宠幸媚官殃民之士绅，袒庇借公营私之乡长，妄兴不关紧要之土木，弗追税契所员之赃款，宽释贩毒流氓之重罪，勒逼零星小煤窑之注册，纵放事务所经理之横行，静听教育局员之舞弊，一任公安局局长之扰民，专教财务局员之滥费，瞻徇霸产区长之情面，回护吞款舞弊之村长，纵任商务会会长之违法，拘押包办斗捐之粮商，批驳婚价腾涨之详呈等十六项"昏聩糊涂，漠视民瘼"之情形。呈文递上，1933年2月既由绥靖公署函送山西省政府核办，7月18日有山西省政府吏字第204号批文。以"原具呈太原县民众代表刘大鹏等呈一件，请依法严惩贪官污吏，劣绅土棍由"，可以判断此呈为刘大鹏执笔所为。值得注意的是，此时孙女喜嬚和族人张品题因典产发生纠纷，已成讼数年，刘大鹏因此亦甚费心力，"瞻徇霸产区长之情面"即此之谓。

卷二所述内容与卷一略同，篇幅最长的《弹劾山西太原县贪官污吏劣绅痞棍章》，为上书南京中央政府监察院之文，只是变前"弹劾太原陈县长呈"列举之情形为恳请之办法，如"恳恢复征收钱粮之旧法""恳撤销小窑注册之功令""恳惩办媚官殃民之绅士""恳铲除教育机关之败蠹""恳严禁挥霍地方之公款"等。文末有其上诉太原绥靖公署暨山西省政府后，"山西省政府竟置之不理"，遂不得不"呼吁中央政府恳除民害"，恳请监察院"迅速核办"，云云。另，卷二最后又有《致锐威将军黄函》和《上阎主任书》，是为刘大鹏写给黄国梁和阎锡山二人的信函，内容更为简化，文字更为简略而已。

卷三内容有刘大鹏在县行政会议的提议案数条及演说词，另有《太原县民众代表请愿书》《山西太原县民众代表某某等请愿书》《九峪窑民代表请愿书》等。其中《山西太原县民众代表某某等请愿书》为刘大鹏上书南京中央政府行政院"为民请命"之书，恳请豁免苛捐杂税，减轻地方公款。除正文请愿书外，又附《请裁撤各县之区长》《请严禁出包捐税于众》两条。该请愿书并《上南京孔部长书》于1935年6月19日由刘大鹏到晋祠邮局亲手寄出，7月14日收到中央政府财政部部长孔祥熙之复函，孔对刘大鹏"为民请命，呈院呼吁，极为佩慰"，并告其请愿书已由院文部转咨山西省府核办。刘大鹏又作一复函诗不赘。

　　写下以上文字，我又忍不住再次通读乔志强先生为标注本《日记》所写的前言。那篇前言完成于1987年春，在介绍《日记》内容的基础上，业师审慎地指出："《日记》的涉及面十分广泛，从作者的视野和角度反映了这一个时代的各个方面。"待到20世纪90年代中期，罗志田、葛佳渊合作前揭文中，肯定《日记》"是一项内容非常丰富又极为珍贵的近现代史资料"，若将《日记》全文重排再版，"无疑会对中国近代史的研究作出无可替代的贡献"。斗转星移，好事多磨，标注本问世三十多年后，影印稿本《退想斋日记》终于要出版了。此为学术之幸，更是时代之幸！

左側（印刷物）

第三十五義

大風非厲　江有燐燿　神方無慙　可遂奏行

茯神一錢　麦冬一錢　赤芍一錢　枳實一錢
甘草一錢　厚朴一錢　淡竹葉十片
引炭寶一錢　　五劑再禱

男科

右上（手書き）

十五製清寧丸　要真正
大谷製者乃要廣栗
毎服二匁白水空
心服
　　晋羽德和許有

右下（手書き）

今代羊村牛天彌先生投送

剉麥風老夫子　白麥芙參粉り
　　　　　　　中麦芙參粉り
　　　　　　頭班ニ麿村老

初为塾师

近些年来，随着社会史、思想文化史研究的拓展，"地方的材料"日益引起研究者的注意。王汎森先生十多年前即指出"过去因为史学界将较多的心力放在全国性的事件，或在全国舞台上扮演重要角色的思想人物，比较忽略地方的材料"，而地方的材料，包括许多日记在内的"私密性文件"（Private document），使我们"从中很可以观察到一个时代的变化如何在一个极不起眼的地方社会中发生作用，以及地方与全国性舞台的关系"[1]。在他列举的诸多已刊行的日记中，即包括刘大鹏的《退想斋日记》。

《退想斋日记》为山西省太原县（今太原市晋源区）赤桥村举人刘大鹏所著，始于光绪十七年（1891），迄于民国三十一年（1942），时间跨度52年。自1990年山西人民出版社出版业师乔志强先生摘选并加标注的不足50万字的《退想斋日记》以来，有关刘大鹏及其日记的研究已经形成了一个研究

---

[1] 王汎森著：《思想是生活的一种方式——中国近代思想史的再思考》，北京：北京大学出版社，2018年版，第353页。

的小热点。[1]然而,《退想斋日记》全稿当在500万字以上,标注本远不足以反映全貌,且有一些不准确之处。譬如,由乔先生《前言》中的一句话"他从1886年起,即在山西省太谷县南席村票号商人武佑卿家塾中任塾师近二十年"[2],便使无数后来涉足有关刘大鹏研究者一一习焉不察援引误解。其实,南席之前,刘大鹏已有一次三年的塾师经历。本文不在于纠正这种错误,意在通读《日记》全稿的基础上,仔细考量刘大鹏的第一次塾师经历,或可透视"地方与全国性舞台的关系"。

第一次塾师经历虽然只有短短三年,但其间的刘玠入泮、自身中举,确是刘大鹏不寻常的三年。

一、初为塾师

民国十九年农历十二月十五日（1931年2月2日）,寒冬腊月,年关将至,这是一个老年人多病多亡的时节。此日,刘大鹏接到亲友通知"翌日葬张资深,今日延僧诵经致祭,

---

1 代表性的研究如罗志田：《科举制的废除与四民社会的解体——一个内地乡绅眼中的近代社会变迁》,《清华学报》(新竹) 1995年第4期；罗志田、葛佳渊：《近代中国的两个世界——一个内地乡绅眼中的世事变迁》,《读书》1996年第10期；(英)沈艾娣著,赵妍杰译：《梦醒子：一位华北乡居者的人生（1857—1942）》,北京大学出版社,2013年版；关晓红：《科举停废与近代乡村士子——以刘大鹏、朱峙三日记为视角的比较考察》,《历史研究》2005年第5期；行龙：《怀才不遇：内地乡绅刘大鹏的生活轨迹》,《清史研究》2005年第2期。
2 刘大鹏遗著,乔志强标注：《退想斋日记》,太原：山西人民出版社,1990年版,第1页。

请予前往为其题主，诘朝将事"[1]。葬礼延请僧人，诵经念佛，以期消灾纳福，济度亡灵，是为晋祠一带的传统习俗，至今相沿不衰。"题主"，即请有名望的长者在出殡前用朱笔补上死者灵牌上"主"字一点的仪式，又称"点主"。之前已有多次"题主"经历，时年74岁的举人刘大鹏，自然是一个合适的人选。一大早，刘大鹏就被事主派来的车接到距家仅几里的王郭村吃早饭，他了解到，事主为此次葬礼包席一百，"今日坐四十一席"，可见规模不小。十六日出丧，墓地距王郭村七八里之遥，刘大鹏又被请为祀土官，到墓地又是一番周折辛苦。腊月昼短夜长，自早到晚，整套葬礼结束已天昏地暗。夜间，天又下起小雪，次日"仍三点两点而下"。如此，直到十二月十八日，在王郭村待了三天两夜后，刘大鹏才回到赤桥家中。[2]

事实上，为其"题主"的逝者张资深与刘大鹏已有多年交情，这个交情就是东家和西席之情，而且这个交情始终保持着一种温情，甚至可谓一种生死之交。

几十年来，每逢农历年关，张资深本人，或者他派儿子都会来看望刘大鹏，并带来不菲的年礼。民国十六年十二月二十五日（1928年1月17日），年高85岁的张资深，像往年一样带着年礼看望年已71岁的刘大鹏，此日的《日记》写道："张资深送来大米一斗，藕根一大包、凡十斤，豚肩半块。此

---

[1] 刘大鹏：《退想斋日记（稿本）》，民国十九年十二月十五日。
[2] 刘大鹏：《退想斋日记（稿本）》，民国十九年十二月十五日、十六日、十七日、十八日。

君每年送之，迄今三十年有奇矣。资深年八十有五。"[1]大米一斗，藕根十斤（大米、莲菜均为晋祠一带特产），猪前腿半条，当也有十多斤，且三十年来"每年送之"，这会让一生持守礼义廉耻的刘大鹏甚为感动的。孰料，仅三年之后，张资深便带着这份温情以88岁高龄离世。

其实，张资深就是刘大鹏第一次作私塾先生时的东家，作为东家的张资深每年都会为西席刘大鹏送来年礼。光绪三十三年十二月二十五日（1908年1月28日），刘大鹏以"张资深东翁"称呼亦有提及："张资深东翁每年年底必送礼物，十余年不辍，今年又仍送来，待师可谓厚矣。"[2]翻检《日记》可知，除每年年底张资深本人或派其儿子送来年礼外，也有如中秋节送礼的记载。礼尚往来，刘大鹏有时也有回拜，或到王郭村办事甚至路过吃饭留宿张资深家的记载，这样的交情一直维持到张资深去世。

光绪二十三年（1897）下半年，张资深的两个儿子，即刘大鹏的两个弟子张振业、张振德先后成婚，已在太谷南席就馆的刘大鹏或亲往或送贺礼均参与了两个弟子的婚事。十月初十日上午，刘大鹏即"来王郭村为弟子张振业办理婚事，遂宿于此"。次日迎娶，东翁张资深又请刘大鹏作为"娶客"前往妇家迎娶。娶客一般为男家的至亲高朋，虽然妇家位于三十余里外的徐沟县董家营，"路途遥远，且极淤泥，虽坐肩舆亦难免夫操心"，刘大鹏还是欣欣然坐轿前往。妇家董家营

---

[1] 刘大鹏：《退想斋日记（稿本）》，民国十六年十二月二十五日。
[2] 刘大鹏：《退想斋日记（稿本）》，光绪三十二年十二月二十五日。

行礼坐席，回王郭村男家又一套行礼坐席，"待送客毕，天已三更"，也就是晚上12点前后了。[1]不过一个月，十一月初六日，张资深又为次子张振德娶妇，这次刘大鹏因在家侍奉腰部疼痛的父亲未能前往，《日记》中只有一句"弟子张振德于去日娶妻，今日遣人去送贺仪"[2]记之。东翁张资深，弟子张振业、张振德，刘大鹏做塾师在王郭村张家当无疑。

除了东家和西席的交情之外，刘大鹏对张资深还有一次扶困解厄的生死之交。民国三年（1914）四月十九日早晨，张资深的长子张振业急匆匆冒雨来到赤桥村，面请刘大鹏"到伊家商酌一事"。[3]什么事情让张振业如此急忙赶来？原来，东家张资深在清源县高白镇所办粮店因为亏累五六千吊之债倒闭，债主于此日将张资深控告到县，并予羁押。张家人请刘大鹏前往清源县署保释张资深回来。此时，刘大鹏挺身而出，当仁不让，他于二十一日到清源县，即刻转求旧友清源县商会会长秦润堂"入署关说"，并立即递交保释状，遂于当天将张资深开释出来一起回到王郭村。[4]

张资深在县衙被押两天后虽被刘大鹏保释出来，但问题并没有得到解决。七月末到八月初，酷暑难耐，刘大鹏亲赴清源调解办理此事，在清源县城和高白镇之间往返数次，寓驻十日，仍然调解无果。[5]八月是晋祠一带的秋收季节，刘大

---

[1] 刘大鹏：《退想斋日记（稿本）》，光绪二十三年十月十日、十一日、十二日。

[2] 刘大鹏：《退想斋日记（稿本）》，光绪二十三年十一月初七日。

[3] 刘大鹏：《退想斋日记（稿本）》，民国三年四月十九日。

[4] 刘大鹏：《退想斋日记（稿本）》，民国三年四月二十一日。

[5] 刘大鹏：《退想斋日记（稿本）》，民国三年七月二十五日至八月初四日。

鹏在家刈谷刈麦，播种宿麦，"夙兴夜寐，以事田亩"。[1]九月十九日，东家张资深请刘大鹏带现银一千一百余两再赴清源。原来张资深外债甚多，"除还浮存往来凭帖数千吊外，尚欠借贷一千六百金，一千五百吊钱"[2]，实在是一笔不小的数目。刘大鹏虽请朋友秦润堂等面见债主，帮助调解，最后还是"尚未解决"。[3]十月初四日，刘大鹏为张资深事第六次到清源，待调解众人到齐后，乃于初九日解决成交。《日记》道："代办张资深之事，今日方才解决，以六成交还债务，经中人通融办理，其款即日交之。"[4]事已办妥，十二日，刘大鹏以主人名义在清源县城借万丰庆布局备宴请客，清源商会会长秦润堂、商会副会长、前会长及办事人和"外来者"共三十三人赴宴。过午客齐，五席同开，席罢天已大黑，尚属圆满。十六日，刘大鹏自清源到王郭村见过张资深后方才回家。刘大鹏记此事谓：此次在清源寓驻十余天，合之前往返六次到清源办理张资深之事，总计有一个多月，"抑亦难矣"！[5]

刘大鹏在东家张资深家塾做西席只有短短的三年时间吗？其实，只要仔细阅读标注本《退想斋日记》，我们也不难发现这个事实。

《退想斋日记》起于光绪十七年（1891），毛笔小楷书写

---

1 刘大鹏：《退想斋日记（稿本）》，民国三年八月二十一日。
2 刘大鹏：《退想斋日记（稿本）》，民国三年九月十九日。
3 刘大鹏：《退想斋日记（稿本）》，民国三年九月二十一日。
4 刘大鹏：《退想斋日记（稿本）》，民国三年十月初九日。
5 刘大鹏：《退想斋日记（稿本）》，民国三年十月十二日、十三日、十四日、十五日、十六日。

的整部《日记》第一排字明确写道："光绪十七年十二月初一日起"[1]，第二天十二月初二日（1892年1月1日）的《日记》出现"馆中记"字样，光绪十七年仅此两天日记。光绪十八年《日记》起自正月二十七日，接着跳至二月初四日，此两日均有"家中记"字样。后再跳至二月十五日，且有"自记馆中记"字样。[2]从这一天开始，除特殊情况外，《退想斋日记》一日一记，少有间断。

那么，这个刚刚开始的"馆中记"，馆在何处？按《刘友凤先生碑铭》所载，刘氏"年二十三，肄业县桐封书院"。刘大鹏生于清咸丰七年（1857），23岁为光绪五年（1879）（传统纪年多以虚岁记之）。"壬午"（光绪八年，1882年）"赴省入崇修书院，前后十年"，[3]也就是光绪十七年（1891）结束崇修书院读书生活。家塾聘请先生，一般一年一聘，时间多在年末岁终，年末聘订，来年元宵节后即可"开馆"，这也是晋中一带的惯例。光绪十七年（1891）刘大鹏结束书院生活，次年拟作塾师，光绪十八年（1892）农历二月十五日"自记馆中记"当可理解，光绪十七年十二月初二日"馆中记"则难以理解。我们是否可以这样猜想：刚刚结束书院生活的刘

---

1 刘大鹏：《退想斋日记（稿本）》，光绪十七年十二月初一日。又，第一天的《日记》内有自记"五戒、七惩、十求、八本"，其中"八本"有"以退想为快乐之本"的表述；三月初九日《日记》仅一句"退一步想即为快乐之境"，以此或可推测《退想斋日记》之名的来源。
2 《日记》误为正月十五日，见《退想斋日记》，第2页。
3 《刘友凤先生碑铭》，载《退想斋日记》，第613页。

大鹏,[1]拟于来年做一个私塾先生,而自己从未有过这样的经历,赤桥村与王郭村近在咫尺,刘大鹏与张资深亦当互相熟悉,年前双方既已聘订,不妨"试馆"数日,以免误人子弟?

无论这个猜想是否成立,刘大鹏在王郭村张资深家塾做塾师三年当是一个事实,这一点为后来刘大鹏的多次追述所证实。光绪十八年(1892)六月十四日明确记道"余于今春初就馆"[2];光绪三十二年十一月初一日(1906年12月16日)的《日记》谓"余自设帐授徒以来于今一十有五年"[3],1906年前推15年亦即1892年;光绪三十二年十二月二十五日(1907年2月7日)又有"余在南席十一年"[4]的记述,在南席的十一年,也就是1896年至1906年。至此,我们可以断定:刘大鹏的第一次塾师经历在王郭村张资深家塾,时间只有短短三年,此后才有到太谷县南席村武佑卿家塾再度"设帐授徒"的经历。

光绪十八年(1892),9岁入塾受业,时年36岁的刘大鹏结束了26年的读书生涯。经过一个短暂的"试馆"经历,带着一份兴奋的心情,新年伊始即到王郭村张资深家塾开始了他的塾师生活。光绪十八年(1892)的开馆日期不详,光绪十九年(1893)开馆在农历的正月二十七日(2月25日),刘大鹏欣喜地写道:

---

1 刘大鹏:《退想斋日记(稿本)》,光绪十八年十一月二十四"余自出书院以迄于今,已二年矣",光绪二十年十二月十二"于今教学阅三秋"。

2 刘大鹏:《退想斋日记(稿本)》,光绪十八年六月十四日。

3 刘大鹏:《退想斋日记(稿本)》,光绪三十二年十一月初一日。

4 刘大鹏:《退想斋日记(稿本)》,光绪三十二年十二月二十五日。

今日为入学良辰,东公遣车迎余到馆,设酒馔以相款,情文兼至。众弟子皆叩首拜见,无不欣喜欢呼。[1]

从生员到塾师,也就是从学生到先生,这是人生的一个重要转折点。律己甚严的刘大鹏从此开始不间断地写日记。也许,在他的心目中,曾国藩就是永生追慕的一个楷模。三月十四日,刘大鹏在《日记》中专录"曾文正公课程"十三条:主敬、静坐、早起、读书不二、读史、写日记、日知其所亡、月无忘所能、谨言、养气、保身、作字、夜不出门。其中"写日记"一条中云:"凡日间过恶,身过、心过、口过皆记出,终身不间断。"抄录完毕,刘大鹏发出感慨:"公之课程,皆切己治身之学,夫岂等闲所能为。进德修业之端,有志进修者,皆当以此为法。"[2]事实上,就"写日记"这一条来看,刘大鹏自光绪十八年(1892)开始塾师生涯后,确实做到了"以此为法",不曾间断。

除了以"曾文正公课程"十三条要求自己以外,刘大鹏也像古人一样,"教学则立规以课弟子"。光绪十八年(1892)七月二十七日记道:"既已为人师矣,虽不及古人之才德,犹欲效古人之所为,由是不揣固陋,在馆亦立学规十二条,以教童子云。"其十二条学规为:勤洒扫、习应对、正衣冠、端步趋、谨言语、慎起居、节饮食、禁交财、敦友谊、戒游戏、

---

[1] 刘大鹏:《退想斋日记(稿本)》,光绪十九年正月二十七日。
[2] 刘大鹏:《退想斋日记(稿本)》,光绪十八年三月十四日。

常写字、恒讲书。[1]显然，刘大鹏所订学规十二条，吸收了朱熹《童蒙须知》"始于衣服冠履，次及言语步趋，次及洒扫涓洁，次及读书写字"的蒙学内容，但似乎又带有几分晋中票号商人要求学徒的"票规"色彩，如第二条"习应对"要求："应对宾客，言必有条。传命出入，责在垂髫。只须敬谨，无使或骄。小子习（娴）此，德音孔昭。"这个"应对"即有商界迎来送往的味道。最后第十一条、第十二条讲到写字读书，"常写字：六艺之中，书法居一。若欲字佳，先求用笔。尤贵常写，不爽时日。小子能遵，可神其术"；"恒讲书：读书不懈，乃能有成。然非讲解，难得其精。朝考夕究，自然理明。告尔小子，尚其竭诚"。[2]初为人师，刘大鹏是有职业操守的。

王郭村位于赤桥村西南八九里，晋祠居其中。此村至迟在北齐时代已成村，考古发现有北齐东安王娄睿墓及隋代虞弘墓，又有古迹台骀庙、明秀寺、真武庙等。明清时期王郭村俨然为晋祠一带大村，光绪年间村内共有五六百户人家。其中，张姓又属村内大户，至今明清时代的张家巷、张家大院依然存世。虽然王郭村张氏家谱不得一见，但很可能张资深即属此张氏一族。[3]

此时刘大鹏在张资深家塾中的弟子，除了张资深的两个

---

1 刘大鹏：《退想斋日记（稿本）》，光绪十八年七月二十七日。
2 刘大鹏：《退想斋日记（稿本）》，光绪十八年七月二十七日。
3 据王郭村1966年《阶级成分登记表》：张资深有一孙辈名张骏，表中"家史简述"写道："祖父张源（资深），有地一百多亩，房子15间，出租一部分土地，四十岁时经商，1930年去世，生活很好。"山西大学中国社会史研究中心档案室藏王郭村档案。

儿子张振德、张振业外,长子刘玠也不时随其就读,另有王以诚和武永泰两个弟子。[1]王以诚为同在晋祠附近做塾师的王小宋之子。[2]武永泰大概亦属晋水流域一带子弟,晋祠东临的北大寺村,武氏就是村内最大的家族。几个弟子中,这个武永泰似乎读书不甚用功,光绪二十年(1894)开馆不久的二月初九日,刘大鹏即有一篇不长的《示弟子武永泰》书:

> 凡人在世,无论所为何业,总须奋志振兴,以求其业之精。天下之业,读书为高,读书不仅可以获取功名以登仕途,即为商贾,亦可以多获资财。
>
> 尔今者从吾读书受业,自朝至夕,并不用一点儿心,岂非以为此事无关紧要乎?吾望汝甚切,尔乃遇我甚疏,视此事为绪余而不以为意。诗曰:诲尔谆谆,听我藐藐,其斯之谓欤,能不使我心酸。尔其及时奋志用功,毋到不读书时致悔念之丛生。戒之勉之,吾日望之,其亦克慰吾心否。[3]

好一顿苦口婆心的夫子之教。

---

1 刘大鹏:《退想斋日记(稿本)》,光绪二十年二月二十二日:"巳刻去城内为玠儿备办县考事,兼当赢保买试卷两副,玠儿的一副,弟子王以诚的一副。"五月二十五日:"命弟子武永泰引玠儿在余坐馆里中拜客。"
2 刘大鹏:《退想斋日记(稿本)》,光绪二十年二月二十九日:"巳刻初,王小宋携(其子)王以诚县试头场文令余阅之。"
3 刘大鹏:《退想斋日记(稿本)》,光绪二十年二月初九日。

"一日之中，背书之余，讲书教书，教写字，教平仄音韵，教时文试帖，盖无多消闲功（工）夫"，这是刘大鹏自述的教书日常。在此敬业耐心的调教之下，馆中不多的弟子倒也颇为用功。光绪十九年（1893）九月二十三日，就馆将近两年时，刘氏鸡鸣而起，坐以待旦，一面仰思古圣先贤，殊觉悬若天壤，一面为弟子的用功颇感欣慰，"自到馆以来，诸弟子诵读颇觉辛勤，每日二更以后眠，鸡未鸣时即起"。[1] 未鸣即起，二更后眠，按近世时日计之，少算也是早晨五点起床，晚上九时睡觉，早起早睡，甚为辛苦。功夫不负有心人，相信诸弟子学业当均有长进。另外，除了日间课徒教书之外，刘大鹏有时也会到村外散步，甚至偕友人到村西的明秀寺观赏牡丹，或时常有塾师同人往来拜访，或时隔数日回家省亲，倒也心情舒畅。

然而，刘大鹏自有其纠结的一面，这种纠结可以说开始做塾师的那一天既已产生。这就是：二十六载读书用功，本为博取功名，以遂"封侯之志"，而今不得已"乃至出门教书，消磨一生之志气"。[2] 自光绪十八年（1892）就馆教书始，除了张口就来的"家有三石粮，不作童子王"之类外，《日记》中不时会出现刘大鹏抱怨壮志未酬教书甚苦的诗句：

虚度光阴三十秋，平生德业未曾修。
遨游泮水诚多愧，仰食天厨倍觉羞。

---

[1] 刘大鹏：《退想斋日记（稿本）》，光绪十九年九月二十三日。
[2] 刘大鹏：《退想斋日记（稿本）》，光绪十八年六月十四日。

（光绪十八年闰六月十八日）

教学果然是下流，古人尝以此含羞。
去来子弟随他便，出入先生不自由。
平日间居勤指示，黎明忙起课婑修。
为兹讵作终身事，投笔常怪丁原侯。
（光绪十八年闰六月二十一日）

虽云教学是良图，拘束微躯兴倍孤。
芸馆羁栖如枥马，茅斋局促似辕驹。
虽然称己诗书客，究竟为人笔砚奴。
此路何时才摆脱，身登金殿献嘉谟。
（光绪十九年九月二十二日）

赤桥村距王郭村只有八九里。从赤桥村走过晋祠东门，经塔院及南、北大寺即到王郭村。除去到县城、省城应课、应考及逢年过节外，有时住赤桥家内，有时住王郭馆中，刘大鹏时常穿梭于两村之间。《日记》中不时有"早饭后由馆归家""早饭后来馆"，甚至"到馆路上，到东庄赶会"，"清晨课徒毕，即到城内应桐封书院课……"[1]的记载。每逢因事回家多待两天，刘大鹏总是觉得耽误弟子功课而略有惭愧，而父母对其要求也严，大凡刘大鹏觉得未尽"事亲之道"，父母就在催促他到馆教书。这也是刘大鹏在外教书的纠结之处。

---

1 刘大鹏：《退想斋日记（稿本）》，光绪十九年七月十四日。

光绪十九年（1893）十月二十七日晚间，父亲因事回家，派人到王郭村召唤刘大鹏，第二天午后刘大鹏"旋里省亲"，第三天午后即"不免抑郁"地赶到王郭村馆中：

> 庚戌（二十八日）旋家省亲，依依膝下才两日耳。父亲大人命之曰：尔教人家子弟，因吾回家，误了两日功课，盍去诸。此去坐馆处不过八九里远，隔数日回来一视可也。余不敢违命，由是于酉刻到馆，然方寸之中，不免抑郁，以为设馆授徒，致使缺事亲之道，能无惶然抱歉乎。
>
> 余于月内或去县应课，或因事旋家，较前多误弟子几日功课，则方寸之中，遂觉无限惭愧。盖因人以子弟相托教育成人，乃至耽误其功课，反躬自问，岂能安乎！[1]

初为塾师，既为不能博取功名而消磨志气，又为不能事亲而不免一点抑郁。仅仅三年时间，即光绪二十年（1894）年底，刘大鹏就有了辞馆的心思。此年十二月十二日，身患腿疾的刘大鹏在馆中作《追悔教学》一诗谓："于今教学阅三秋，凌晨内问反增羞……但愿终身辞此事，不知天意许吾不（否）？"[2]第二天，刘大鹏"腿疼又甚，并无精神"。午后，

---

1 刘大鹏：《退想斋日记（稿本）》，光绪十九年三月三十日。
2 刘大鹏：《退想斋日记（稿本）》，光绪二十年十二月十二日。

弟子们雇来一辆车将腿疼不能走路的刘大鹏送回赤桥家中。[1]

这就是刘大鹏初为塾师的三年经历。

二、刘玠入泮

刘玠是刘大鹏的长子，生于光绪二年（1876）。玠是一种大圭，圭则为帝王诸侯举行典礼时所用之玉器。刘大鹏为长子取名"玠"，当有望子成龙之意。

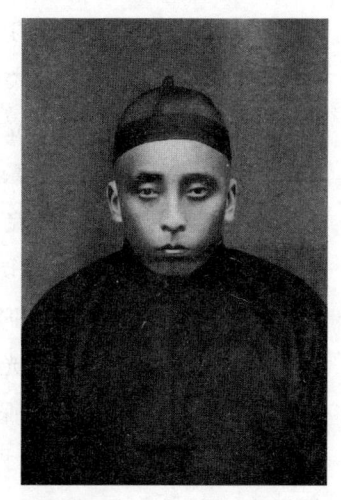

长子刘玠

入泮就是入官学。古时学宫前有泮池，学校称为"泮宫"。"入泮"即通过正式考试进入官学成为生员。生员就是民间所谓的秀才，属于"绅士地位的最低一级学品"[2]。秀才—举人—进士，这是科举制度下读书人基本的三个等级。

考进县学成为生员前，一般都会经过私塾和书院两个阶段学习。刘玠是否就读专门的私塾我们并不清楚，但他随父亲刘大鹏就读在张资深的家塾则是肯定的。[3]他的书院学习是

---

1 刘大鹏：《退想斋日记（稿本）》，光绪二十年十二月十三日。
2 张仲礼著，李荣昌译：《中国绅士——关于其在19世纪中国社会中作用的研究》，上海：上海社会科学院出版社，1991年版，第2页。
3 刘大鹏：《退想斋日记（稿本）》，光绪十九年三月十四日。

在太原县城的桐封书院完成的。

清代，太原县除了自明代王琼在晋祠开设的晋溪书院外，县城也有一所书院，该书院位于城内后街。光绪《太原县志》载："太原书院旧址破屋数椽，一切经费具无所出。"道光年间在旧地扩建，名"晋泉书院"。同治年间，知县许荣绶整饬院规，以晋泉书院"不堪雅切"，遂与士绅商议改名桐封书院。[1] 此时，刘玠正是在桐封书院应课备考生员。

据《日记》载，至迟自光绪十八年（1892）起，也就是刘玠15岁时，刘大鹏即以廪保的身份带他参加了太原府的童生考试。光绪十八年（1892）四月二十五日《日记》写道：

> 太守开棚考试太原府属童生，余长子玠应试，余为廪保。四鼓而起，率玠与同乡朋友共赴府署，听候点名。至则遇外县旧友，有为廪保者，有送弟子应试者，共叙寒暄，相谈衷曲，真乃洒落之至。[2]

童试分县试、府试、院试三级，既可参加府试，刘玠自然已通过县试。童生应考须生员具结，为其保证无身家不清及冒名顶替等弊端。刘玠已通过县试，刘大鹏身为廪膳生员，为刘玠府试担保很是自然。太原府城在汾河东岸，距赤桥村有五十里之遥，父子后半夜"四鼓而起"，东渡应考，此番辛苦自不待言。

---

1 光绪《太原县志》卷上《学校》。
2 刘大鹏：《退想斋日记（稿本）》，光绪十八年四月二十五日。

结果不是很好。第四天，童生府试挂榜，刘玠得第三十八名，[1]按所定名额并未考取生员，其身份仍为生童。

清制，书院生徒以生、童分之，"生"为贡生、廪生、增生、附生等，"童"则无论年龄大小，未入学者均称为童子。此时，刘大鹏为廪生，儿子刘玠为童子，均为太原县城桐封书院的生徒。接下来，就是儿子刘玠不断地随同其父刘大鹏到桐封书院去应课。

从赤桥村到县城桐封书院应课，虽路途只有几里，但也是一件很辛苦的事情。作为每次可以得到一点膏火的廪膳生员，没有特殊情况，刘大鹏总会按时应课。《日记》中最早出现的一次桐封书院应课在光绪十八年（1892）八月初六日。是日，刘氏一大早到县应课，刚进书院，大雨沛然而下，约两个时辰后方才停止。县尊姗姗来迟，点名给卷，领卷回家，时已午后。匆匆吃过饭后开始做题，做完生题时已四鼓，也就是后半夜两点过后，童题刚刚起头，睡意渐渐袭来，遂"解衣就寝。黎明而起，随作随誊，完时巳刻初"[2]。这个"巳刻"，当是日出东山了。

刘玠随同刘大鹏第一次到桐封书院应课则最早出现在光绪十九年（1893）三月初六日的《日记》中，是日，书院惯例课试三题：生题：子游为武城宰，子曰：女得人焉尔乎？曰：有澹台灭明者，行不由径，非公事，未尝至于偃之室也；童题：夫子莞尔，笑曰割鸡；诗题：红杏枝头春意闹，得头

1　刘大鹏：《退想斋日记（稿本）》，光绪十八年四月二十八日。
2　刘大鹏：《退想斋日记（稿本）》，光绪十八年八月初七日。

字五言六八韵。刘氏记道："余作一文一诗，长子玠作童题，皆不能出色当行，不过敷衍而已。"[1]这个阶段桐封书院的月课，每月两次，分别在上旬和下旬；课试内容多为生题、童题、诗题三种；生徒或在书院作文，或可领卷回家去作，形式常有变动。如光绪十九年（1893）四月上旬课试规定生徒均须在书院作文，不可持卷而出，五月上旬课试又改为在城者中午可以回家吃饭，在乡者则须完卷后出场。[2]

耕读立家为传统中国家庭的理想，一般家庭耕地种田易，而读书登科难。刘氏祖孙三代视读书甚重。身为武童的刘明时常以子孙用功读书感到欣慰，但有时也责备儿子"为学不力，课子不严"[3]。刘大鹏对刘玠更是耳提面命，望子成龙心切。光绪二十年（1894）八月二十七日刘大鹏特为刘玠作了一篇长长的十七条《示玠儿日程》，内有清早课程五条，午前课程五条，后半日课程七条。兹列"午前之课程"以窥其读书之要求：

> 写字。早饭后写大卷一开，白折一开，京高纸大字二张，临柳帖不许改移。以尔天资，近颜鲁公也。
> 读阅经。圈点御纂诗，多则十页，少则五页。《四书汇参》亦然。
> 阅史。《史记》《纲鉴》二宗，多则十页，少则五页，

---

1 刘大鹏：《退想斋日记（稿本）》，光绪十九年三月初六日。
2 刘大鹏：《退想斋日记（稿本）》，光绪十九年四月初七日、五月初七日。
3 刘大鹏：《退想斋日记（稿本）》，光绪十九年九月初五日。

亦必用笔圈点。《汉书》《三国志》再阅一部,完再阅一部。不可贪多务广,有荒学业。

阅先儒理学书。或《近思录》,或《性理精义》,或《理学宗传》。总以一宗为归,不拘多寡。

阅诗。唐宋大家及试帖诗,多则十数首,少则一二首。

除了午前的这些课程,午后尚有温熟书、温熟诗、温熟文、读古文、检点功课等七条。刘大鹏自称,所立各条,"条条皆从肺腑而出,非捕风掠影之谈",希望儿子逐一行之,三十岁之后"自有人所不能几及者矣"。[1]

在如此家庭环境之中,在如此乃祖乃父严教之下,刘玠读书自然很是用功,况且以刘玠之奉命唯谨天资聪颖,自然学业精进,深得庭上大人欢喜。

果然,再试锋芒,刘玠一路顺风,众皆喜出望外。

光绪二十年(1894),干支甲午。自大年初一起,刘大鹏即"精神倍觉振奋,心志弥觉有兴"[2]。二月二十日,他由王郭塾馆回到家中,开始忙活刘玠的童生考试。次日记梦见到一支"管粗三寸,高七寸"的大笔。文人梦笔,且在考前梦笔,这是一个很好的预兆!

二十二日上午,刘大鹏赶到县城,为儿子刘玠和弟子王以诚各买试卷一副。次日,到儒学明伦堂将工本费满钱二百

---

[1] 刘大鹏:《退想斋日记(稿本)》,光绪二十年八月二十七日。
[2] 刘大鹏:《退想斋日记(稿本)》,光绪二十年正月初五日。

文交上，再到礼房交上二百文满钱，"纳卷报名"方告妥当。时过午后，他又到街市上为刘玠买些进场的食物，这才回到家中。[1]

二月二十四日是县试的日子。凌晨两点，太原县城就响起了县试的头炮，提前一天就住在附近的刘氏父子早早起来，赶在二炮响起时用毕早饭。三炮响过，便起身赶赴不远处的东华亭考场。开门炮一响，知县大人上堂就座，一阵教谕、训导各官行过见礼，左右陪坐就绪，书判手执名册开始点名。点名自有规矩：先点廪保先生（刘大鹏自然在列），次点巡场（监考）各役，再点应考文童，一番行礼点名后监考童生入场，考场封闭，天已大亮。[2]

让身在考场的刘玠意想不到的是，刚进头场，场外候考的父亲刘大鹏就接到刘玠妻子病危溘逝的消息。二十五日黎明，时在候考的刘大鹏突然接到刘玠岳家来人的消息：在娘家养病的刘玠妻子"疾剧"，顷刻，第二次来人又告玠妻盍逝！这个消息令刘家"阖家哀痛伤心"，只是可怜的刘玠刚考完头场，想必仍在梦中。据刘大鹏的记述，刘玠于上年八月结婚，不到三个月新进门的媳妇就得了一场大病，随后"服药无数"，年初请医请药，"又服无数药饵"，均不见效，不到六个月便辞世殂谢。心绪烦乱的刘大鹏赶回家中，面对极为哀伤的母亲更生一份忧愁。还好，内人虽然"眼已哭之高

---

[1] 刘大鹏：《退想斋日记（稿本）》，光绪二十年二月二十日、二十一日、二十二日、二十三日。

[2] 刘大鹏：《退想斋日记（稿本）》，光绪二十年二月二十四日。

肿"，但在母亲面前尚能极力克制强忍哀伤。也许是难以面对儿子的一派愁闷，二十六日，母亲即命刘大鹏离家到馆，待到清明节（三十日）再回来。此后数日，东家张资深及杜寿山等友人纷纷到馆慰问，均不解刘大鹏哀痛烦闷之心绪。[1]

二十九日黄昏，刘大鹏由馆到家，刘玠也由头场考试后回到家中，刘玠自信："拟列第二名，因失拈一字，抑置第九名。"[2]至于刘玠对妻子的病逝，《日记》未置一词。第二天是清明节，照例，刘大鹏带着刘玠到祖茔及绝嗣的舅父坟上烧纸祭祀。三月初一日，触景生情，刘大鹏在《日记》中写下这样一段文字：

> 清晨细雨如丝，至早饭时止，未几狂风大作，吹得天昏地暗，如黄土弥漫空中一般。山岳潜行，郊原失色，楼台皆隐见，树木亦模糊。桃李不笑而含愁，水国不平而起波。睹斯气象，则有眷恋古昔，淡名淡利，满目萧然，感极而悲者矣。至于羁客旅人，值此天色，更有甚焉者。[3]

略读此文，不免使人想到范仲淹《岳阳楼记》中那些脍炙人口的词句。然而，此时的刘大鹏只有含愁起泪的感极而

---

[1] 刘大鹏：《退想斋日记（稿本）》，光绪十九年八月十九日，光绪二十年二月二十五日及二十六日、三月初三日、四月初四日。
[2] 刘大鹏：《退想斋日记（稿本）》，光绪二十年二月二十九日。
[3] 刘大鹏：《退想斋日记（稿本）》，光绪二十年三月初一日。

悲，并无些许春和景明心旷神怡的喜洋洋之气。刘玠的头场好成绩并不能消解乃父的愁闷。

自二月二十四日一直到三月初七日，县试头场、二场、三场、四场接连进行。三月初九日，刘玠考完四场回到赤桥家中，赶快告诉刘大鹏，昨天已经挂出通榜，自己得第九名，王以诚列第十九名。刘大鹏在此日的《日记》中特别记录包括刘玠在内的"县取前十名童生姓名"，又为"县尊考试，认真办理"而感到欣慰。[1]

三月十六日是府试日。县试在太原县城，府试则要到汾河东岸的省城贡院，而且刘大鹏需以廪保身份为刘玠担保。半夜三更头炮响起，刘大鹏便催促刘玠、王以诚起床洗漱用饭登程，刚到贡院即响三炮，随后又是一番行礼点名，鱼贯入场。

隔日上午，刘大鹏乘邻村熟人的一匹马由省城回家，劳力费神，一路风尘，他又是平生第一次骑马，回来后遂觉两胯疼痛，在家里待了两天后，方才来到王郭村馆中。好在刘玠三场府试结果都很不错。二十七日，王以诚第三场后归来，告刘大鹏刘玠第三场覆试以第四名取出，又言府试"较县试之严密大相径庭也，考试者啧有烦言，谓其中弊窦甚多，人虽知而不敢直指"[2]。无论怎样，刘玠总算是顺利通过了府试。

四月初八日又迎来院试齐集日，刘大鹏又以廪保身份带刘玠及王以诚赶赴省城应考。自初九到十四日，刘玠、王以

---

[1] 刘大鹏：《退想斋日记（稿本）》，光绪二十年三月初九日。
[2] 刘大鹏：《退想斋日记（稿本）》，光绪二十年三月二十七日。

诚进场出场，刘大鹏送场接场，场内场外忙得不亦乐乎。十六日，正榜挂出，刘玠列第十名。此次府试太原县共取19名，县学正额12名，拨入府学者7名，刘玠被取为府学生员。[1]

刘玠入泮的消息很快在刘大鹏太原的朋友圈中传播开来。挂榜当天，刘大鹏在《日记》中就兴奋地记道："玠儿取出以后，众友贺喜纷至沓来，余应酬一切，殊属周到。"第二天整个一上午，刘大鹏仍在曾经肄业的崇修书院迎来送往，"时刻应酬，无闲暇工夫"。他在《日记》中一面叹息自己七进科场而未得举人，一面为"玠儿初学作文，应童生试，遂入泮水"感到喜出望外。《日记》中特别录下了包括刘玠在内的"太原新生十九名，县学十二名、府学七名"的姓名和名次，又录下20多位前来贺喜的朋友姓名。[2]随后的几天时间里，父子二人参加了一场太原府属各处的童生覆试，二十四日日落时分才回到赤桥家中。

赤桥的刘家宅院早已沸腾开来。十六日正榜挂出的当天，刘玠入泮的消息不胫而走，当天，刘大鹏的母亲就派人到省城购买报喜之物，[3]"阖家皆欣喜踊跃"。亲戚、邻里、朋友纷纷登门道喜，母亲高兴地告诉刘大鹏："自报玠儿入泮喜事，贺喜之人每日接踵于门，无不欢喜雀跃。"[4]东家张资深、弟子武永泰及同在晋祠附近开馆的王小宋、李锦轩等闻讯登门，

---

1 刘大鹏：《退想斋日记（稿本）》，光绪二十年四月十六日。
2 刘大鹏：《退想斋日记（稿本）》，光绪二十年四月十六日、十七日。
3 刘大鹏：《退想斋日记（稿本）》，光绪二十年四月十七日。
4 刘大鹏：《退想斋日记（稿本）》，光绪二十年四月二十五日。

《日记》中又登录来家贺喜送礼之人20多位。

在世的家人欢喜还不够,这个喜讯也要让去世的祖上分享。五月初七日"是个良辰",刘大鹏奉父母之命邀来村人马骥等三位来家午餐,然后拜遍村中各庙宇神灵,又带刘玠来到祖茔,禀告刘玠入泮之喜。他为此特别写下一篇祭文:

> 敬承父母之命率玠男,谨以清酌蔬菜致祭于列祖之墓前曰:惟我列祖,积德累功,善行善言历多年而不朽,嘉谟嘉训阅数世而常新,事业之创垂勤于先代,福泽之享受波及后昆。盖读诗书,阅史鉴,作文赋诗,博取科名,皆我列祖所留遗者也。今者玠男粗学文章,幸能身游泮水,名列黉官,虽云资乎师训,要自赖乎。[1]

刘玠入泮的喜讯自然要与祖父刘明分享。五月十五日,天朗气清。一大早刘大鹏就起来命仆夫驾车登程,带刘玠到太谷县里满庄看望父亲,以他的用词就是"敬省父亲大人,兼俾玠儿拜客"。自赤桥到里满庄,渡汾河,过洞涡河、象河、五马河,清晨途中、徐沟旅店,途遇农归、中途行、中途渴及董村等所见所闻,刘大鹏都留下了"朝阳灿朗映车红"般的欢快诗句。[2]次日,刘明即派车派人带刘玠到太谷县城拜客。十七日早饭后,又命刘玠拜里满庄诸友。刘大鹏在里满庄的这几天,则似闲人一个,他登楼远眺,游永寿寺,到关

---

[1] 刘大鹏:《退想斋日记(稿本)》,光绪二十年五月初七日。
[2] 刘大鹏:《退想斋日记(稿本)》,光绪二十年五月十五日。

帝庙看戏，阅《太谷县志》，心情格外舒畅。十八日夜半时分，父子二人才回到家中。[1]

不过十天，二十五日早饭后，刘大鹏又命弟子武永泰带着刘玠在他坐馆的王郭村拜客，自早到晚，"共拜一百二十余家"！晚间，刘大鹏作两联直抒胸臆：

> 当夏时泮水采芹固是仰承祖德，
> 到秋日蟾宫折桂方堪上慰亲心。

> 希贤希圣希天下为天下奇男子，
> 立言立功立德才算世间大丈夫。[2]

立德、立功、立言三不朽，是男儿自当大丈夫。壮志未酬，虽然夏季仰承祖德刘玠入泮，但等秋闱来临，刘大鹏就要"蟾宫折桂"，考取举人了，这是一种何等的兴奋！

秋闱，三年一度秋八月，考举人的日子说来就来了。

三、刘大鹏中举

科举考试的考场称"闱"。考取举人的乡试在秋八月，俗称"秋闱"。秋闱三年只有一考。

虽然刘大鹏之前已经七次参加举人的考试而不中，但刘玠初学"遂入泮水"的现实，却使他喜出望外。就像一针兴

---

1 刘大鹏：《退想斋日记（稿本）》，光绪二十年五月十六日、十七日、十八日。
2 刘大鹏：《退想斋日记（稿本）》，光绪二十年五月二十五日。

奋剂一样，刘大鹏仍要参加第八次甲午科——光绪二十年（1894）的秋闱。更使他兴奋的是，刘玠此次也可以以府学生员身份参加秋闱，父子同科，好不欢喜。

另外，年来屡屡"梦笔"，这种看似虚幻而又使他不得不信的梦境，也促其再入闱场。一年前的七月二十九日，刘大鹏即"梦有人授五色笔"[1]；八月三十日夜间，他又梦到友人张某的母亲送给自己一包笔。梦中的他"欣然受之，胸中甚觉畅适，以为授我以笔，胜于授许多金。醒后，尚觉心志悠然"。更奇妙的是，第二天早晨，儿子刘玠告诉他，昨晚也有人授他"大笔三枝，在砚池洗涤"[2]，斯可谓父子同日同梦授笔。

考取举人的秋闱有三场，考试时间规定在八月上中旬。就在光绪二十年（1894）甲午科秋闱第一场的一个月前，七月十一日，刘大鹏在《日记》中有点好奇地记道：

> 古人梦笔之事，亦尝有之，然不过偶然事耳，非若余之屡屡梦笔也，去岁数次，今春一次，昨夜又梦父亲大人授笔一袋。余细视之，写大字者五枝，管皆黄色，毛锥纯白。写小字者三枝，管皆青色，毛锥五色，俱在皮袋中。皮袋上身红色，下身绿色。余不禁欣然喜曰：今得此笔，余与玠儿足符科场用矣，向尚忧科场无笔使

---

[1] 刘大鹏：《退想斋日记（稿本）》，光绪十九年七月二十九日。
[2] 刘大鹏：《退想斋日记（稿本）》，光绪十九年九月初一日。

用，不意父亲大人今竟授之也。言已遂寤。[1]

虚幻中的梦境是一个现实的人与自己内心的真实对话，它的动机常常是一个寻求满足的愿望。江郎梦人授以五色笔，故文采俊发。李白梦笔生花，后以诗名天下，此类传说科场士子无人不知，无人不晓。屡屡梦笔的刘大鹏，之前梦笔多为他人授笔，这次奇妙地由父亲授笔，而且"授笔一袋"，难怪他"不禁欣然"。

年近不惑七科不成的刘大鹏，甲午科果真一举成名。

光绪二十年（1894）八月初一日，秋风送爽。清晨，父亲刘明因儿孙两人应考，就由里满庄回到家中。在家与父母盘桓两天后，刘大鹏来到省城，准备第八次应考举人。此时，长子刘玠已在省城。午刻，很少到省城来的母亲带着次子刘瑄也乘车而来，与父亲一起在太谷做木材生意的世叔耿光俊也在稍后赶来，大家都来为刘大鹏父子"送场"。吃过午饭，刘大鹏高兴地与母亲带着刘瑄乘车"阛城游览"，直到日落西山才回到寓住的崇修书院。[2]

比起童生考试的春闱来，秋闱更为士人和世人看重。八月初四日，刚落脚崇修书院，刘大鹏就看到同来赶考的朋友们各个"纷纷扰扰，备办科场事。正如临战之兵厉兵抹马，蓄锐养精，以祈大胜也"[3]。初六日，主考、副主考、提调、

---

1 刘大鹏：《退想斋日记（稿本）》，光绪二十年七月十一日。
2 刘大鹏：《退想斋日记（稿本）》，光绪二十年八月初一日、初三日、初五日。
3 刘大鹏：《退想斋日记（稿本）》，光绪二十年八月初四日。

点名诸官陆续进入考场,"远近人民与阖省士子皆到贡院左右聚观",街市上早已纷纷扰扰,肩摩毂击,好不热闹。已经参加过七次如此科考的刘大鹏,不愧是一名老手,他镇定从容,甚至带点讥讽的口吻写道:"进场士子莫不急急忙忙为中举计,余以为中与不中自有命定,不必着急不必忙迫,只须镇定从容可也。"[1]有耿叔送场,备办一切场具,刘大鹏倒是消闲,次日,他还去令德堂看望了同样准备应考而患感冒的老朋友胡海峰,又和耿叔一起看望年已74岁应考的父执时成瀛老先生,慨叹其"年臻老大而犹恋恋于科名"。[2]

初八日,日出东山,进第一场。刘大鹏坐东文场芥字第三十七号,[3] "离火颇远,殊觉快乐"。闲来无事,他在闱中为胡海峰未能进场感到遗憾,又录下点名各官姓名,再作《闱中偶成》诗两首,无非"进得闱来喜气盈",云云。次日三更半夜考题下发,照例是四题,书题三、诗题一。初十日中午时分,做完考题到公堂交卷,"正值混交之时,拥挤不开",等候一个时辰仍不能交上,他干脆将装有考具的篮子交给也在等候的儿子刘玠,自己"上至公堂,乘间交之",一面埋怨"交卷亦甚难也"。[4]

十一日进第二场。座次在西文场师字第七十四号。又是闲来无事,他挥笔记下此次考场的一个重大变化"今科不准

---

[1] 刘大鹏:《退想斋日记(稿本)》,光绪二十年八月初六日。

[2] 刘大鹏:《退想斋日记(稿本)》,光绪二十年八月初七日。

[3] 清制,考取举人的乡试皆在贡院举行,贡院内建号舍,以备考试士子之住宿。号舍分列东西,有东文场、西文场,座位以《千字文》编列数目。

[4] 刘大鹏:《退想斋日记(稿本)》,光绪二十年八月初八日、初九日、初十日。

给烛,至黑必清场,不完者必撤卷"。上午点名进场,半夜下发考题,次日天亮方能开始做题,至天黑必须清场撤卷,整个晚间"不准给烛"的告示牌处处张挂,又有巡号官不时在闱场传告,但刘大鹏在点名时就听说昨天清场有二百余人被撤卷,入场后才听说只有四五十人。可怜那些题未做完即被撤卷的同人,他认为"无论多寡,总有所撤,被撤卷之人亦甚苦也"。又有规定,入场接卷之后考生须回到自己的座号,不可在引路上徘徊,也不可以将篮子放在引路上而去照顾他人。不幸的是,榆次籍王某将篮子放在引路到他号照顾朋友,回来后已不知篮子的去向,无奈之下,赶紧向朋友借了一些笔墨匆忙入座,刘大鹏说:"此可为放肆不谨者鉴。"[1]不料,闱中的刘大鹏前半日身体"乍寒乍热"有点感冒,他只是吃一点稀粥之类睡觉。还好,黄昏时已经感到清爽很多。次日,四更二点,大约凌晨三点,第二场题纸下。二场考五经,易、书、诗、春秋、礼记各一题。下午四点,交卷出场,他觉得五经的答卷"尚属平妥,且有色泽,不至窘迫无聊"[2]。

十四日进第三场。点名是一场比一场早,天初送晓,刘大鹏即入闱坐在西文场宿字第五号。又是闲来无事,他一口气作诗五首:《闱中见人人皆欲中举偶感》《闱中静坐思》《闱中观望》《咏闱中一切官员》《咏闱中应试士子》。洋洋洒洒,好不累人。次日,八月十五日中秋节,"四更二点题纸下,余已睡醒,而邻号尚有未睡开怀畅谈者,号中彻夜人声不绝,

---

[1] 刘大鹏:《退想斋日记(稿本)》,光绪二十年八月十一日。
[2] 刘大鹏:《退想斋日记(稿本)》,光绪二十年八月十二日、十三日。

灯光未歇,亦热闹也"。中秋夜闱中诸友彻夜不眠,刘大鹏则在呼呼大睡,醒来后他又作一首《中秋闱中望月》诗:

> 闱中应试值中秋,皓月当空豁我眸。
> 兔窟分香多俊乂,蟾宫折桂尽名流。
> 邀来矮屋辉弥劲,送到文场魄倍遒。
> 对策之时饶逸兴,良朋与我共吟讴。[1]

闱中望月,兔窟分香,蟾宫折桂,好一派科考士子的良辰美景。

第三场考五道策问,含《仪礼》、历代史书、《管子》篇名、历代贡举、《孙子兵法》。较之前二场,这场策问刘大鹏交卷较早,大约是觉得自己策问不太理想,他检讨说:"余自来未尝多读经史,而读经阅史之外,又未涉猎诸子百家,故在闱中对策,不免枵腹之叹。"[2]

秋闱三场考试结束后,八月十八日深夜,刘大鹏、刘玠及耿叔回到赤桥。隔日,父亲刘明和耿叔即驾车前往太谷里满庄,刘大鹏照例带着两个儿子一直送到里门外。二十三日,离开王郭村塾馆20多天后,刘大鹏由家到馆,东家张资深闻讯即来看望,并送来许多月饼,他感激地记道:"东公之待余可谓之尊且敬矣。"[3]像往常一样,刘大鹏一面在王郭村馆中教

---

1 刘大鹏:《退想斋日记(稿本)》,光绪二十年八月十四日、十五日。
2 刘大鹏:《退想斋日记(稿本)》,光绪二十年八月十六日。
3 刘大鹏:《退想斋日记(稿本)》,光绪二十年八月二十三日。

书、读书、会友，一面内心则在焦急地期待考试结果。

等待揭榜的日子是很难熬的。在刘大鹏一面，他内心不断地告诫自己中与不中，皆有命定，而另一面则是众人不断地问询和期盼，这种状态多少使他感到惭愧：

> 余自省归来，所到之处皆曰：子用功有年，今科定当获隽，吾邑如子者曾有几人。余闻是言，不禁愕然一惊，以为自己并无一能，而于时文一道短之又短，虽成能成篇，亦不过敷衍了事而已。自为文以来，未曾作过一篇佳者，每当科场，而邑之人皆引领而属望焉，岂不抱愧。[1]

九月初八日，深更半夜，全家人正酣睡，忽听见一阵急促的叩门声，开门一看，原来是报喜人已到门上。打开报喜人手拿的贡院录条，"第七十名刘大鹏太原县学优廪生"赫然在上。不多久，第二拨报喜又到。待到天大亮，正式的题名录送到，宗族邻人前来贺喜者蜂拥而至，放鞭炮，贴对联，刘家宅院内外一片欢声笑语，喜气盈门。隔日，县太爷派六房书吏三班衙役上门贺喜，身后随行的是八个吹鼓手和一个炮手，自午到晚，鼓乐喧天，炮声齐鸣，欢乐而去。贺客在大门两边贴好了刘大鹏自拟的大红对联：

> 在子也童蒙甫启当夏时泮水采芹，

---

1 刘大鹏：《退想斋日记（稿本）》，光绪二十年九月初七日。

乃父兮谫劣无能到秋日蟾宫折桂。[1]

泮水采芹，蟾宫折桂，这不就是夏秋之交刘玢入泮后刘大鹏自拟的那一联的蕴意吗？全托父亲大人授笔之梦，刘大鹏的宏愿实现了。

然而，刘大鹏仍有一个忧虑，而且是"大虑"。这就是中举之后自然要谢师拜客，花费不少银钱。九月初十日是母亲60岁生日，刘大鹏本来想为母亲祝寿，"而母亲大人不容祝之"，他在《日记》中写下这样几句：

> 余今中举有一大虑，非虑衣食粗陋，盖虑银钱之缺乏耳。吾家素贫寒，一旦有此事，何以给其用，而不知者以为吾不缺银钱，亦因余平日之间处贫不忧故也。[2]

十二日，刘大鹏来到省城，仍住崇修书院。第二天即拜见他所属的第九房阅卷考官老师，备贽敬白银四两及门仪白银一两，行过两跪四叩首礼后，得见"房批"及主考的"中批"。在此日的《日记》中，刘大鹏不仅录下主考、副主考、第九房三位的姓名及科第身份，而且同科十一人的籍贯名姓，甚至三场"房批"也一一登录。

十四日是新科举人大喜的日子。早晨起来，他和好友郝济卿等一百零三名（据甲午科乡试十八省正、副榜同年录记

---

[1] 刘大鹏：《退想斋日记（稿本）》，光绪二十年九月初八日、初九日、十一日。
[2] 刘大鹏：《退想斋日记（稿本）》，光绪二十年九月初十日。

载：山西光绪二十年甲午科乡试共录正榜九十一名，副榜十二名）新科举人便聚集在巡抚衙门的候事厅等待鹿鸣宴的开始。[1]待正副主考、巡抚、学政、布政使、按察使及同考官诸大员拜皇恩行过三跪九叩首礼后，新科举人也随行此礼。然后是主考及各大员就座入席，台下乐声响起，唱鹿鸣曲，作魁星舞，众举人为主考及各官再行四拜礼。新科举人见过主考各官后，得"榜后所赐举人之物"：金顶一座、金花一对、青衫一件、扣带一条、红绫一端、银杯一对、文魁牌匾一面等。"歌舞甫歇，而抢宴者又纷纷，相沿成习，禁亦不止。"[2]刘大鹏也说这种习俗"流传已久，不自今日始也"。这一天，按规定新科举人要禀见学政，到学政房填写三代"亲供"，无论贫富，再交上白银六两，铜钱三千三百文。[3]

除了参加鹿鸣宴外，连日来，刘大鹏不断地在崇修书院接待前来贺喜的朋友，《日记》中录下来的人名和商号就有30多位。他还要不时地外出拜客，自早到晚，徒步而行，众人都说他行为太简，有失举人身份，这些他都不以为意。让他感到最为抱歉的是：因为"银钱不足"没有禀见主考。十月十八日，询问过两位朋友殷效苏和成益斋后，他在离开崇修书院起程回家前，记下来这件"抱歉"之事：

---

[1] 乡试放榜后地方官祝贺新科举人的宴会。《诗经·小雅》三章，均以"呦呦鹿鸣"起头，意为鹿子发现美食而不忘伙伴，以招同类。又，"鹿"同"禄"，鹿鸣宴以示皇恩浩荡。
[2] 商衍鎏著：《清代科举考试述录》，北京：故宫出版社，2014年版，第110页。
[3] 刘大鹏：《退想斋日记（稿本）》，光绪二十年九月十四日、十五日、十六日。

贫士得科名乃加一番踌躇，即如余来省垣，本欲禀见二位大主考，备贽仪各贰两，两门仪各五银。长班曰：贽敬尚可，门仪恐少，然此亦不须多费也。惟是外花费甚多，文武巡厅共四个亦必有费（至少亦须每人亦一千钱），茶房东房有费，号房轿夫及文武巡厅跟役有费，此外尚有许多费必须十钱（千）余千钱，乃可第几名。某老爷花十五六千第几名，某老爷花十三四千，若少则不得见。吾见老爷是个寒士，恐未能备此许多花费也，不若来年上京再见为妥。余询殷效苏，亦是如此道。当赴鹿鸣宴时，晤成益斋，询其见主考花费多少，益斋言，贽敬门仪而外，花十四千五六百钱，余乃打定主意不禀见主考，亦以自己力不及故也。以理论之，本当禀见主考，今因银钱不足，莫能如愿，抱歉曷有极乎（以上崇修书院记）。[1]

刘大鹏故居"举人"匾

写完这段日记，"日上三竿，由省起程"准备回家。不巧，汾河浮桥被水冲断，折腾到拂晓时分才回到家中。

---

[1] 刘大鹏：《退想斋日记（稿本）》，光绪二十年九月十八日。

十年寒窗无人问，一举成名天下知。在家与在省城一样，连日贺客盈门，刘大鹏则不断地晋接往来，四处拜客。自九月二十一日起，一直到十月初十日止，20天时间内刘大鹏几乎天天在散名帖、拜亲友。[1]从家乡赤桥村到附近20多个邻村，从太原县城到太谷、徐沟、清源，从父亲经商的太谷里满庄到自己从教的王郭村，刘大鹏连续徒步喜洋洋地四处拜客。从"遍拜里中父老子弟""共拜二三百家""遍拜诸客"的记载中，算来约在千余家！

光绪二十年（1894），家事和国事都有大事。春闱刘玠入泮，秋闱大鹏中举，这是刘家甚为耀眼的一年。就在刘大鹏沉浸在静心秋闱、一举成名、四处拜客的甲午年，中日两国在黄海海面开始了一场近代以来最为残酷的海战。

春天，日本趁朝鲜东学党起义派兵入朝，七月中国对日本宣战，平壤失陷。八月中日黄海海战。九月日军入侵中国境内，辽东九连城、凤凰城相继失陷。中举之后的刘大鹏此时正忙于谢师拜客，《日记》最早在十月初六日才记到一则有关"传言"：

> 六月以来，外夷兴兵寇朝鲜，我国用军征讨，以救朝鲜。军饷不给，向民间捐借，黎庶皆苦之，倭人之罪

---

[1] 刘大鹏：《退想斋日记（稿本）》，光绪二十年九月二十一日、二十二日、二十三日、二十四日、二十五日、二十六日、二十八日、二十九日、三十日，十月初一日、初二日、初三日、初八日、初九日、初十日。

恶弥天塞地矣。以理论之，不日即当就诛。近闻传言，倭人猖獗太甚，我军多失利，退至辽东边界，大约是荒信，非可信也。[1]

其实，"传言"并非"荒信"。甲午战争的烽火已经波及内陆的山西。连日来，不断有从省城传来的消息说，因战事吃紧，山西已派兵到通州，本来为庆贺皇太后寿辰而准备的省府衙门演戏临时也被取消，省城太原府城四周的角楼堞眼已预备火炮，各城门均派兵把守稽查。又有传言自徐沟来，"徐沟每日过兵，自西南而来向东北去，马队、步队滔滔不绝，谓是到京师听用"。所到之处，众人皆"恐惧不安"。[2]十月十九日午后，刘大鹏来到王郭村馆中，却发现弟子张振德、张振业兄弟均不在馆中。随读的长子刘玠告诉他，东家张资深因为差役催逼捐输急迫"不知何往"，张家两兄弟也躲避"不知藏匿何所"。[3]山西当地的商人被官府催逼捐输而纷纷逃匿，不知那些远在东北的晋籍商人们又面临着何等苦难。

转眼间已到十一月。儿子刘玠虽然初次应试举人不中，但年初考取府学生员已足使家人宽慰。这段时间，有人登门为刘玠提亲，刘大鹏即在十一月二十九日为刘玠续弦娶妻。父亲刘明恐路途冷冻没有回家参加婚礼，婚事办得也极为简单，全由刘大鹏"便宜行事"。别人议论说他吝啬，刘大鹏则

---

1 刘大鹏：《退想斋日记（稿本）》，光绪二十年十月初六日。
2 刘大鹏：《退想斋日记（稿本）》，光绪二十年十月十三日、二十日。
3 刘大鹏：《退想斋日记（稿本）》，光绪二十年十月十九日。

以"全行俭约"而不以为然。[1]年底，他以总结的口气写道："吾家今岁忧喜皆有，二月家妇溘逝，是为一忧。四月玠儿入泮，余于九月登科，十一月又为玠儿续弦，是为三喜。"[2]一忧三喜，喜大于忧。

甲午过后是乙未，翌年的乙未科会试就要到来。刚刚考取举人仍然沉浸在欢乐中的刘大鹏又在跃跃欲试了。十月底，好友郝济卿就来到家里，和他面谈开春相偕赴京参加会试的事宜，[3]十一月十五日，他又梦见自己考中了进士，而且名次记得也很清楚，是第八十二名！[4]梦境和现实似乎都在暗示他来年要公车北上参加会试。

可是，自十一月底忙乎刘玠续弦婚娶的事情以来，刘大鹏的右大腿根部一直疼痛难忍，在家休息几天后，他雇了一辆车勉强到王郭村馆中，不到十天又由弟子雇车送回家来。"自腿疼以来，隔数日即大痛，隔数日即小痛，内治外治，亦未能疗之不痛。"除夕的前一天，"亦不敢多走步履，盖恐又大痛也"[5]。眼看着年后公车北上的日子就要到来，腿痛难忍的刘大鹏是否能够实现他的进士梦呢？

自光绪十七年（1891）正式到王郭村张资深家塾任私塾先生，刘大鹏的身份一身而二任：既为塾师又为生员，从业

---

1 刘大鹏：《退想斋日记（稿本）》，光绪二十年十一月二十七日、二十八日、二十九日。
2 刘大鹏：《退想斋日记（稿本）》，光绪二十年十二月初七日。
3 刘大鹏：《退想斋日记（稿本）》，光绪二十年十月二十八日。
4 刘大鹏：《退想斋日记（稿本）》，光绪二十年十一月十五日。
5 刘大鹏：《退想斋日记（稿本）》，光绪二十年十二月二十九日。

科考两不误。自9岁从师读书，22岁考取秀才，26岁到省城崇修书院修业十年，刘大鹏一直在科考的长途中攀爬。"二十一岁应童子试，二十二岁入泮采芹"[1]，考秀才当属初战顺遂，但中举却七试而不过，这对时年已36岁的刘大鹏而言应该多少是有点心灰意冷的。加之，此时刘家"只有薄田十数亩，茅屋数椽"，虽有父亲刘明在太谷县里满庄经营木材生意，想来尚属小打小闹，获利不厚，刘家在赤桥村也不过属于"中户"人家。[2]光绪二十年（1894）年底为刘玠办理续弦婚事，也是"全行俭约，力去奢侈"，其中原因即"家无余资"。[3]三十而立，面对如此家境，仍在不断科考途中的刘大鹏总是感到愧对父母。就在初为塾师的第一年，他在《日记》中写道：

> 余今三旬余岁，尚赖父母养育，未尝为堂上求一甘旨之需，罪不诚大乎。即以此时论之，所费父母钱财不知其凡几。自幼饮食衣服，以及从师读书，授室娶妻，奥夫进学补廪科考等事，约略计之，所费不下数千缗，而犹德业未成，莫克慰我父母期望之心，此罪曷能逃哉。又况不能尽孝，报深恩于万分之一，虽立于天地之间，亦惭愧无极矣。[4]

---

1 刘大鹏：《退想斋日记（稿本）》，民国七年十一月十八日。
2 刘大鹏：《退想斋日记（稿本）》，光绪二十年十一月二十日。
3 刘大鹏：《退想斋日记（稿本）》，光绪二十年十二月初一日。
4 刘大鹏：《退想斋日记（稿本）》，光绪十八年八月三十日。

刘大鹏就是这样带着几分无奈和愧疚的心情初为塾师的。好在，东家张资深待他不薄，无论他参加一月两次的桐封书院的应课，还是在省城崇修书院的学习，甚至刘玠应考送场、甲午秋闱中举，不时耽误教书数日，东家均不以为忤。其实，东家和塾师均以科第为荣，东家鼓励甚至资助塾师赶赴科场猎取功名者不在少数。刘大鹏常以"东家"和"西席"的称呼描述主人和他的关系，时常也带有一份温情，他对耽误教学时日也常有一份惭愧，"东家"和"西席"虽属雇佣关系，但绝不是对立的关系。另外，作为塾师可以有相对充裕的时间读书应考。私塾教学的内容无非《大学》《中庸》《论语》《孟子》等儒学经典，加上书写、算术、属对、作文之类，此与科考密切相关，相对于其他职业而言，塾师更有利于志在科举成名的刘大鹏。

然而，19世纪末期的晋中社会"视读书甚轻，视为商甚重"，光绪十八年（1892）十一月十五日，刘大鹏在《日记》中以"天下之事孰有胜于读书一端"立论，将此视为"风气大坏"：

> 近来吾乡风气大坏，视读书甚轻，视为商甚重，才华秀美之子弟，率皆出门为商，而读书者寥寥无几，甚且有既游庠序竟弃儒而就商者。亦谓读书之士，多受饥寒，曷若为商之多得银钱，俾家道之丰（裕）也。当此之时，为商者十八九，读书者十一二。余见读书之士，往往羡慕商人，以为吾等读书，皆穷困无聊，不能得志以行其道，每至归咎读书，此皆未得书中滋味者耳。知

其旨趣者，断不如此。[1]

明清以来山西商人的足迹已遍布大江南北，"中下之家除少数薄有田产得以耕凿外，余皆恃行商为生"[2]。中英鸦片战争后，外国侵略势力步步渗入，一次次的中外战争和持续十余年的太平天国内战，都会对晋商的发展带来消极的影响，一些商号不免在战争的炮火声中停滞甚至消亡，但我们不能对这种消极影响估计过高。事实上，外国侵略势力对中国的渗入经过了一个由沿海到内陆的缓慢过程，直到19世纪末期，山西这样的内陆省份仍然是一个自给自足自然经济占主导地位的社会，士农工商中农商占有绝大部分，直到19世纪的最后十年，近代工业才开始在山西出现，外国势力真正渗入山西要在光绪初年那场二百年不遇的大旱灾之后。[3]自中国南部燃起的两次鸦片战争、中法战争对山西及其晋商并没有太多的直接影响，太平天国运动后期的捻军虽然进入山西境内，但并没有越过韩侯岭进入商业繁盛的晋中地区，向称富有的祁、太、平各县仍然是全中国的商业金融中心，以票号为主的山西商业衰落大约要到19世纪末期的甲午战争之后。曾在平遥蔚丰厚票号做事长达半个世纪的李宏龄讲道：

---

1 刘大鹏：《退想斋日记（稿本）》，光绪十八年十一月十五日。

2 民国《太谷县志》卷四《生业》。

3 参见行龙：《山西何以失去曾经的重要地位》，载行龙著：《走向田野与社会（修订版）》，北京：生活·读书·新知三联书店，2015年版，第109—126页。

前清同治至宣统间，驻京理事，迭遭甲午、庚子、辛亥之乱。事起仓猝，为国家未有之难，亦为商界未有之奇变。方事之殷也，区区商号如一叶扁舟，浮沉于惊涛骇浪之中，稍一不慎倾覆随之。[1]

通读全稿《退想斋日记》，我们也不难发现，李宏龄的说法是一个事实。《日记》中大量描述晋商破产的记录多在甲午战争之后，甚至到民国初年仍有很多在外晋商纷纷破产归里。论者多以近代以来的内外战争作为晋商衰落的主要原因统而论之，难免有论析不够的缺陷。再者，晋商并不单单有那些财富雄厚驰骋内外的票商大户，资产一般开铺经营的中小商人才是商界的基本面，只看前者而忽略后者，并不足以反映真实的全貌。刘大鹏所谓的"为商者十八九，读书者十一二"，即使有夸大的成分，但重商轻学在甲午战争前的晋中一带仍然是一种流行的社会风气。

轻读书而重从商，"才华秀美之子弟，率皆出门为商"，自然是"读书者寥寥无几"。光绪十九年（1893）五月下旬刘大鹏到县桐封书院应课，山长升堂点名，"而应课者不过十数人而已"，他又一次感叹"可见吾邑用功之人寥寥无几也"。[2]从太原一邑扩大到府，光绪二十年（1894）"太原府属

---

[1] 〔清〕李燧、李宏龄著，黄鉴辉校注：《晋游日记、同舟忠告、山西票商成败记》，太原：山西经济出版社，2003年版，第95页。
[2] 刘大鹏：《退想斋日记（稿本）》，光绪十九年五月二十二日。

应童生试者甚少"[1]。不仅如此，在刘大鹏见闻中，寥寥无几的读书人中"力攻时文以求科名者亦寥寥无几"，且"不知何日始有转机也"：

> 吾乡僻处偏隅，士人甚少，即游庠序者，亦多不用功，非出门教书而塞责，即在家行医而苟安，不特读书求实用者未尝多观，即力攻时文以求科名者亦寥寥无几。斯文一道，衰败如此，言念及之，真令人心酸气欷，不知何日始有转机也。[2]

在"以求科名者亦寥寥无几"的晋中一带，刘大鹏算是一位孜孜以求科名而用功读书之人，而此时他读书的内容，包括书院应课和考试的内容，依然是传统的文题、童题、诗题。查看刘大鹏初为塾师的三年《日记》，除读经阅史外，他好看理学诸书，而"四史"中只读过《史记》，两汉书未曾阅读，光绪十九年（1893）夏季在晋祠购得一部《三国志》"如获至宝一般"，[3]随后才购得《毛诗》和《汉书》。西式的"算学"闻所未闻，即使是传统的"五雀六燕之法"[4]也是"茫然不解"。[5]他对甲午战争的了解，也仅限于一些"传言"。反观

---

[1] 刘大鹏：《退想斋日记（稿本）》，光绪二十年三月十六日。

[2] 刘大鹏：《退想斋日记（稿本）》，光绪十九年三月十八日。

[3] 刘大鹏：《退想斋日记（稿本）》，光绪十九年七月初四日。

[4] 出自《九章算术·方程》："今有五雀六燕，集称之衡，雀俱重，燕俱轻，一雀一燕交而处，衡适平。"

[5] 刘大鹏：《退想斋日记（稿本）》，光绪十八年五月初五日。

鸦片战争以来的中国社会，面对内忧外患的困扰，历经道光、咸丰、同治、光绪四朝，朝野上下议改科举以求实用人才的呼声渐高，别设特科增开算学、西学的奏折已不绝如缕。光绪十九年（1883）年初，时任山西道监察御史的陈启泰就曾上奏"可否特设一科，专取博通掌故、练达时务之士，无论举贡生监皆准赴考，试一有用之学"[1]，而刘大鹏第一次看到登载皇帝谕旨和臣僚奏议内容的《邸抄》则在甲午以后了。罗志田、葛小佳以废科举前后刘大鹏《退想斋日记》的记录论述"近代中国的两个世界"，反思中国近代史研究中仍然侧重某些方面而忽略了另一些层面，实则深有洞见。[2]其实，通读《退想斋日记》，几乎每一个时期我们都可以发现一些不同于传统认识的新认识，这也就是研究刘大鹏这样的所谓"旧派人物"的意义所在。

历史和现实一样丰富。以整体史观反观历史，我们不仅要关注那些影响全局的事件，也要关注地方性的事件；不仅要关注发达的沿海地区，也要关注欠发达的内陆地区；不仅要关注引领思潮的先进人物，也要关注持守传统的"旧派人物"，如此等等，方能透视"地方与全国性舞台的关系"，方能反映丰富而复杂的历史面貌。

---

1 中国史学会编：《洋务运动》第1册，上海：上海人民出版社，1961年版，第223页。

2 罗志田、葛小佳：《近代中国的两个世界：一个内地乡绅眼中的世事变迁》，《读书》1996年第10期。

个体的灾害史

自20世纪30年代邓云特《中国救荒史》问世以来，中国灾害史研究已蔚然成风。然而，近一个世纪以来的灾害史研究，更多的仍然是对灾害本身的研究，这样的研究当然无可厚非。但是，站在"以人为主体"的历史观层面去看，我们在整体上、客观上深入研究和理解灾害的同时，是否与灾害的承载体——当事人的感受渐行渐远。为弥补这样的缺憾，能否转换视角从个体和家庭出发，以"人"为主体来拓宽灾害史研究，这是一个值得思考的问题。基于此，本文从《退想斋日记》中摘取毒品、瘟疫两种灾害，以刘大鹏所见所闻所经历为依据，描述刘氏及其家庭半个世纪所经历的"日常之灾"。

一、毒品

中国近代史上对民众生活为害最大的毒品是鸦片。西方侵略者以鸦片打开中国的大门，"虎门销烟"以毁禁来抵抗鸦片流毒的努力终未竟成。第二次鸦片战争后鸦片贸易合法化，罂粟种植面积逐渐扩大，民众吸食鸦片者随之渐增，清末新政时再次颁布禁烟令，至民国以后仍是屡禁屡废。从鸦片到金丹、泡泡、料料，名目虽异，而毒害则一。可以说，鸦片既是缠绕在清政府老迈身躯上的一条绳索，也是潜入民众肌体中的一条毒流。

富可敌国的晋中商人可能是鸦片进入山西的始作俑者。专门为吸食烟土服务的"太谷灯"早在乾嘉时期已闻名全国。鸦片战争前夕上谕中就有"风闻山西地方，沾染恶习，到处栽种"罂粟的记录。时至光绪初年那场大旱灾时，吸食者"家家效尤"[1]，种植者"几乎无县无之"[2]。

刘大鹏生于清咸丰七年（1857），在他的认识里，光绪初年大灾中的人口亡失与种植鸦片大有关系：种植鸦片的地方，因种烟利润高而舍弃种粮，"一旦遭荒，家无余粮，虽欲不饿死，亦不得矣"。灾后短暂的几年稍有收敛。再过十年，政府对此"加征厚税，明张告示，谓以不禁为禁。民于〔是〕公行无忌，而遍地皆种鸦片烟"[3]。至刘氏开始写日记的19世纪末期，因吸食鸦片而民不聊生家破人亡者多有耳闻。《日记》中的此类记载好似电影里的"连续蒙太奇"：

王郭村。遇卖黄土父子二人，其父四十余岁，"面目黧黑，形容枯槁，发长数寸，辫卷如毡，衣裳蓝缕，神气沮丧"。时近中午，父子二人因无午饭之资，乃出卖黄土以饱饥

---

1 〔清〕曾国荃：《申明栽种罂粟旧禁疏》，《曾国荃全集》，长沙：岳麓书社，2006年版，第282页。
2 〔清〕张之洞：《请严禁种植罂粟折》，《皇朝经世文编》卷二十七《户政四》。
3 刘大鹏：《退想斋日记（稿本）》，光绪十九年五月二十五日。

腹。仔细询问，夫妻二人均吸食鸦片，"致使衣不蔽体，食不充腹"。[1]

赤桥村。村人抓获一入室偷盗者，此人本为"良民"，只因吸食鸦片穷困无聊，烟瘾来后"概不能稍缓须臾，计无所出，不得已而为此"，也就是入室偷盗以为吸烟之资。[2]

邻村。有人因吸食鸦片烟，虽有心娶妻生子而不得。[3]

族兄家一"造饭老妇"。年七十余岁，儿子三十余岁。邻人问其为何如此年老还要受雇为人造饭，老妇言，家中儿子、儿媳"日卧家中吸烟，将衣物等件尽售于人，目下莫能糊口，无奈出门事人，求几文钱以养儿与媳"。说话间，儿子因烟瘾所逼，"莫能缓须臾"，跑来讨钱而去。[4]

某"娶妇之家"。见许多客人和助忙人等皆开灯吸食鸦片。瘾君子饭后必吸，无瘾之人也多偃卧床上吸之，"皆以为此是合时之物"。[5]

赤桥剃头铺。光绪十九年（1893）十二月二十七日，刘大鹏到剃头铺去剃头，师傅无奈地说道，往年一过腊月二十三日，小年，来剃头准备过年者接踵而至，四五个师傅忙里忙外，"自朝至夕，无一刻暇隙"，今年来客甚少，只因"贫"不聊生，"吸食鸦片烟故耳"。[6]

---

1 刘大鹏：《退想斋日记（稿本）》，光绪十八年八月二十九日。
2 刘大鹏：《退想斋日记（稿本）》，光绪十八年九月十一日。
3 刘大鹏：《退想斋日记（稿本）》，光绪十八年九月十五日。
4 刘大鹏：《退想斋日记（稿本）》，光绪十九年正月二十六日。
5 刘大鹏：《退想斋日记（稿本）》，光绪十九年九月二十七日。
6 刘大鹏：《退想斋日记（稿本）》，光绪十九年十二月二十七日。

晋祠武老先生家。在武老先生家坐席，一位七十余岁老者言，每日必吸六文钱鸦片烟，不吸则不能吃饭行动。[1]

赤桥一带。闻小偷甚多，昼伏夜行，皆因吸食鸦片，"贫困无聊不得已而为之也"。[2]

太谷县南席村。富家子弟童稚之时多吸食鸦片，到十七八岁，"遂至面目黧黑，形容枯槁"。东家（武佑卿）家中无一吸食鸦片烟者，当为罕有。[3]

太谷县城中。生意之家，无一户不备鸦片烟待客，无一掌柜不吸食鸦片。[4]

……

清末新政，禁止人民吸食鸦片。光绪三十二年（1906）限十年禁绝，期限未到而清室覆亡。南京临时政府、北洋政府亦力行禁烟，阎锡山在山西实行"六政三事"，其中最为严厉者莫过于禁烟、剪辫、放足，而在那样一个混乱的年代，禁者自禁，吸者自吸，禁食与吸食也是一种混乱的写照。迨至20世纪20年代，又有新名目的毒品——金丹在民间流行。民国十年二月二十四日（1921年4月2日）《日记》记载："金丹之害，甚于洋烟，而人多迷恋，日费巨资（每日用数千钱或十数千钱），至于倾家败产而不悟此，近年之大灾也。"[5]紧随金丹之后的吗啡及自"日本而来"的机制泡泡、料料，20

---

[1] 刘大鹏：《退想斋日记（稿本）》，光绪二十一年七月二十日。
[2] 刘大鹏：《退想斋日记（稿本）》，光绪二十一年八月二十九日。
[3] 刘大鹏：《退想斋日记（稿本）》，光绪二十二年十月初九日。
[4] 刘大鹏：《退想斋日记（稿本）》，光绪二十七年十一月初一日。
[5] 刘大鹏：《退想斋日记（稿本）》，民国十年二月二十四日。

世纪20年代后期也开始在山西流行开来。民国十八年十月十二日（1929年11月12日）《日记》载：

> 今年洋烟势衰，而毒害人民之物较胜于洋烟千百倍者，则有泡泡、料料等毒盛行于斯，时无论男女老少莫不嗜好，而沾染其毒者十分之三四矣。此为人民之大害，抑亦为人民之大劫数也。此毒系由日本而来者。[1]

20世纪30年代，阎锡山仍在山西厉行禁烟，对贩卖泡泡、料料者"律行枪决"，而犯罪之人却接踵不绝：

> 洋烟之害人甚于洪水猛兽，近又加以泡泡、料料，较洋烟而更为酷虐，虽处以枪决之刑，人犹不怕，犯此罪者接踵不断，此晋人之浩劫也。[2]

在一个混乱不堪战乱不断的年代，在一个穷困不堪民不聊生的年代，民不畏死铤而走险当为一种常态，常态的事物在一个变态的时代，变态亦为常态。待到刘大鹏接近寿终正寝的20世纪40年代，他的三子刘珽、四子刘珣都成了瘾君子（据家人回忆，二人吸食毒品的时间要早于这个时间，刘大鹏

---

[1] 刘大鹏：《退想斋日记（稿本）》，民国十八年十月十二日。
[2] 刘大鹏：《退想斋日记（稿本）》，民国二十二年正月初六日。

并不知情）[1]，这是一生痛恨毒品的刘大鹏意想不到的，而意想不到的事情在一个变态的社会却常常是司空见惯的。

刘明、刘大鹏父子两代人不仅没有吸食鸦片，而且他们都痛恨鸦片，甚或规劝邻人戒烟，以致购买戒烟药而施散邻人，解救数人。

光绪十四年（1888），刘大鹏得到林则徐退鸦片烟瘾的药方，遂将此方抄录散发村中吸食鸦片烟者，据说"大有奇效，退了数人的瘾"。[2]在太谷作木材生意的刘明曾购得一瓶重半斤的"解救烟毒之药"，名曰"洋药粉"，不收分文施舍乡里数年，解救瘾君子数人。[3]

刘大鹏痛恨鸦片，或许受到他的启蒙老师刘午阳的影响。在刘大鹏所著《晋祠志》中，他特为老师立传，又特记老师

戒烟药广告

---

1 （英）沈艾娣著，赵妍杰译：《梦醒子：一位华北乡居者的人生（1857-1942）》，北京：北京大学出版社，2013年版，第137页。
2 刘大鹏：《退想斋日记（稿本）》，光绪二十二年正月二十二日。
3 刘大鹏：《退想斋日记（稿本）》，光绪二十三年四月二十日。

对鸦片烟的先见之明："尝言鸦片烟之害甚于洪水猛兽，吾晋田畴栽种罂粟，迩日并不禁止，其害尤烈。一遇凶旱，生民死亡必多。此同治中之言也。洎乎光绪丁丑、戊寅（三、四年）大旱，晋民大饥，死亡枕藉，果如先生之言。"[1]

光绪十八年八月二十四日刘大鹏曾作一长篇《鸦片烟说》，在我看来这是一篇现时标准的论说文，又似一篇不太标准的八股文：

（破题）粤稽昔日，有害于人者，不过博弈好饮酒数端而已，然此尚未为大害也。若夫鸦片烟之为害，不可胜言矣。

（承题）当今之世，城镇村庄尽为卖烟馆，穷乡僻壤多是吸烟人。约略计之，吸之者十之七八，不吸者十之二三。

（起讲）试历言其害：仕宦之流……为学之士……草野农人……若夫工人……以云商贾……至于妇女……及观富家……（在此中间的论述部分，刘大鹏历数士、农、工、商、仕宦、妇女各阶层吸食鸦片烟带来的危害。排比对偶，一气呵成。）

（收结）甚矣，鸦片烟之为害亦大矣哉……吾愿世人同心协力，革除此习，永不沾染，以绝其根株。尤愿上天不生此物，即有种罂粟者，俾不能获利，则人自不栽

---

[1] 刘大鹏：《晋祠志》，第481页。

种，而鸦片烟即可断绝矣！[1]

刘大鹏痛恨毒品，他不但劝人戒食毒品，而且曾向太原县县长建言严禁，可谓一生"无日忘之"。民国三十年（1941）十二月，也就是在他临终的前一年，他在梦中对戒烟仍念念不忘：

> 料面之毒为害酷虐，现在吸食料面者多成乞丐。予前呈请常县长令各村公所设戒毒所，俾村长、副勒令本村之吸食料面者严戒，限一月之期，常知事见予所言者恐办不到，遂置不理，大拂予年老再生之本心，此系今年春正月之事，已历一年，予之救济吸食料面之祸患心终未释。则于昨日夜间竟得一梦，予与本村之村长、村副会商戒吸料面之法，以赤桥村名义呈请山西省城特务机关实行戒吸料面之政，村长、村副与予同心合义，协力进行，无论特务机关俯准与否，必须呈请。予不禁欣欣然有喜色之际，突然梦醒，则梦中之事尚在目前未曾忘却。时过三更已到五更，晨鸡初唱，老妻史竹楼亦醒，予以梦告竹楼曰：此汝之心病也，无日忘之矣。[2]

二、瘟疫

《退想斋日记》中有关瘟疫的记载不少，其中最严重的一

---

1 刘大鹏：《退想斋日记（稿本）》，光绪十八年八月二十四日。
2 刘大鹏：《退想斋日记（稿本）》，民国三十年十二月十四日。

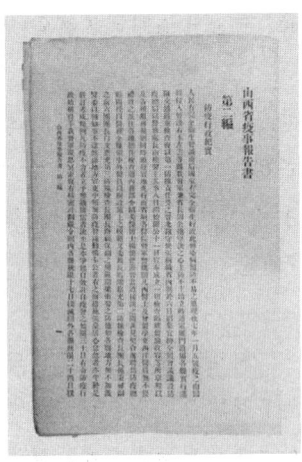

《山西省疫事报告书》书影

次当为民国七年（1918）的肺鼠疫。有关此次瘟疫的流行及其防疫工作，次年即有王承基所编《山西省疫事报告书》详述之。[1]曹树基从国家与地方的角度对此次瘟疫及其防疫也有过很好的研究[2]，《退想斋日记》向我们提供的则是此次瘟疫更加具体的过程，也是一个更加直观的过程。

民国六年（1917）8月，归绥属境的五原暴发肺鼠疫并迅速向外传播，民国七年（1918）1月5日，山西的疫情首先在右玉县爆发。民国七年正月初十日（1918年2月20日），《日记》第一次出现有关此次瘟疫的记载：省城太原戒严甚急，

---

1 王承基编：《山西省疫情报告书》，太原大林斋南纸庄、上海中华书局，1919年版。此书共三编，笔者仅见第一编。
2 曹树基：《国家与地方的公共事业——以1918年山西肺鼠疫流行为中心》，《中国社会科学》2006年第1期。

出城者一听其便，入城者十分费难，"借名防疫，实则防乱党也"。[1]其实，省城戒严，确为防疫。赤桥距省城五十里，省城戒严后，百姓不得往来，人心莫不惶恐。3月底，有在赤桥造纸做工的五台县工人年后上工，得知太原通往忻州一带的石岭关因为防疫已"不便往来"。年前去五台县的赤桥王某，因为五台"禁此村之人不能到彼村，如是者半月"，在石岭关被扣一日，幸而放归。刘大鹏认为，晋祠一带"瘟疫不见流行，乃竟禁绝行人不使往来，亦殊可怪"[2]。在及时有效的军事动员、行政动员和民众动员下，民国七年（1918）春季的瘟疫在山西迅速得到控制。

瘟疫未得传播，有关的传言却在蔓延。对刘大鹏来说，这种传言比瘟疫更加"可畏"：

> 防疫已罢，传言晋北防疫之时，官延洋医为民治疫，乃洋医借治病而取病人之眼睛与心，民有觉之者。大同杀二洋医，不知何处又杀一洋医，官不敢究，未知确否。果有此事，而洋夷借防疫杀人，民受其毒，至于剜人之心，取人之目睛，此等惨事，必至上干天怒，再有义和拳之祸矣，殊觉可畏。[3]

洋医剜心取目，这类的传言在世纪之交的那场义和团世

---

1 刘大鹏：《退想斋日记（稿本）》，民国七年正月初十日。
2 刘大鹏：《退想斋日记（稿本）》，民国七年二月十八日。
3 刘大鹏：《退想斋日记（稿本）》，民国七年三月初五日。

变中，民间已多闻而久闻，事过近20年后，旧闻成为新闻，令人不寒而栗！实际上，这场瘟疫最早也是由美国医生发现，防疫过程中西医发挥了重要作用。[1]

民国七年（1918）春夏之交，《日记》又出现了时疫流行的记载。尽管我们不能肯定此时的瘟疫是春季瘟疫的延续，但《日记》提供的信息确是刘大鹏的亲历。五月初一日的《日记》："现有时疫病者甚多，家中染时（疫）三四人，均经服药数剂。到处皆有，非止吾乡也。"[2]此时，刘大鹏的妻子史竹楼、长女红萸及三儿媳妇皆已染病数日，他请朋友兼医师胡海峰多次来家看病。也许是家人的病情没有好转，十二日，他在《日记》中罹骂庸医非但不能治病，而且"借医牟利"："瘟疫流行，医家甚忙，而目前皆庸医，不能治病，且能借医牟利，无钱即不往医，何尝有济世活人之念哉。"[3]

时序到了农历九月，瘟疫较4个月前更加严重。九月十五日（10月19日）记载"现时瘟疫又行"，晋祠西面的明仙峪有多人被瘟，挖煤的"窑黑子"因病已五六日不能下窑。平川地带也不时传来瘟疫的消息，幸亏此时还没有死人。[4]其实，此时瘟疫"全省皆有"，并不限于晋祠一带。但似乎病情并不严重，一旦用药即可痊愈。十七日的《日记》载："病人甚多，所在皆有，医药甚快，幸病不甚危险，一经医药，即行

---

1 曹树基：《国家与地方的公共事业——以1918年山西肺鼠疫流行为中心》，《中国社会科学》2006年第1期。
2 刘大鹏：《退想斋日记（稿本）》，民国七年五月初一日。
3 刘大鹏：《退想斋日记（稿本）》，民国七年五月十二日。
4 刘大鹏：《退想斋日记（稿本）》，民国七年九月十五日。

告痊。"[1]

"幸而"很快在刘大鹏家中转为不幸。此时,长子刘玠的妻子及哺乳期的小孙子均染瘟疫,他又请胡海峰来家诊视,而胡海峰因其家中也有病人"立方即去"。"染疫之人纷纷,有一家至十数口之多者",邻人有自榆次来者,半路中车夫"染疫卧病,不能行走",可怜的坐车人变成赶车人,又赶车送车夫回到榆次,此日全篇日记都是瘟疫。[2]在刘家庭院内,刘大鹏彻夜不得安眠,因为刘玠妻子染疫无乳,初生的孙子整夜哭泣不已,害得刘玠不得不"通宵代妻照料"。长女红萸归宁在家,因其婆家也有多人染疫急忙赶回。二十一日,瘟疫已"到处皆有,家无病人者十不获一,且闻有因疫而毙命者"[3]。

二十四日夜间,刘玠的妻子张氏因病势沉重而亡!刘大鹏"心中哀恸不能自已",他为长媳张氏之亡而哀,更为张氏所遗四岁幼女、一岁稚男而恸。一听到小孙子呱呱而啼,刘大鹏便觉"五内崩裂"。在刘家家门外,只见得"道上往来之人戴孝帽者络绎不绝,则因疫而亡者想必不少也"。太原县城内"家家有病人,亦未免死亡"。胡海峰身为医师自顾不暇,其妻二十六日也染疫而亡。亡者既多,棺材店的棺材全行卖光,彻夜赶工仍不敷使用,许多亡者"无棺可敛"[4]。刘玠妻

---

[1] 刘大鹏:《退想斋日记(稿本)》,民国七年九月十七日。
[2] 刘大鹏:《退想斋日记(稿本)》,民国七年九月十八日、十九日。
[3] 刘大鹏:《退想斋日记(稿本)》,民国七年九月二十一日。
[4] 刘大鹏:《退想斋日记(稿本)》,民国七年九月二十五日至二十八日。

子张氏亡后五天家人才匆匆将其"厝于兰若寺北"。"厝",就是停尸待葬。刘大鹏心痛难忍,命儿辈办理此事,他没有到现场,他要去县城驻宿两日以解悲伤烦闷。

瘟疫的流行看似天降灾害,在刘大鹏看来却"由人不善所招"。在二十日的《日记》中,刘大鹏再一次道出了他对瘟疫、疾病之类灾难的看法:

> 疾病灾患,人所不免,然只可听天由命,岂敢怨天尤人。现时瘟疫流行,由人不善所招,凡不孝不弟不忠不信不仁不义寡廉鲜耻之人,呵成戾气,上干天怒,遂降此瘟疫严以示警,俾人悚然恐惧,回心向善耳。[1]

民国七年(1918)瘟疫过后,民国十五年(1926)冬、民国十六年(1927)春、民国二十六年(1937)冬、民国二十九年(1940)春夏之交,《退想斋日记》都有"瘟疫"的记载,也有"牛皆被瘟"[2],"看守所中起瘟,已伤数命"[3]的记载。对刘家而言,民国十五年(1926)冬天的瘟疫可谓灭顶之灾,此次瘟疫竟夺去刘大鹏三个孙辈幼小的生命!

民国十五年(1926),刘大鹏年已70岁。入冬后的十月二十五日夜,他奇怪地梦见与一人相谈,此人说他寿算将尽,死期就在今年的年终。刘大鹏泰然答曰"年已七十,死复何

---

1 刘大鹏:《退想斋日记(稿本)》,民国七年九月二十日。
2 刘大鹏:《退想斋日记(稿本)》,民国八年二月初十日。
3 刘大鹏:《退想斋日记(稿本)》,民国二十三年十二月十二日。

憾",言谈之间,院子里的狗叫声将其惊醒。[1]此梦似乎不是什么好兆头。十一月初七日夜,三子刘珣突然发病,浑身发汗,气喘吁吁,家人急忙请来邻人为其针刺手足,又灌下参药,第二天赶紧请来古寨村崔医生为其治病。十六日,四子刘珷、次孙精忠"亦染时疫,待人而医"。崔医生几乎每天上午必到刘家行医,刘大鹏有点不耐烦地写道:"日来延医多次,每日支应午餐。"[2]二十一日,五孙赓忠也病,二十二日,妻子史竹楼、三孙恕忠及刘珷之长女喜楣"皆病"。至此,短短十余天时间,刘家已有七人身染瘟疫。二十五日,刘大鹏记家中染疫者病情曰:"家中染疫者两孙男,二孙女,而赓忠最重,次孙精忠初愈出门,珣、珷两儿尚卧床榻,内人史竹楼病势轻而减退。天实为之,谓之何哉!"天降灾异,徒唤奈何。

更残酷的现实发生在二十六日。此日早晨,七岁的孙子赓忠因瘟而殇,晚间,六岁的孙女喜楣亦殇。"一日亡二孙",令刘大鹏非常痛苦,他将此归咎于"予之不德甚矣,获罪于天"。[3]连日来,不断地请来医生为家人治病,今殇其一男一女二孙,孙女喜龄又染瘟疫,刘大鹏决定不再延医,只购得六神丸让病者服用,"听其自愈"。家在北大寺的内弟郭赓武(郭赓武应该是县城或古城营村人氏,是刘大鹏第一任妻子郭静的家人)十多天来在刘家照料病人,劝其继续延医治疗,

---

1 刘大鹏:《退想斋日记(稿本)》,民国十五年十月二十五日。
2 刘大鹏:《退想斋日记(稿本)》,民国十五年十一月二十日。
3 刘大鹏:《退想斋日记(稿本)》,民国十五年十一月二十六日。

刘大鹏也"坚持否认"[1]。在他看来："疾病原系天灾，非能由人自为扫除，即使延医疗治，不过尽些人力而已。天降瘟疫，由人不德之所致，岂能傲乎上天哉。死亡疾病，人家不能免，亦上天显以示警，俾人改恶从善也。"[2]十二月初三日，小寒，一场大雪厚积三四寸，刘大鹏找来三四邻人清扫屋顶积雪，但雪不止瘟。初六日，赤桥村人在兴化洞延僧诵经例行"祭白雨"，因瘟疫盛行，特在晚间"行祭瘟之礼"——"周行里中，兼放路灯，意取驱逐瘟疫远去，以祈村中平安耳。"[3]初十日刚吃过早餐，刘大鹏又得知刘玭的次女喜龄病殁。说起喜龄更为可怜，此女年方四岁，尚有一条跛腿，一指不能捉针，身体发育不全。天夺其命，令人唏嘘。

转眼间进入年关。瘟疫夺去三个孙辈的生命，两个儿子刘珣、刘玭尚卧病不起，大儿子刘玠在代县任教未归，次子刘瑄早已疯癫不理人事，加之石门窑的生意"损失甚巨"，天寒地冻，刘大鹏心绪烦乱地归结年来家事："予家今冬遭瘟疫之灾，医药之费甚多，致令败财甚多，入不敷出，抑亦命也。"[4]

民国十六年（1927）农历大年初一，《日记》载"自除夕至今朝，通宵寂静，幸无噪闹之声"，昔日鞭炮齐鸣的景象此时不复得见。儿孙为刘大鹏拜年，膝下叩头人陡然少了三个

---

1 刘大鹏：《退想斋日记（稿本）》，民国十五年十一月二十七日、二十八日。
2 刘大鹏：《退想斋日记（稿本）》，民国十五年十一月三十日。
3 刘大鹏：《退想斋日记（稿本）》，民国十五年十二月初六日。
4 刘大鹏：《退想斋日记（稿本）》，民国十五年十二月二十六日。

孙辈，刘大鹏"不禁心殊哀痛，眼中流泪"。初二日当互为拜年，刘家人均未出门。初三日只有全忠、精忠二孙相偕出门拜年，唯因"珣、琏两儿病后未便出门"。[1]

年前的瘟疫对刘家和晋水流域都是一场灾难。家住北大寺村的内弟郭赓武告诉刘大鹏，北大寺村瘟疫流行两个多月，"染瘟疫而死者五六十人，现又有牛染疫者死数头"[2]。

三、悬想"个体的灾害史"

中国传统史书对灾害的记载代不乏书，灾害的种类也多种多样，但对灾害史的研究却长期缺位。直到1938年商务印书馆出版邓云特《中国救荒史》，现代意义上的中国灾害史研究才得以面世。"可惜这部开拓性的著作几乎成了绝响，此后再也没有人在这个领域里继续耕耘，自然也就谈不上有什么值得称道的收获。在此期间虽然也有一点有关自然灾害的年表、图表一类的资料书，但或失之于过分简略，或仅反映局部地区的情形，就总体上看，灾荒史研究领域虽不能说还是一块未被开垦的处女地，但说它是中国近代史研究中的一片空白或薄弱环节，大概不算过分。"[3]

20世纪80年代，以中国人民大学李文海先生为带头人的"近代中国灾荒研究"课题组正式成立，中国灾荒史研究首先

---

1 刘大鹏：《退想斋日记（稿本）》，民国十六年正月初一至初三日。
2 刘大鹏：《退想斋日记（稿本）》，民国十五年十二月初八日。
3 李文海、周源著：《灾荒与饥馑（1840—1919）》前言，北京：高等教育出版社，1991年版。

在近代史领域发力。《中国近代灾荒纪年》(1990年)、《灾荒与饥馑》(1991年)、《近代中国灾荒纪年续编》(1993年)、《中国近代十大灾荒》(1994年)、《中国荒政全书》(2002年、2004年)等系统性成规模的灾害史研究和资料展现在世人面前,成为新时期研究灾害史的必读书目。将灾害史的研究引入中国近代史的研究中,打破了以往近代史研究只有骨架而缺乏血肉的固有模式,对中国社会史研究也起到了积极的推动作用。笔者拜读李文海先生《世纪之交的晚清社会》后,曾在一篇读后感中写道"文海先生虽不声言社会史,但视野所及、论域所涉却多为社会史,尤其是中国近代社会史长期被忽略却又非常重要的课题","文海老师是恢复发展中国社会史研究最早的、身体力行的开拓者之一"。[1]

世纪交替,薪火相继。夏明方等后辈学者继承李文海先生的学术传统,在灾害史研究领域深耕拓展,更加注重灾害史与方兴未艾的环境史等学科的交融互通,更加注重灾害史研究中人与自然的互动。在夏明方看来:"所谓自然灾害,顾名思义,即是自然力量的异常变化给人类社会带来危害的事件或过程。如果只有自然力量的变化(成灾体)而没有人类和人类社会(承灾体),也就无法形成一个完整的灾害过程。"[2]他批评中国灾害史研究中潜在的"非人文化倾向",认为人与自然恰似泥捏的"冤家",我中有你,你中有我,实在

---

1 行龙:《深入剖析上世纪之交的中国社会——李文海先生〈世纪之交的晚清社会〉读后》,《清史研究》1998年第4期。
2 夏明方:《中国灾害史研究的非人文化倾向》,《史学月刊》2004年第3期。

难解难分。"灾害人文学"呼之欲出。

我对倡导开展"灾害人文学"深表赞同。自然灾害有水、旱、风、霜、瘟疫、地震等不同表象,灾害的承载体——人也有惊愕、恐惧、痛苦、死亡等不同的感受,"成灾体"和"承灾体"互为表里,互为作用,二者构成一个完整的灾害链。没有灾害的灾害史不能称其为灾害史,没有人的灾害史同样是不完整的灾害史。问题是,日渐科学化的历史学往往聚焦于宏大事件和宏大主题,以此展现一般性的社会历史,而个体的生命体验和日常体验却往往没有引起足够重视。

同样,我们以往的灾害史研究过多地注重灾害本身的研究,而极少关注到灾害过程中人的研究。灾害有多种多样,它给社会和个体带来的影响也程度不同,不同的社会群体对不同的灾害有不同的体认和应对,甚至对同样的灾害也有不同的体认和应对,如此等等,纷繁复杂。100余年前,面对民国七年(1918)的那场瘟疫,刘大鹏将其视为"上天干怒",归咎于自己不德不孝,外国医生却认为是一场肺鼠疫的传染病,阎锡山采取各种社会动员手段防疫,在这里我们看到的不仅是国家和地方社会的应对措施,更可以看到刘大鹏从急忙请医服药,到不信任医生、詈骂庸医、儿媳死亡、悲伤哀恸、无棺可殓、停尸待葬、上天干怒等一系列交织复杂的心路历程。毒品问题是近代以来中国社会面临的最为严重的社会问题之一,它与近代中国110年的历史相始终,也给人们的日常生活带来极大危害。灾害不能只论其"灾"而不论其"害",刘大鹏将毒品视为"祸患""大灾""大害""洪水猛兽",这就是他的亲身体认,也是那个时代的现实。以人为主体，从个体、家庭出发的灾害史可以丰富我们对灾害及其全过程的认识，增强"同情之理解"的历史意识，也可以更加凸显以人为本的历史学本义。

人生要经历生老病死的过程，也会面临多少不等轻重缓急的各种灾害，每个不同的区域、不同的个体和家庭皆莫如此。在以灾为主体的灾害史研究中，水旱洪涝等灾害何以发生、灾情的严重程度如何、灾后的政府和民间以何种方式赈济、灾后造成的损失和社会影响怎样，等等。这些问题均以灾害为主体展开，当然，这样的研究是灾害史研究的重要一面。另一方面，我们也要重视以人为主体的灾害史，以人为主体又可以看到自国家到地方、自个体到家庭面对灾害的切身经历和感受。恐惧、痛苦、死亡、忧虑、消解、反省，等等。类似面对灾害的物质、精神的生活细节和面相在以人为主体的灾害史中可以得到丰富的呈现，这也是灾害史研究中不可忽略的重要一面。

将以灾为主体的灾害史与以人为主体的灾害史结合起来，将会进一步推动中国灾害史的研究。

"详尽而反复"的生命史

伴随着中国改革开放的大潮,中国社会史研究迎来了复兴的春天。四十多年来,中国社会史研究的大花圃呈现出争相开放五彩缤纷的绚丽图景:政治社会史、经济社会史、军事社会史、法律社会史、灾害社会史、水利社会史、医疗社会史、环境社会史等,以"社会"为旨趣的各种专题社会史纷纷登台亮相,各显神通。其中,从医疗史—医疗社会史—生命史学一路演进而来的相关研究相当引人瞩目。

2017年,以孙江、杨念群、黄兴涛为主持人,余新忠主编的《新史学》第九卷由中华书局出版面世,即刻引起了我的兴趣和关注。该卷开篇为余新忠的序言《在对生命的关注中彰显历史的意义》,主张将具象的生命引入历史,构筑以人为本,立足生命,聚焦健康,将个人角色、具象生命以及历史多元性和复杂性放入历史学大厦的"生命史学"体系。在举例海外学者的有关论著中,余序特别提到劳雷尔·乌尔里希的《玛莎·巴拉德的生活日记(1785—1812)》,该书以美国缅因州哈洛威尔产婆玛莎·巴拉德的日记为主要分析文本,通过充分引用日记的篇章,让读者感觉到了日记"详尽而反复的日常性",并努力在日常中彰显18、19世纪美国社会普通人的内心世界、医疗行为、医患关系以及性别角色与特征等直接关乎生命的信息。该书收录张瑞《疾病的文化意义——晚清日记中的病痛叙事》一文,对沈艾娣《梦醒子》一书中谈及的刘大鹏的疾病与医疗经历也有简单的评述,这些都对我有很多启发,也是促使我写作本文的动因。

在历时半个多世纪、多达数百万言的《退想斋日记》中,刘大鹏对其双亲、自身、妻子、子孙、友人等人的生老病死都有"详尽而反复"的记述与表达。予意以为,此为目前盛行的"生命史学"提供了一个很好的个案。笔者不厌其详、不嫌其烦,在通读《退想斋日记》稿本和刘氏其他遗著的基础上,对《日记》所涉相关内容予以勾勒,试图穿越时空,与读者一起感受和体验那个时代的"生老病死"。

一、生老病死

(一)双亲

《刘明墓志铭》载,"曾祖伏保,祖美,父兴义。三世皆好善不倦,以耕稼为恒业"[1]。

刘伏保、刘美生卒年不详。

刘兴义生于嘉庆四年(1799),去世于同治十一年(1872),终年74岁。

刘大鹏的父亲刘明,生于道光五年(1825),去世于光绪三十三年(1907),终年83岁。

---

[1] 李成瀛:《刘明墓志铭》,刘大鹏后裔刘卫东提供,谨致谢忱。

光绪二十九年（1903），刘大鹏的母亲去世后，年近八十的刘明不再到太谷里满庄经营木店生意而闲居在家。他出门需"依杖而行"。光绪三十一年（1905）九月开始，隔数日一次大便，即今所谓便秘，刘大鹏说是"年老气衰"。[1]早年习武的刘明"夙夜蒲团打坐，做养气工（功）夫，不少懈怠"[2]，但毕竟年纪不饶人，翌年年初，刘大鹏视父亲"衰颓之象呈露"。七月，刘明足部烫伤，以香油生灰调搽，继以白纸蘸酒敷之。刘大鹏又从太谷购来龟龄集请其服之。太谷南席私塾的东家武佑卿还派人送来百而散为其治疗烫伤，然这些似乎都效果不大，刘明出门由"依杖而行"不得不"非车即肩舆"了。

光绪三十三年（1907）正月，刘明气色见好，刘大鹏归因其"去冬日日饮酒三四杯，迄今大见功效"，认为"酒亦养老之一物也"。[3]九月十二日，过完83岁生日，刘明还曾携儿孙"肩舆"到北大寺村和晋祠观剧、观抬阁。十月初，刘明病重。刘大鹏急匆匆从太谷南席村赶回家中，请张介眉、赤桥兰若寺住持各立一方，又到县境东北角的西峰村张云程处求一乩方，派次子刘瑄到晋祠吕祖阁祈求神方，一切无济于事。十月初七日，刘明寿终正寝。

刘大鹏的母亲刘氏，生于道光十一年（1831），少刘明6岁。光绪二十一年（1895）刘大鹏第一次公车北上会试，归

1　刘大鹏：《退想斋日记（稿本）》，光绪三十一年九月初十日。

2　刘大鹏：《退想斋日记（稿本）》，光绪三十一年九月二十四日。

3　刘大鹏：《退想斋日记（稿本）》，光绪三十三年正月十三日。

途中先到太谷里满庄省父，突闻母亲痢疾已三日，刘氏"方寸大乱"。光绪二十四年（1898），第二次公车北上归家后，又得知母亲痢疾二十多日，自然是多处延医治病。光绪二十八年（1902）五月下旬，母亲浑身发痒，刘大鹏到张云程处求得一服方、一洗方治之。月底，病情加重，"不能动身，四肢不便"。服药两服后，母亲"决意不肯再吃，惟用洗药治之"。[1]十月中旬，母亲夜间泄泻一两次，服药七八服仍不见效，而饮食起居如常，数日后病愈。光绪二十九年（1903）二月初十日，刘大鹏、刘玠父子同赴河南开封参加会试，四月十一日，刘大鹏黄昏归家，不料，母亲已于三月初一日逝世。母亲刘氏终年73岁。

"七十三、八十四，阎王不请自己去。"那个年代，人生的两道坎，难道就真的很难跨过去？

附：女儿寄娥。刘大鹏有一个胞姐名寄娥，生于咸丰二年（1852），长刘大鹏5岁。年十八嫁于本县南瓦窑村王庚午。同治十三年（1874）离世，年仅23岁。王庚午无后，去世后夫妻一直未能合葬。民国七年（1918）清明节，刘大鹏购得一口小棺材，由长子刘玠派人前往办理，才将夫妻合葬于王氏祖茔。[2]

（二）自身

刘大鹏对自身的生命史记述更为详细。

---

1 刘大鹏：《退想斋日记（稿本）》，光绪二十八年五月二十三日、二十四日、二十五日。
2 刘大鹏：《退想斋日记（稿本）》，民国七年二月二十三日。

耳顺之年后，刘大鹏在《日记》中曾写一小传，言其"有生以来，七岁始能言，仍哺母乳"，咸丰七年（1857）出生的刘大鹏，显然是一个语迟的孩子。

光绪二十年（1894）二月，乡试"七科而不得"的刘大鹏已在赤桥附近的王郭村设帐授徒两年。年初，他为自己立一"退想斋每日课程"，早起、洗心、写日记等之外，尚有"保身"一条。[1]七月底，眼见得八月秋闱日渐逼近，他却在王郭村馆中闹起腹泻来，甚至一晚七次之多，不得已回家疗养。八月初，他带着感冒完成了三场闱中考试，居然中举！接着四处拜客，附近的村镇都是徒步而行，甚至一日往拜五村上百家。也许是因为走路过多，或因馆中冬季寒冷（十一月二十一日有《馆中苦冻》诗二首），十一月底，他即感到右大腿根部疼痛。[2]十二月，或腿疼在家，或勉强到馆教书，断断续续，终于在十二月十三日结束一年的教书生涯，众弟子雇车将其送回家中。回家后，他曾到晋祠面晤张永寿，请其治腿疼病，终无太大效果。

光绪二十一年（1895）元宵节过后，刘大鹏拟偕好友郝济卿等赴京参加会试，而新年以来他的腿疼仍未好转。不敢告诉父母病情，他忍着腿疼踏上了公车北上的征途。春寒料峭中，翻越太行山，一路风雪兼程，"半月方才到北京"。进京后，他居然感到腿疼好转。[3]五月初，落第归家。三十日

---

1 刘大鹏：《退想斋日记（稿本）》，光绪二十年二月十四日。
2 刘大鹏：《退想斋日记（稿本）》，光绪二十年十一月二十九日。
3 刘大鹏：《退想斋日记（稿本）》，光绪二十一年二月初八日、初九日。

《日记》写道：余有心跳病，多日必发一次，"日来此病又发"[1]，这是他第一次提及自己的心脏病。闰五月十五日，他从里满庄省父回家，夜间腹泻20多次，病势似乎严重，遂向邻里讨洋烟吸之，这又是他第一次提到吸洋烟治病，且"病势顿减"。他将此次腹泻归之于自己不孝，有诗曰："亲思浩瀚若江流，报德终身亦莫酬。又况未尝思尽孝，欲除大罪岂能求。"[2]六月以来，大热天他"日日曝腿"，时好时坏。心跳之病亦时有发作，亦"置之不问"[3]。光绪二十三年（1897），刘大鹏已到太谷县南席村武氏家塾任教。夏日，他在馆仍坚持曝腿。七月，曾有一次腹泻，服用万金丹五丸治之。

光绪二十四年（1898），戊戌年，第二次北上会试，一年安妥。越两年庚子（1900年），山西闹义和拳。己亥年底，刘大鹏已有颈痛发作，就是现在所谓的颈椎病吧。庚子正月初三日，他感到颈痛较前更重，"头未能转侧"，父亲大人亲自为他贴上膏药。初四日，颈痛加上咳嗽，精神不振，就枕而卧。一月间，他在家贴膏药、铜钱刮治、陈醋洗治、白醋洗治、请邻居妇女揉按颈部，甚至有生以来第一次因颈痛服汤药，各种办法尽试一遍，尚无效果。[4]二月初三日到南席馆中，颈痛不减，又贴膏药，且用酒揉按，东家武佑卿送来虎骨熊油一张贴上，父母送来乩方服用七副，皆无疗效。三月十三

1　刘大鹏：《退想斋日记（稿本）》，光绪二十一年五月三十日。
2　刘大鹏：《退想斋日记（稿本）》，光绪二十一年闰五月十六日、十七日、二十一日。
3　刘大鹏：《退想斋日记（稿本）》，光绪二十一年十月十七日。
4　刘大鹏：《退想斋日记（稿本）》，光绪二十七年正月初四日至二十七日。

日，因联军攻打晋豫交界的固关，晋水流域一带风声鹤唳人心惶惶，人们已纷纷到西山避乱，家中派车将他接回。到三月底，颈痛仍然未愈。四月初到南席，中旬，东家带他到太谷城洗热水澡，"以使邪风顺汗由毛眼而出"[1]，又为他立方治疗。七月初，二东家武炎卿驾车带他到有名的太谷酎泉游览四天，[2]期间曝骨九次，以治腿疼。此次颈痛足足折腾了他约半年之久。年底，他又喉咙疼痛十三天，服用梅花点舌丹，又服万金丹后遂愈。

光绪二十八年（1902）五月，刘大鹏之前的腰痛病加重，"动则呻吟"。他求来乩方三方，两个服方，一个洗方，似乎有些疗效。十一月，后身发寒，先冷后烧，"有不能支持之势"。[3]友人和东家多人开药方为其治疗。他原以为此病为小病，不料竟成一场大病，"身体瘦弱，大失精神"，归罪于自己"平时不以保身为要"。[4]十二月初八日，他"身一站立，辄东倒西歪，不能自主"，一个月内都尚未出家。[5]这似乎是一个不祥的预兆！翌年二月初，携长子刘玠，父子同赴汴梁会试，均落第不中。更使他悲痛的是，会试第三场刚完，即接到母亲有病的家信。一路心神不宁，恨不能插翅而归。四月十一日黄昏抵家，母亲大人已命归黄泉！自写日记以来，刘大鹏第一次间断日记多达20天。悲伤中，他痛苦追悔，手指浮肿，

---

1 刘大鹏：《退想斋日记（稿本）》，光绪二十七年四月十四日。
2 刘大鹏：《退想斋日记（稿本）》，光绪二十七年七月初一至初五日。
3 刘大鹏：《退想斋日记（稿本）》，光绪二十八年十一月十九日。
4 刘大鹏：《退想斋日记（稿本）》，光绪二十八年十二月初二日。
5 刘大鹏：《退想斋日记（稿本）》，光绪二十九年十二月初八日。

头发突而半白。经此大丧,"身体柴瘦,饮食锐减,起居不便,言语错乱"[1],很长时间才得以恢复。

父亲刘明的去世,对刘大鹏是一个更大的打击。光绪三十一年(1905)废科举前后,同人纷纷失馆,或另图别业。刘大鹏亦数次欲辞南席教职,无奈老父不允,未得如愿,东家武佑卿对他情理备至,甚为厚道,他仍在南席武氏家塾执鞭授徒。只是弟子无心读书,"学生放了先生的假",他经常四处观剧会友,往来逍遥,身体状况无大恙可记。光绪三十三年(1907)十月,父亲刘明去世,刘大鹏大为悲恸。由于"遭大故"而眼目大花,头发大白,手指颤抖不能提笔,日日不间断的《退想斋日记》中断了54天。守灵50多天后,刘氏由家到南席教馆,友人皆来唁慰,"皆言余貌大变"[2]。他说自己,两个多月以来,食不下咽,寝不能眠,度日如年。十二月回到家中,孑身孤立,抚灵大哭,近似癫狂。年底,置诸多家事不问,他像一个疯癫之人,到西山诸峪子身逛荡,以解其忧。光绪三十四年(1908)正月,遵行三月而葬之礼,安葬其父刘明后,刘大鹏回到南席,仍然"哀慕情深,动辄涕泣"。[3]四月初,好友郝济卿、郜祚丰偕其游介休绵山20天,哀恸之情渐减。

刘明去世后的宣统元年(1909),刘大鹏辞谢南席教馆回到家乡赤桥村。当年秋,山西省谘议局成立,他当选为省谘

---

[1] 刘大鹏:《退想斋日记(稿本)》,光绪二十九年七月初三日。
[2] 刘大鹏:《退想斋日记(稿本)》,光绪三十三年十二月初一日。
[3] 郝济卿:《游绵山记·序》,载刘大鹏著:《游绵山记》,稿本。

议局议员。越两年，辛亥革命爆发，他又被推举为太原县议会议长。民国初年，除短暂担任县议会议长外，他曾兼任县财政公所所长、公款局经理、教育会副会长、省国民议会议员等职，并参与或主持了第十七次修缮晋祠的社会公益事业，诸事纷繁，好不忙碌。年过六十的刘大鹏，这个时期仍然身体健康，某些小病小灾并未影响到他的参政议政。遇有腹泻，他服万金丹；腰痛，他请人针刺治疗；民国七年（1918）的瘟疫安然度过；只是颈部生一疙瘩、鼻涕长流此类小病他有提及，但也不以为意。六十多岁，他仍然多睡，"气血之足于斯可见"。谈及生死，则以"既有生亦必有死，则死亦常事，何必怕哉"为识。[1]

人生七十古来稀。民国十五年（1926）五月十八日，刘大鹏的七十岁生日过得很简单。他曾夜梦有人言其寿算将尽，死期就在年终，他坦然对曰：年已七十，死复何憾！[2]民国十七年（1928）寒冬，他在《日记》中特别记到，赤桥二百余户，八十岁以上老人仅二人，七十岁以上十一二人，感慨"得寿之难矣"。[3]年过七十的刘大鹏感到自己老之将至。20世纪20年代，他主要从事煤窑生意，夏秋之际从事一点力所能及的农活。民国九年（1920）十月腿部生疮，百日内莫能出门；[4]民国十一年（1922）八月，腰部疼痛复发，以酒洗之见

---

[1] 刘大鹏：《退想斋日记（稿本）》，民国七年十一月二十二日。
[2] 刘大鹏：《退想斋日记（稿本）》，民国十五年十月二十五日。
[3] 刘大鹏：《退想斋日记（稿本）》，民国十七年十一月二十三日。
[4] 刘大鹏：《退想斋日记（稿本）》，民国十年正月二十四日。

效；[1]民国十二年（1923）六月，腿痛复发，腰痛尤甚，曝骨加以火酒洗之；[2]民国十四年（1925）五月生一头疮，疼痛数日，他曾服川军数次，又请老友陈寅庵为其治疗，贴膏药十次，两个月后减轻。[3]民国十五年（1926）六月，内火致其腹中不适并牙痛，他服用大黄；[4]民国十六年（1927）六七月间，又是腹泻数日，腹部不适多日，服川军、定中丸、藿香正气，又第一次服用"洋药"。他感到，西药似乎亦有效，只是月来腹泻多日，"遂自觉其衰颓大逊于前半年矣"。[5]民国十八年（1929）四月，牙痛半月之久，贴膏药治之；[6]九月，刘大鹏与石门窑窑主韩金成发生纠葛，韩用肘戳击他的左臂及小腹，致使他昏迷多时，直到年底腹痛不减，甚至大便出血，妻子为其按摩，冲"牛乳"饮之。[7]他觉得，"此次一病，大见衰老"[8]。从此，他也不再经营煤窑生意。

八十岁的刘大鹏身体渐衰，腿疼、指疼、腹泻、牙痛、气促、失眠、瘙痒、鼻涕长流，多病时常发作。右腿疼痛是多年的老毛病，有时长达数十日，甚至步履维艰，不能出门，

---

1 刘大鹏：《退想斋日记（稿本）》，民国十一年八月初六日。
2 刘大鹏：《退想斋日记（稿本）》，民国十二年六月初六日、十八日。
3 刘大鹏：《退想斋日记（稿本）》，民国十四年五月初三日、初六日、二十二日。
4 刘大鹏：《退想斋日记（稿本）》，民国十五年六月十四日。
5 刘大鹏：《退想斋日记（稿本）》，民国十六年六月初四日，七月二十四日，十月初九日。
6 刘大鹏：《退想斋日记（稿本）》，民国十八年四月初四日、十八日。
7 刘大鹏：《退想斋日记（稿本）》，民国十八年九月初四日、二十九日，十月初三日、十一日，十一月初九日。
8 刘大鹏：《退想斋日记（稿本）》，民国十九年二月二十三日。

三儿子刘玶曾为他购买"电酒"治之；[1]腹泻最严重的一次，民国二十二年（1933）十月一次赴县办事，因腹泻大便污染了裤子。这条裤子他穿了数十年，妻子和女儿将其拆洗重做了事；[2]牙痛剧烈，友人送来石膏汤请其漱口[3]；气促致使失眠，他服用过人参，认为其"系年老身衰之所致"；[4]瘙痒之病折磨他一年有余，有时浑身白皮如面粉，瘙痒难忍，他曾用白矾蘸尿搽之；[5]年老鼻涕长流，似乎也没有什么好办法治之。"两腿无力""老态已现""筋力就衰""血脉阻滞""身体渐衰"等字眼在其间的《日记》中不时露出。民国二十一年（1932）仲春，万义生木店号掌为他打制了一副松木棺材，从太谷阳邑雇大车送到赤桥村，他将其暂时置放在三义店（刘家开办的车马店）的一间空房内。[6]他将病痛都归结为自己罪孽深重，又以"予不怕死，所最可者心术之坏耳"聊以自慰。[7]

民国二十六年（1937），全面抗战爆发时，刘大鹏已年过八十，他的生命到了最后的岁月。晋水流域民众及家人大多到西山避乱，刘大鹏以年老之躯拒绝入山。腹痛、腿痛、背

1　刘大鹏：《退想斋日记（稿本）》，民国二十年五月二十七日。
2　刘大鹏：《退想斋日记（稿本）》，民国二十二年十月二十八日。
3　刘大鹏：《退想斋日记（稿本）》，民国二十一年五月初七日。
4　刘大鹏：《退想斋日记（稿本）》，民国二十一年二月十一日。
5　刘大鹏：《退想斋日记（稿本）》，民国二十五年九月初五日，闰三月二十日。
6　刘大鹏：《退想斋日记（稿本）》，民国二十一年二月十一日。
7　刘大鹏：《退想斋日记（稿本）》，民国二十五年十二月初九日、民国二十二年十月二十八日。

痛、瘙痒、咳嗽、痢疾、头晕、目眩、气短、畏寒、背生肉瘤、耳出黄水，等等。病痛相继而来，一病未除一病又来。离世前一年，85岁的刘大鹏说，自己有两种病已历时多年，一为贪食，时刻欲吃，一为浑身瘙痒，令其"畏惧"。[1]民国二十六年（1937）以来，他曾被足踏车冲倒在地；在家站立不住，被人服侍上床；在田站立不稳，跌倒在堰底；头晕眼花，自倒在地；在田浇地跷足滑倒，全身坠入水中；院中跌倒，右眼出血；进县回家半途跌跤，休息几次；腹泻溺粪污染被褥，等等，时有发生。腹痛，喝泥盐水治之；足痛，用茄子苗煮滚水洗濯；手腕疼痛，偏方治之。[2]听说晋祠有狐仙为人治病，他拖着老躯前往求治，且焚祝文一篇。[3]妻子史竹楼到晋祠吕祖阁祈祷神医，为其求签求方治疗[4]，一切疗法都已难挽救他衰颓的生命。

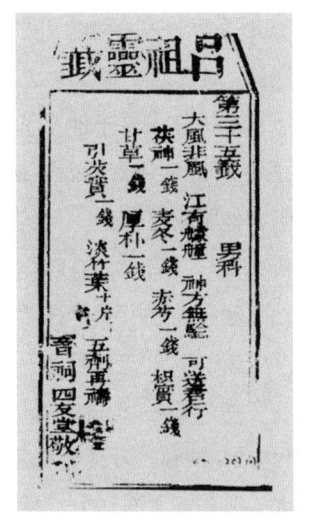

晋祠吕祖阁签方

民国三十一年七月十九日（1942年8月30日），刘大鹏逝世于赤桥家中，终年86岁。并无大病大灾，可谓无疾而终。

---

1 刘大鹏：《退想斋日记（稿本）》，民国三十年九月二十一日。
2 刘大鹏：《退想斋日记（稿本）》，民国二十六年十一月初八日、民国二十七年十二月初三日、民国二十八年六月初一日。
3 刘大鹏：《退想斋日记（稿本）》，民国二十九年八月十五日。
4 刘大鹏：《退想斋日记（稿本）》，民国三十一年四月十七日。

(三) 三妻

刘大鹏一生共有三妻。

原配郭氏（1859—1881）。光绪二年（1876）七月生长子刘玠，光绪七年（1881）六月生次子刘瑄。刘瑄既生，月内郭氏去世，[1]年23岁。

第二任妻子武氏（1869—1908），北大寺村人。生三子刘珦、四子刘琎、长女红荄、次女翠荄。光绪三十四年（1908）去世，年40岁。

光绪二十三年（1897）正月，武氏生产四子刘琎时晕血，乳不敷食。家中欲请奶妈，钱不敷用乃罢。光绪二十五年（1899）生一女，不满两岁夭亡。光绪二十七年（1901）九月生一女，取名红莲，产后血晕一阵，稳婆以针治之乃愈。[2]光绪二十九年（1903）红莲染痢疾，数日不止。以万应散治之，延儿医针刺，服焦山楂、胡桃茶叶水、糖汤皆无效，六月初五日殇。[3]光绪二十八年（1902），又生一女，取名翠荄。

也许是上年生产翠荄后受冷，翌年四月，武氏右臂疼痛难忍，甚或整夜呻吟，半月后仍然疼痛。五月，浑身疼痛，手足皆肿，日夜呻吟。乩方、洗方、服方一一用过，月底见效。年底，又肩臂疼痛，刘大鹏说是"邪风入身"，十分危

1　刘大鹏：《退想斋日记（稿本）》，民国七年六月初二日。
2　刘大鹏：《退想斋日记（稿本）》，光绪二十七年九月二十七日。
3　刘大鹏：《退想斋日记（稿本）》，光绪二十九年闰五月二十八日。

急。[1]之后的几年，由于病未根除，疼痛时有发生。光绪三十三年（1907）二月，旧病复发，"势甚危机"。家人为其四处求医，西峰村张云程开乩方、清源郜子玉开药方、西寨村78岁老医人开药方、五台某西医开药方并针刺，又请曹凤魁、高振兴医师来家治疗，高振兴甚至来家十次之多，皆未得以挽救。光绪三十四年（1908）十一月十六日去世。

第三任妻子史竹楼（1891—1955）。史氏本为南席东家武佑卿家仆。宣统元年（1909），刘大鹏辞去南席教职回到赤桥村，将史氏带回为妻。[2]刘大鹏曾称其"小妾"。民国二年（1913）七月，刘大鹏57岁，史氏生一男，刘大鹏高兴地起名韵珂，并将其生辰八字写上《日记》。[3]不幸，韵珂未满周岁而殇。民国四年（1915）七月，史氏再生一男，[4]不足两月又殇。民国九年（1920）九月，生五子刘钰，小名鸿卿。民国十四年（1925）二月十六日，史氏生一女，年近七十的刘大鹏，在太谷阳邑得此消息大为吃惊，"翌日而归"。[5]刘大鹏为此女起名碧荑，呼其"三女"。又是不幸，民国二十五年（1936）五月，12岁的碧荑又因病去世，史竹楼不吃不喝整三日，刘

---

1 刘大鹏：《退想斋日记（稿本）》，光绪二十八年四月十三日，五月十八日，十二月二十四日。
2 高继业：《刘大鹏娶亲》，载王海主编：《古村赤桥》，太原：山西人民出版社，2005年版，第218页。
3 刘大鹏：《退想斋日记（稿本）》，民国二年七月十一日。
4 刘大鹏：《退想斋日记（稿本）》，民国四年七月二十六日。
5 刘大鹏：《退想斋日记（稿本）》，民国十四年二月二十二日。

大鹏急得不知如何。[1]

碧荑去世，对史竹楼是一个打击。翌年七月，史氏突发霍乱，刘大鹏急忙请来邻人为其针刺，泄火散风，有惊无险地躲过一劫。[2]民国二十九年（1940）五月，瘟疫流行，史氏不幸染病。刘大鹏为其延医立方，小儿子鸿卿为其母到西寨村延医治之，又到晋祠吕祖阁为其求签服神药治之。一个月后，病情见轻。[3]

史竹楼与刘大鹏共同生活三十余年，1955年去世[4]，年65岁。

(四) 五子及妻

长子刘玠（1876—1928）。光绪十九年（1893）八月，刘玠娶晋祠神河桥张氏为妻。翌年，19岁的刘玠即考中秀才。二月，张氏因病去世。

光绪二十年（1894）十一月，刘玠娶北大寺村武氏，是为第二任妻子。光绪二十一年（1895）武氏生一女，取名喜嬿。光绪二十七年（1901）再生一女，取名喜鸾。光绪三十年（1904）九月生一男，光绪三十一年（1905）四月十三日

---

1 刘大鹏：《退想斋日记（稿本）》，民国二十五年五月十一日。
2 刘大鹏：《退想斋日记（稿本）》，民国二十六年七月十九日。
3 刘大鹏：《退想斋日记（稿本）》，民国二十九年五月二十四日及二十八日，六月初十日，六月二十一日。
4 1942年刘大鹏去世后，本文所涉多人去世年份均参照刘卫东：《刘氏一支子孙概况》，内部稿。

病殂。[1]宣统二年（1910）年生一男，取名仲卿，小名全忠。[2]民国二年（1913）再生一男，取名佑卿，小名精忠。生精忠后不足两月，武氏因头痛难忍，"倒卧一缸而亡"。[3]

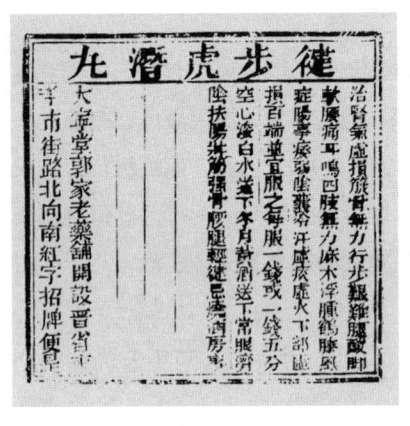

山西省城大宁堂药店药签

民国二年（1913）十月，刘玠娶王郭村张氏，是为第三任妻子。民国四年（1915）十月，生一女，取名喜莺。民国七年（1918），张氏染瘟疫而亡。

民国八年（1919）八月，刘玠娶西峰村张氏（张云程侄女），是为第四任妻子。民国九年（1920）生一男，早殇。[4]民国十年（1921）十月初五日，再生一男。民国十五年（1926）十月，再生一男，取名佐卿，小名吉忠。民国十七年（1928）三月初，刘玠去世后数日，张氏服毒自杀。

刘玠早年并无大病。民国十二年（1923）赴代县第三省立女子师范学校当教员，常年在外，因生活缺乏照顾而染病，

1　刘大鹏：《退想斋日记（稿本）》，光绪三十一年五月初三日。
2　刘大鹏：《退想斋日记（稿本）》，民国三年七月二十五日。
3　刘大鹏：《退想斋日记（稿本）》，民国二年九月十七日。
4　刘大鹏：《退想斋日记（稿本）》，民国十年十月二十六日。

民国十六年（1927）后到大同兵站任书记长，到秋季即因便血告假而归。三弟刘珣为其请医，并服治疗"肺部邪火，活血补气"之药；李医生七次到家诊疗；张医生八次到家诊疗；刘大鹏的老友秦蓉舫、胡海峰及南马村某医生均前来诊视立方；长子全忠到三十里外的流涧村求大仙神药六包；刘大鹏以老葱白须捣烂炒热，再以白布裹好置其小腹部等。有病乱求医，一切均无济于事。[1]民国十七年（1928）三月初一日，刘玠去世，年53岁。[2]

次子刘珰（1881—1958）。[3]光绪三十年（1904）七月，刘珰妻生一男，三日而殇。[4]光绪三十二年（1906）九月，再生一男，光绪三十四年（1908）三月殇。[5]民国二年（1913），刘珰妻病逝。

光绪三十二年（1906），也就是废科举的次年，向来身体强壮的刘珰形容消瘦，"似觉虚弱"。[6]辛亥以后，已形象痴呆，有癫狂之症。[7]刘大鹏曾请医为其诊视，又请来郝村敬道者数人为刘珰治癫狂之病，[8]一直未能治愈。战乱期间亦不知战乱，整天到处闲逛，语无伦次，头拖辫子，口出古语，到处写字，

---

1 刘大鹏：《退想斋日记（稿本）》，民国十六年十月初三日至民国十八年三月初一日。
2 刘大鹏：《退想斋日记（稿本）》，民国十七年三月初一日。
3 刘大鹏：《退想斋日记（稿本）》，光绪三十年八月十四日。
4 刘大鹏：《退想斋日记（稿本）》，光绪三十年八月十四日。
5 刘大鹏：《退想斋日记（稿本）》，光绪三十四年三月初八日。
6 刘大鹏：《退想斋日记（稿本）》，光绪三十二年七月十六日。
7 刘大鹏：《退想斋日记（稿本）》，民国二年四月十五日。
8 刘大鹏：《退想斋日记（稿本）》，民国四年正月十七日。

直到1958年离世,年78岁。[1]

三子刘珦(1892—1961)。光绪三十三年(1907)八月,娶塔院村孙氏为妻。[2]宣统三年(1911),张氏生一男,民国三年(1914),又生一男,皆早殇。民国五年(1916),孙氏染瘟疫去世。民国七年(1918)二月,刘珦续弦西草寨村樊氏,[3]是为第二任妻子。民国十一年(1922),樊氏产一女,"昏黑而殇"。[4]民国十五年(1926)六月,再生一女。二十多天后,樊氏生病,浑身发汗,似乎虚脱,邻人以针刺其手足治之,又延白计和、崔某前来诊治。[5]民国十八年(1929)二月,樊氏产一男,翌年三月殇。[6]民国二十五年(1936)八月,樊氏有一次小产。[7]樊氏所生子女,均先后夭亡,后抱养一女名"润英"。[8]

中华人民共和国成立后,刘珦基本以教书及刻章为业,兼做农务。1961年去世,年70岁。

四子刘珽(1897—1978)。民国三年(1914)十一月,娶南屯村富商牛畅三之女为妻。[9]民国六年(1917)初,生一男,取名俊卿。民国九年(1920),生一女。民国十二年(1923)

---

1 刘卫东:《刘氏一支子孙概况》,内部稿。
2 刘大鹏:《退想斋日记(稿本)》,光绪三十三年八月十一日。
3 刘大鹏:《退想斋日记(稿本)》,民国七年二月初三日。
4 刘大鹏:《退想斋日记(稿本)》,民国十一年二月二十六日。
5 刘大鹏:《退想斋日记(稿本)》,民国十五年十一月初八日、初十日。
6 刘大鹏:《退想斋日记(稿本)》,民国十九年三月二十九日。
7 刘大鹏:《退想斋日记(稿本)》,民国二十五年十月二十一日。
8 刘卫东:《刘氏一支子孙概况》,内部稿。
9 刘大鹏:《退想斋日记(稿本)》,民国三年十月二十四日。

十二月，再生一女。[1]民国十五年（1926），又生一女，此为第三女。[2]六岁时，患虫疾，肛门取出一只三四寸长之虫，吃花塔饼未见效，又吃西药治之。[3]民国十八年（1929）八月，又生一女。[4]其中，有两个女儿夭折，存一子二女。

四子刘琡

20世纪30年代始，刘琡患腿疼病。民国二十年（1931）六七月间，时在省党部办事处为办事员，因腿疼在家治疗月余。[5]民国二十二年（1933），两腿生疮。民国二十八年（1939），仍有腿疾。

中华人民共和国成立后，刘琡务农兼做小生意。1978年去世，年82岁。

五子刘钰（1920—1988），小名鸿卿，刘大鹏第三任妻子史竹楼生。鸿卿幼年或发育不良，四岁难能言语，尚未说得娓娓动听，仍哺母乳。[6]幼年曾有一次误吞毒物，刘大鹏以洋药粉灌之乃解；[7]又有一次喉咙疼痛，以针刺其虎口穴，又请

---

1 刘大鹏：《退想斋日记（稿本）》，民国十二年十二月初七日。
2 刘大鹏：《退想斋日记（稿本）》，民国十五年八月初七日。
3 刘大鹏：《退想斋日记（稿本）》，民国二十年八月十一日。
4 刘大鹏：《退想斋日记（稿本）》，民国十八年八月二十三日。
5 刘大鹏：《退想斋日记（稿本）》，民国二十年六月初八日、七月十五日。
6 刘大鹏：《退想斋日记（稿本）》，民国十二年九月十七日。
7 刘大鹏：《退想斋日记（稿本）》，民国十年十二月初七日。

赤桥村兰若寺住持为其耳下针刺。[1]后曾有腿疾。

民国三十年（1941）八月，刘钰娶古城营村张氏为妻，无生育。二婚娶北下河村王改伴为妻，生一子四女。刘钰成年后先是在周边村庄担任小学教员，后做小生意，集体化时期在赤桥曾担任采购员，后精神失常，1988年去世，年69岁。[2]

（五）二女

长女红荑（1895—20世纪60年代）。红荑生于光绪二十一年（1895）五月十八日，生辰与刘大鹏同月同日，其时刘大鹏第一次北上会试归来，得知此信，"为之畅快"。[3]民国二年（1913），嫁于西寨村阎佩礼之胞弟阎佩书。民国八年（1919）二月，生一女。次年，再生一女。[4]至民国十六年（1927），再生长子有泉、次子新泉。[5]民国十九年（1930）六月，又生一男，此子生产于省城医院。[6]民国二十三年（1934）二月，阎佩书去世后，红荑寡居西寨村多年，后移居省城柴市巷。20世纪60年代去世。[7]

次女翠荑（1902—1967）。民国十一年（1922）嫁于清源县长头村张永福。翌年，似患癔症，颈生鼠疮，多次延医治

---

1 刘大鹏：《退想斋日记（稿本）》，民国十一年二月二十八日。
2 刘卫东：《刘氏一支子孙概况》，内部稿。
3 刘大鹏：《退想斋日记（稿本）》，光绪二十一年五月二十日。
4 刘大鹏：《退想斋日记（稿本）》，民国十年正月十九日。
5 刘大鹏：《退想斋日记（稿本）》，民国十六年正月初八日。
6 刘大鹏：《退想斋日记（稿本）》，民国十九年闰六月十八日。
7 刘卫东：《刘氏一支子孙概况》，内部稿。

疗，又请上固驿一女大仙治之，已告痊。[1]民国十八年（1929）八月，刘大鹏来到清源其家看视五日，认为"确系癔症……予令其停止服药"。[2]

张永福在抗战爆发后失去音讯，翠萸后改嫁太原县商会会长康成林，居晋源后街。1967年去世，年66岁。[3]

（六）五孙及妻

长孙刘仲卿（1908—1982），小名全忠，刘玠长子，武氏生。自幼由乳母领养。民国八年（1919）十二月染虫疾，延医服药三次。[4]民国十九年（1930）九月，娶柳子峪朱寰村王春莲为妻。民国二十年（1931）十二月，生长女，名秀珍。民国二十九年（1940）六月初二日，生次女，民国三十年（1941）八月二十二日病殇。[5]民国二十一年（1932）正月全忠生疮，翌年正月，妻生疮，延医治之。[6]民国二十八年（1939），全忠患疟疾十日，刘大鹏曾赴晋祠购买金鸡纳霜饼三颗治之。[7]民国二十九年（1940）六月初二日，王氏再生一

---

1 刘大鹏：《退想斋日记（稿本）》，民国十二年四月初三日、十月初十日，民国十七年六月十一日。
2 刘大鹏：《退想斋日记（稿本）》，民国十八年八月初九日。
3 刘卫东：《刘氏一支子孙概况》，内部稿。
4 刘大鹏：《退想斋日记（稿本）》，民国八年十二月二十六日。
5 刘大鹏：《退想斋日记（稿本）》，民国十年十二月二十一日、民国三十年八月二十二日。
6 刘大鹏：《退想斋日记（稿本）》，民国二十一年正月十八日、民国二十二年正月十九日。
7 刘大鹏：《退想斋日记（稿本）》，民国二十八年七月十二日。

女，[1]名月娥。后再生一男一女，男刘捷，女月爱。[2]中华人民共和国成立后，曾在西山王封煤矿任保管员。1962年回赤桥务农，任库房保管员。1982年，患肺气肿去世，年75岁。[3]

次孙刘佑卿（1913—1982），小名精忠，刘玠次子，武氏生。幼年过继给刘瑄为子，祖父母养育成人。精忠幼时祖母史竹楼哺乳两年，"祖母乳孙"，刘大鹏甚为欣慰。20世纪30年代，精忠到省城汽车队学开汽车。民国二十年（1931），左手疼痛数月，经西医治之无效，改为中医治疗较为有效。[4]民国二十二年（1933）六月，时在西安为陕西省建设厅厅长赵守一开车，臀部生疮，各处求医问药治愈。[5]

精忠在西安时，娶西安某英芬为妻，无生育。

1982年刘佑卿去世，年70岁。[6]

三孙刘俊卿（1917—1976），小名恕忠，刘珽子。民国二十二年（1933）榆次学商，后到省城陆军医院学医。[7]抗战爆发后，充陆军医院医官，后改任兵站监部职员。[8]恕忠在西安时，娶妻马艳梅，无生育。

---

1 刘大鹏：《退想斋日记（稿本）》，民国二十九年六月初二日。
2 刘卫东：《刘氏一支子孙概况》，内部稿。
3 刘卫东：《刘氏一支子孙概况》，内部稿。
4 刘大鹏：《退想斋日记（稿本）》，民国二十年七月初二日。
5 刘大鹏：《退想斋日记（稿本）》，民国二十二年七月初一日。
6 刘卫东：《刘氏一支子孙概况》，内部稿。
7 刘大鹏：《退想斋日记（稿本）》，民国二十二年二月初三日、民国二十五年闰三月十三日。
8 刘大鹏：《退想斋日记（稿本）》，民国二十八年四月二十五日。

1976年，恕忠在赤桥服毒去世，年60岁。[1]

四孙刘佐卿（1926—），小名吉忠，刘玠子。吉忠两岁时患腿疮、头疮，[2]曾有天龙山和尚来家为其治疮。

与刘佐卿先生合影

附：又一孙名钱忠，在世时，刘大鹏呼其"四孙"。民国七年（1918）生，幼时乳母养育，在乳母家染病，病势沉重。曾请胡海峰数次诊视，服普清丹两丸治之，刘大鹏亦曾到晋祠吕祖阁求神方治之均无效，"自生至亡一年半"，"生不如不生也"。[3]

五孙赓忠，民国十五年（1926）四月患痢疾十余日。十

---

1 刘卫东：《刘氏一支子孙概况》，内部稿。
2 刘大鹏：《退想斋日记（稿本）》，民国二十三年七月初八日。
3 刘大鹏：《退想斋日记（稿本）》，民国八年五月初一日。

一月瘟疫流行，刘大鹏的两个儿子刘珦、刘玠，三个孙男精忠、恕忠、赓忠，两个孙女喜楣（刘玠长女）、喜龄均染疫，赓忠、喜楣、喜龄皆因染疫而殇！[1]其时，赓忠七岁、喜楣七岁、喜龄四岁。最可怜的喜龄，"一腿颇跛，一指不能捏针，身体不全，天且夺其命"，刘大鹏又归之于"此予不德之所致也"。[2]

（七）四孙女

长孙女刘喜嬿（1895—1974），刘珦长女，武氏生。民国三年（1914）六月，嫁于晋源仓巷街张世安。张世安为刘大鹏好友张仲书之侄。民国四年（1915），生一女。民国八年（1919），生一男，名张国栋。民国十八年（1929），女儿离世，年14岁。

1974年，刘喜嬿在晋源去世，年80岁。[3]

次孙女刘喜鸾（1901—1996），刘珦次女，武氏生。民国八年（1919）十二月，嫁于晋源东街陈婉为妻。陈婉系陈肄三之子，陈肄三系刘大鹏好友陈寅庵三弟。1962年，陈婉去世。生有三子一女，子守业、守正、守廉，女淑慎。

1996年，刘喜鸾在晋源去世，年96岁。[4]

三孙女刘喜莺（1915—2004），刘玠三女，王郭村张氏所生。民国二十二年（1933）三月，嫁于硬底村张崇新为妻。[5]

---

1 参见本书《个体的灾害史》。
2 刘大鹏：《退想斋日记（稿本）》，民国十五年十二月初十日。
3 刘卫东：《刘氏一支子孙概况》，内部稿。
4 刘卫东：《刘氏一支子孙概况》，内部稿。
5 刘大鹏：《退想斋日记（稿本）》，民国二十二年三月初三日。

生有二子二女，子张峰、张振龙，女振凤、振秀。

2004年，刘喜莺在硬底村去世，年90岁。[1]

四孙女刘可卿（1926—2007），小名丑妮子，刘琎三女。嫁于王郭村王成保为妻。2007年去世，年82岁。

附：曾孙女刘秀珍（1931—2005），刘仲卿长女。民国三十七年（1948），嫁于西镇村任四货为继室，生五子一女。2005年去世，年75岁。[2]

（八）其他

除家庭内外成员外，《退想斋日记》对其弟子、友人等之"生老病死"也多有记载。兹据《日记》先后，简单罗列记有去世年龄者如下：

武尊三，太谷县南席村人，舌耕为业。年70岁去世。[3]

李之华，晋祠镇人，曾为刘大鹏主持缮修晋祠八经理之一。民国六年（1917）除夕去世，年74岁。[4]

陈剑秋，浙江山阴人，曾在柳子峪经营煤窑，民国八年（1919）闰七月去世，年53岁。[5]

刘映藜，刘大鹏业师刘午阳之孙，民国十年（1921）二月去世，年63岁。[6]

张某，硬底村人，民国十一年（1922）四月去世，年82

---

1 刘卫东：《刘氏一支子孙概况》，内部稿。
2 刘卫东：《刘氏一支子孙概况》，内部稿。
3 刘大鹏：《退想斋日记（稿本）》，光绪三十二年九月初五日。
4 刘大鹏：《退想斋日记（稿本）》，民国七年正月初七日。
5 刘大鹏：《退想斋日记（稿本）》，民国八年闰七月二十日。
6 刘大鹏：《退想斋日记（稿本）》，民国十年二月初一日。

岁。[1]

瘟疫，赤桥村因疫死亡一名8岁、一名5岁，一名11岁幼童。[2]

武肄三，太谷县南席村人，民国十一年（1922）八月去世，年71岁。[3]

武炎卿，太谷南席私塾二东家，民国十二年（1923）十月去世，年46岁。[4]

武广仁，南大寺村人，刘大鹏内弟，民国十五年（1926）六月去世，年69岁。[5]

杨卓人之弟，民国十六年（1927）二月在柳子峪坠崖而亡，年48岁。[6]

岳母王氏，北大寺村人，民国十六年（1927）七月去世，年83岁。[7]

李和，赤桥村人，民国十七年（1928）三月去世，年75岁。[8]

胡濂，胡海峰胞弟，民国十八年（1929）五月去世，年63岁。[9]

1　刘大鹏：《退想斋日记（稿本）》，民国十一年四月三十日。
2　刘大鹏：《退想斋日记（稿本）》，民国十一年十一月初三日。
3　刘大鹏：《退想斋日记（稿本）》，民国十二年二月十七日。
4　刘大鹏：《退想斋日记（稿本）》，民国十二年十月十五日。
5　刘大鹏：《退想斋日记（稿本）》，民国十五年六月二十二日。
6　刘大鹏：《退想斋日记（稿本）》，民国十六年二月初三日。
7　刘大鹏：《退想斋日记（稿本）》，民国十六年七月十七日。
8　刘大鹏：《退想斋日记（稿本）》，民国十七年三月二十九日。
9　刘大鹏：《退想斋日记（稿本）》，民国十八年五月二十三日。

张天一，东蒲村人，曾与刘大鹏合伙经营大官窑、后瓦窑煤矿。民国十九年（1930）三月去世，年72岁。[1]

武文广，柳子峪柴庄村人，民国二十年（1931）四月去世，年73岁。[2]

崔雪田，晋源南街人，老友，民国二十一年（1932）正月初十日去世，年72岁。[3]

任希天，赤桥村人，刘氏近邻。民国二十一年（1932）六月去世，年78岁。[4]

马骥，赤桥村人，曾任村长，民国二十一年（1932）七月去世，年71岁。[5]

陈寅庵妻，民国二十二年（1933）三月去世，年65岁。[6]

郝济卿，郜村人，甲午科举人，民国二十二年（1933）八月去世，年75岁。[7]

任秀琨，西镇村人，刘大鹏的书院同学，民国二十二年（1933）十二月去世，年70岁。[8]

民国二十三年（1934）四月，本县枪决东里解村一贩卖料料者，年23岁。[9]

---

1 刘大鹏：《退想斋日记（稿本）》，民国十九年三月二十五日。
2 刘大鹏：《退想斋日记（稿本）》，民国二十年四月二十一日。
3 刘大鹏：《退想斋日记（稿本）》，民国二十一年正月十二日。
4 刘大鹏：《退想斋日记（稿本）》，民国二十一年六月二十六日。
5 刘大鹏：《退想斋日记（稿本）》，民国二十一年七月十二日。
6 刘大鹏：《退想斋日记（稿本）》，民国二十二年三月十三日。
7 刘大鹏：《退想斋日记（稿本）》，民国二十二年九月十四日。
8 刘大鹏：《退想斋日记（稿本）》，民国二十二年十二月十二日。
9 刘大鹏：《退想斋日记（稿本）》，民国二十三年四月初四日。

武广礼，北大寺村人，刘大鹏内弟。民国二十三年（1934）七月去世，年65岁。[1]

杨某，太谷县阳邑镇人，民国二十三年（1934）十一月去世，年67岁。[2]

刘某，赤桥村人，刘午阳之孙，因染疫而亡，年15岁。[3]

刘二货，赤桥村人，民国二十六年（1937）三月，因吸食料面中毒而亡，年20余岁。[4]

村西北汽车路上，一驮煤者被日军汽车碾死，年20余岁。[5]

李春芳，赤桥村人，曾任赤桥村村长，民国二十九年（1940）三月去世，年65岁。[6]

刘大光之子，赤桥村人，民国二十九年（1940）五月，因染瘟疫去世（前数日已死三人），年35岁。[7]

民国三十年（1941）正月初十日，晋祠南门外日军枪毙"三名后生"，"系自南峪捉来"。[8]

郑三小，赤桥村秧歌班艺人，民国三十年（1941）二月去世，年38岁。[9]

---

1 刘大鹏：《退想斋日记（稿本）》，民国二十三年七月十六日、十九日。
2 刘大鹏：《退想斋日记（稿本）》，民国二十三年十一月十四日。
3 刘大鹏：《退想斋日记（稿本）》，民国二十五年正月十三日。
4 刘大鹏：《退想斋日记（稿本）》，民国二十六年三月初六日。
5 刘大鹏：《退想斋日记（稿本）》，民国二十九年三月初五日。
6 刘大鹏：《退想斋日记（稿本）》，民国二十九年三月二十八日。
7 刘大鹏：《退想斋日记（稿本）》，民国二十九年五月十四日。
8 刘大鹏：《退想斋日记（稿本）》，民国三十年正月初十日。
9 刘大鹏：《退想斋日记（稿本）》，民国三十年二月初三日。

陈寅庵，晋源东街人，清末贡生。刘大鹏好友，民国三十年（1941）五月去世，年75岁。[1]

王瑞泉，赤桥村人，刘大鹏邻居。民国三十年（1941）十月去世，年40余岁。[2]

民国三十一年（1942）四月，柳子峪牛家口一家，耕田时见一炮弹，拾之回家看视，突然炸弹爆炸，炸死三男，一人腿伤。[3]

以刘大鹏为核心，以上不厌其烦地从《退想斋日记》检出其家庭成员，包括其他友人、村人等所涉"生老病死"之情形，意在从其"详尽而反复"的记述中感知个体的生命史。值得注意的是，个体而外，群体性的"病"与"死"在《日记》中也多有记载。如民国七年（1918）三月二十七日，赤桥村赵迎春葬父，早餐吃面后三四十人中毒呕吐，少吃者呕吐数次，多吃者到晚上呕吐加剧。究其原因，系借来用以煮面的铁锅，之前曾用砒霜拌麦以杀虫，用时未曾洗净致之。[4]此可谓现今之食物中毒。群体性的死亡，尤其是因为瘟疫而亡的更令人心惊胆战。譬如，光绪二十八年（1902）六月，小店镇瘟疫流行数日，死亡五六十人。寿阳县死亡更多，"一村有毙数百人者"。[5]民国七年（1918）九月瘟疫盛行，"明仙

---

1 刘大鹏：《退想斋日记（稿本）》，民国三十年五月十三日。
2 刘大鹏：《退想斋日记（稿本）》，民国三十年十月初九日。
3 刘大鹏：《退想斋日记（稿本）》，民国三十一年四月二十八日。
4 刘大鹏：《退想斋日记（稿本）》，民国七年三月二十七日。
5 刘大鹏：《退想斋日记（稿本）》，光绪二十八年六月三十日。

峪中人皆被瘟，莫能下窑，停止已五六日矣"。[1]此次瘟疫，城乡间"染疫之人纷纷，有一家至十数口之多者"。"家无病人者十不获一，且闻有因疫而毙命者。"瘟疫死亡过多，棺材都成为"抢手"之物。[2]民国十一年（1922）冬，古寨村因瘟疫而亡者百余人。[3]民国十五年（1926）冬，北大寺村因疫而亡五六十人，刘大鹏经营的石门窑死牛13头，开化峪死牛一二十头。[4]至于国民党杀害共产党人，日军残杀百姓更为惨不忍睹。民国二十五年（1936）初，红军东征。二月，传言省城第一师范学校及国民小学校查获加入共产党的学生一二百人，皆被"立即诛戮，用土掩埋"。[5]抗战时期，晋祠南门外成为日军专门用来杀害中国百姓的场所，刺刀穿胸，火枪击毙，砍头示众，残忍之至。[6]

另可注意的是，《退想斋日记》所记家庭成员的"生老病死"及其友人、邻人等死亡年龄，毕竟是限于刘氏个人的所见所闻，亦毕竟是有局限性的个案。尽管如此，这样难得的个案，也为我们提供了一些可以进一步讨论的话题。

---

1 刘大鹏：《退想斋日记（稿本）》，民国七年九月十五日。
2 刘大鹏：《退想斋日记（稿本）》，民国七年九月十八日、二十一日、二十六日。
3 刘大鹏：《退想斋日记（稿本）》，民国十一年十二月二十三日。
4 刘大鹏：《退想斋日记（稿本）》，民国十五年十二月初八日，民国十六年二月初九日、二十九日。
5 刘大鹏：《退想斋日记（稿本）》，民国二十五年二月十三日。
6 刘大鹏：《退想斋日记（稿本）》，民国二十七年十月初八日。

二、一点讨论

（一）晚清乡绅的"生老病死"观

刘大鹏于光绪二十年（1894）乡试中举，一生除了两次公车北上参加会试，一次"赴汴会试"，游览过北京、天津、开封、大同外，绝大多数时间在太谷南席村和家乡太原赤桥村度过，可谓"足不出府"。我称他是一个地道的乡绅。

刘氏生于清咸丰七年（1857），此时中西交战的烽烟已在东南沿海燃起，地处内陆的山西虽有太平军北伐的马队经过，然太原一邑却有惊无险。九岁就读刘午阳门下的刘大鹏，开蒙即读《孝经》、朱子、小学，"孝悌忠信礼义廉耻"八字成为他自幼立身行事的根基，以孔孟之道为核心的儒家思想是他一生的价值追求。去世前数月，病痛卒于一身，有时不得出门，偃卧在床，他仍默默地背诵着《大学》《中庸》《孟子》篇章。他一生持守儒家孔孟之道，民国以来，战乱四起，教派丛生，众人以大难临头，入教则能免去浩劫而纷纷入教入道，甚有好友劝其加入，刘大鹏一概拒之。什么天主教、耶稣教、理善会、先天大道会、大成道会、密密教、金刚大道、同善社等，均被他视为旁门左道而拒绝参加。[1]他说自己读书一生，尊崇儒学，"平生惟受孔孟之教，未曾被他教所染也"[2]。"自古迄今，天下万世，不遵守孔孟之道，焉得为圣人之徒乎？"[3]他的人生追求是持守儒学，希圣希贤，不为其他异

---

1 刘大鹏：《退想斋日记（稿本）》，民国十一年三月十四日。

2 刘大鹏：《退想斋日记（稿本）》，民国二十三年十月十九日。

3 刘大鹏：《退想斋日记（稿本）》，民国二十六年十一月十一日。

端邪教所迷惑。

对于生老病死,他也以儒家的思想去认识、去对待。

"不孝有三,无后为大。"在刘大鹏看来,传宗接代是孝敬父母最重要的事情。他时常感慨自己无兄无弟,赤桥村中刘一支繁衍不盛。民国二年(1913)七月,"小妾"史竹楼生一男,刘大鹏57岁得子,他高兴地为其取名韵珂。八月,长子刘玠妻又生一男,此时刘大鹏已有五子三孙。按捺不住喜悦之情,他奋笔写下一首《生孙诗》:

>方才生子又生孙,瑞叶宜男萃一门。
>麟趾呈祥刘氏宅,螽斯衍庆赤桥村。
>先人德泽留遗远,后嗣家庭似续繁。
>瓜瓞绵绵欣致咏,力行善事答天恩。[1]

刘大鹏的父母双亲均以高龄离世,生前"事之以礼"毋庸赘言。"死,葬之以礼,祭之以礼。"南北朝以来,释、道两教在晋水流域盛行不衰,凡双亲去世,多行"延僧诵经",即葬礼前一日延请僧道诵经,以超度亡灵,为免去死者之罪。家资富裕者,夜初在村内街上诵经,谓之"跑外坛"。进入家院后登台诵经,俗称"坐法台",直到夜半乃至。甚有葬日仍然念经半日,僧道多达二十多人者。让刘大鹏感到不解的是,读书人家,诸如他的朋友刘仲经、孙莅堂等,父母离世也请僧道诵经超度。若有不行此礼者,反为乡邻嗤之,以为不孝。

---

[1] 刘大鹏:《退想斋日记(稿本)》,民国二年八月初二日。

刘大鹏以"明清两代之律，凡丧家用僧道念经者系杖八十之罪"衡此，认为这是一种陋俗。他以士自认，感慨地写道："士为四民之首，平居乡里，所言所行，使诸编氓皆有所矜式，乃不能化一乡之人，而反为乡人所化，不足以为士也。"[1]父母溘然长逝，似天崩地陷，眼花花，发苍苍，日事昏迷，恰似一疯癫之人。他均依儒家葬礼行事，不用僧道作法事。丧事即毕，他会尊行百日剃头之礼。父母忌辰，他坚持不饮酒、不食肉，终其一生。去世前一月，他率孙侄修筑祖茔石堰陆续十余次，大致将损伤之处补修一遍，几乎"无一处不经手"。[2]这就是他持守的儒家孝道，也是他"葬之以礼，祭之以礼"的处事之道。

病痛有多种，每个人一生都会面临不同的病痛，对病痛的反应、认知、应对也会多种多样。《日记》不厌其烦地记述了刘氏家庭成员的各种病痛，同样反映着晚清举人刘大鹏对病痛的认识和应对。自身得病，他以身体发肤，受之父母，不敢毁伤的儒家伦理提醒自己，并以有病会使父母担心而自省。父母和家人染病，他急得四处寻医，请其来家诊治，服方、洗方有方则用。医者多人诊治，服药无数，病情仍不见轻，他会派人或亲到四十里外的西峰村求张云程扶乩立神方。此张云程，是刘大鹏在省城崇修书院肄业时同窗好友，他在书院曾多次亲见张氏"扶乩开方，为人疗疾，甚有效验，较

---

[1] 刘大鹏：《退想斋日记（稿本）》，光绪二十三年正月十五日。
[2] 刘大鹏：《退想斋日记（稿本）》，民国三十一年六月二十二日。

医家平妥之至"。[1]光绪二十二年（1896）春正月，刘母咳嗽多日不愈，他先后请来杜寿山、孙奠臣前来诊治，服药数剂，病不见效，他无奈地写道："吾乡良医甚少，即远处亦不闻之，若夫庸医，余不惟不信，而且不敢延之疗治也。"[2]本应二月初即赴南席村教馆的刘大鹏，特到张云程处求来乩方。《日记》中有多处谴责庸医只顾赚钱而不顾人命的文字，即使多年老友亦在所难免。光绪三十三年（1907）正月以来，妻子武氏旧病复发，多位医者来家诊视无效，父亲大人因儿媳之病，"心常不悦，动辄生怒，不愿与人相见"，刘大鹏则"急火攻心"地骂道：

> 行医一事，易坏心术。其视人之疾病，若秦人视越人之肥瘠，漠然不关喜戚于其心，一惟利之是趋，并不以济世活人为念，此等医人，罪大恶极，其不受天谴者鲜矣。[3]

病急乱投医。既视"良医甚少"，年事渐长的刘大鹏每遇家人病痛，多会延张云程扶乩立方，诊治疗疾。再后来，他又经常会到晋祠吕祖阁求签问药。在他的心目中，吕祖"无日不在天下"。晋祠吕祖阁药方为赵雪堂、赵焕兄弟祈求省城纯阳宫吕祖神方而来，后经宁寿祺、张天祐两位晋祠名医校

---

[1] 刘大鹏：《退想斋日记（稿本）》，光绪二十二年二月十二日。
[2] 刘大鹏：《退想斋日记（稿本）》，光绪二十二年二月十二日。
[3] 刘大鹏：《退想斋日记（稿本）》，光绪三十三年三月十九日。

正，药效喜人，经久无谬。民国年间，刘大鹏将其心血之作四十二卷本《晋祠志》删繁就简成为十六卷本，在增少删多的篇幅中，特立吕祖阁《晋祠四人传》以彰其事迹。[1] 20世纪30年代后，刘氏多会在晋祠赛会祭祀吕祖之日，前往吕祖阁参拜，或问一地之安危，或求免受祸乱，或抽签祈雨，或求签治病。三女碧英久病，史竹楼染疫，他都不顾年老多病之躯，登升上百个石阶到吕祖阁求签问药。小儿子鸿卿为母亲求吕祖神方，竟然"服药见效"，他会心生喜悦。[2] 吕祖而外，他甚至会求善婆立方，或直接请善婆来家为家人治病。[3] 病痛面前，持守儒教的刘大鹏会去求吕祖、求大仙、求善婆，这是一个有血有肉有情有感的刘大鹏。

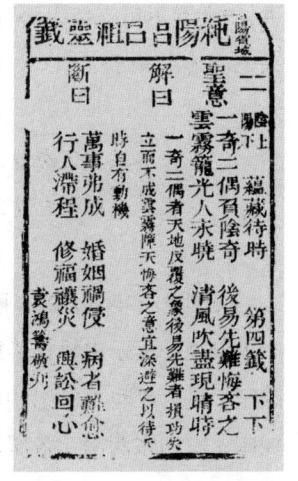

晋祠吕祖阁卦签

死生由命。自身和家人的病痛与死亡，刘大鹏多归罪于自己不孝不德。光绪二十八年（1902）十一月中下旬，时在南席村授徒的刘大鹏，本应于十二月结束一年的教书生涯回到赤桥村。不幸的是，大概是发重感冒（他称之为"寒虐"），他先是只冷不烧，后又高烧数日，吃药无数，饮食不

---

1 事见本书《一部〈晋祠志〉 前后两版本》。
2 刘大鹏：《退想斋日记（稿本）》，民国二十九年五月二十八日。
3 刘大鹏：《退想斋日记（稿本）》，民国二十五年四月二十五日、二十六日。

进,"大有不可支持之势"。身在异乡托病不起的刘大鹏写下来一首《卧病诗》:

> 隆冬风雪正交驰,病卧他乡敢怨谁。
> 惟是返躬深自咎,未尝修德在前时。[1]

民国十五年(1926)隆冬,晋水流域瘟疫盛行,家中近十人染疫。妻子史竹楼染疫多日;三子刘玹、四子刘琒染疫卧床,过大年也不能出门拜客;次孙精忠、三孙恕忠亦染疫在床;家内东西南北各屋都东倒西歪地躺着病人,北大寺村内弟郭赓武被请来照料病人20余日。更令他悲恸的是,七岁的孙子赓忠、七岁的孙女喜楣、四岁的孙女喜龄相继因瘟疫病殇!他认为,天降瘟疫,均由人之不德所致。三个孙辈夭亡,也是天夺其命,"此予之不德所致也",不能怨天尤人:

> 予年七十,家中近遭瘟疫之灾,身似处于红火坑中,而心却超以象外,不以困厄所挠,不以疾病所累。虽大败财至于穷困不堪,而亦视为固然。谓为命之所定,分之所宜,何敢怨天尤人,抒发不平之气。[2]

人是有情感的动物,生老病死为"命中注定",喜怒哀乐亦人之常情。对家人的亡失,刘大鹏悲恸之至。而对一些与

---

[1] 刘大鹏:《退想斋日记(稿本)》,光绪二十八年十一月二十七日。
[2] 刘大鹏:《退想斋日记(稿本)》,民国十五年十二月初六日。

自己有纠葛甚或视为敌手之人的死亡，他会表现出漠然甚或快意的心绪，甚至在梦中也多有流露。民国十六年（1927）十一月初，他做了一个"不寻常"的梦：梦境中的晋祠别开生面，处处为之一新，青山绿水，互相掩映，分外新奇。有目眩神迷之状，又有书不胜书之慨。他对此梦有一个解释，即民国初年修葺晋祠，几位晋祠镇人从中侵蚀布施，刘大鹏挺身指斥反遭诬陷，从此"晋祠人遂视予为仇敌"。现时"被神诛者已有数人，其未伏诛者尚有一二人存焉。昨夜之梦其殆，神示予之兆乎？梦不寻常，必非无由也"[1]。这里的"晋祠人"，实指牛玉鉴、杜桓、张永寿等三人。民国八年（1919）正月，杜桓去世，《日记》写道："晋祠杜桓于本月二十五日死，商民莫不交贺，以素日均受其害也。人死宜哀，而反贺之，可见若人之贤否矣。死不足惜，所可惜者死后令人致贺耳。"[2]民国十二年（1923）四月，他梦到杜桓、张永寿被囚在监，愁苦不堪。[3]民国十四年（1925）十月，他又夜梦传言官斩罪犯牛玉鉴。[4]当然，梦境总归是梦境，后来他与牛玉鉴同为保存古迹古物委员会委员，一同参与了许多地方事务，或一同调解乡事纠纷，表面上算是和好如初，此一时彼一时也。

对韩金成的死，刘大鹏认为是罪有应得。明仙峪有石门窑，号"德昌庆"，韩金成系世传窑主。早在民国三年

1　刘大鹏：《退想斋日记（稿本）》，民国十六年十一月初七日。
2　刘大鹏：《退想斋日记（稿本）》，民国八年正月二十八日。
3　刘大鹏：《退想斋日记（稿本）》，民国十二年四月初七日。
4　刘大鹏：《退想斋日记（稿本）》，民国十四年十月十四日。

（1914），石门窑窑主韩效晋去世，留下孤儿寡母，亏空益多，有人请刘大鹏成全此事，他遂以每年窑价钱三百千文租之，组建德昌庆经营。[1]初订约五年为期，后再续十年，[2]至民国十八年（1929）已达16年。"虽未大发财源，却年年稍有赢余，尚未亏累。"[3]应该是韩金成成年以后，看煤窑有利可图，欲收回自办。而刘大鹏认为，韩金成"被人蛊惑，遂至食言反约，负义忘恩"[4]。民国十八年（1929），韩金成前脚刚与刘大鹏签了租约，刘大鹏投入资金与人力准备开采时，韩金成后脚却提出收回自营的要求，且不予清账赔偿，强行带人下窑采煤。当年九月初四日，刘与韩因窑事"大生纠葛"，韩金成不听其请来的调解人意见，刘大鹏用手拉韩出外，被韩用肘戳其左臂小腹，又捶其倒卧在地，年过七旬的刘大鹏遂昏迷不省人事，直到夜半方才苏醒。[5]民国二十九年（1940）将近年关，刘大鹏听说韩金成因吸食料面，并且贩卖料面被红军处死。他认为，韩金成这样一个忘恩负义之人，"积恶多端，宜乎死于非命"，罪有应得。[6]

对于不孝子郑三小的死，刘大鹏视之为天诛。郑三小，赤桥村秧歌班人。民国三十年（1941），92岁的老母亲韩氏尚

1　刘大鹏：《退想斋日记（稿本）》，民国三年正月初十日。
2　刘大鹏：《退想斋日记（稿本）》，民国八年二月十八日。
3　刘大鹏：《退想斋日记（稿本）》，民国十八年九月初五日。
4　刘大鹏：《退想斋日记（稿本）》，民国十九年二月初八日《后瓦窑祭祀窑神祝文》。
5　刘大鹏：《退想斋日记（稿本）》，民国十八年九月初五日。
6　刘大鹏：《退想斋日记（稿本）》，民国二十九年十二月二十八日。

在世，郑三小不仅未能尽孝，而且经常辱骂老母。有一天，韩氏到刘家含泪告诉刘大鹏，其子三小已病卧在床二十多天，早起仍在辱骂她，刘大鹏气得说是"可见三小心早先死"[1]。不到十天，郑三小年仅38岁去世，刘大鹏说老天真有眼呀，处死了郑三小这个"逆子"！越一日，埋葬郑三小，秧歌班众人助丧，且雇八名乐工送葬，村人不以郑之不孝为非，反谓其可怜。刘大鹏认为此："是非颠倒，皂白不分，宜乎世乱不止也。然此由予不德已甚，莫能感化不孝之子改悔其心，变不孝为孝耳，予罪亦大矣。"[2]翌年即将离世，以孝行天下的刘大鹏仍想着矜式乡里，裨益感化。孰知山中方七日，世上已千年。

（二）亦儒亦医

"秀才学医，笼中捉鸡"，读书人涉足医学是再容易不过的事情了。中国古代文人墨客，以中医为题吟诗挥毫者不乏其人，王羲之、王献之、苏轼、张旭都有中医名帖传世流播，而辛弃疾那首《满庭芳·静夜思》，据说全词竟有25味中草药药名。医术是读书人的谋生手段之一，即使为了家人的生老病死也需要懂得医理，更何况"为人子者，不可不知医"，学医也是儒家孝道的一部分。

刘大鹏终年86岁，其自光绪十七年（1891）开笔《退想斋日记》后，《日记》中随之出现了众多行医之人，接二连三步入刘宅或南席村塾馆的医者可以列出一长串：杜寿山、张

---

[1] 刘大鹏：《退想斋日记（稿本）》，民国三十年正月二十三日。
[2] 刘大鹏：《退想斋日记（稿本）》，民国三十年二月初三日。

永寿、张云程、郜子玉、兰若寺住持、高三元、西寨村老医人、曹凤魁、高振兴、秦医生、胡海峰、李医生、秦蓉舫、南马村某医生、张和、崔某、天龙山某和尚、王郭村张医生、牛玉鉴、孙某、郝某、孙奠臣、张雪珊、杨永和、张月轩、白玉山、邻姐（针刺）、武肄三、郝六吉等。其中胡海峰，光绪八年（1882）考列优等，选入令德堂学习，曾任闻喜县教谕、山西大学堂中斋教师等。刘大鹏对胡海峰极为佩服，他说胡氏"在令德堂为诸生之冠"[1]，以此引为莫逆之交。刘氏多次延请胡上门为其家人治病立方。张云程是刘大鹏在崇修书院的同窗好友，早年即扶乩立方闻名书院。自记日记开始，便有张云程三番五次出入刘宅治病的记载，有时家人病急，刘氏亲身或派人到几十里开外的西峰村求张氏扶乩立方。胡海峰、张云程是为刘家祖孙三代治病最多的医者。晋祠的牛玉鉴、张永寿二人，均为生员，虽于民国初年修葺晋祠时与刘大鹏发生纠葛，但前后到刘家治病的记载亦屡见屡现。其他如郜子玉、秦蓉舫、孙奠臣、张雪珊、张月轩、白玉山、武肄三均有秀才一级身份。杜寿山虽未有科名，但年五十仍应童生试。即使如兰若寺住持、天龙山和尚，起码也是知书懂医之人。以刘氏一家推而观之，乡间民众的生老病死大多是由这些医者望闻问切、立方诊治，或有稳婆、乳婆、善婆、大仙、狐仙活动其间。

举人刘大鹏虽不以医者自许，但他也和许多朋友一样大致也懂医理。在南席村教书期间，他就曾诊视东家武佑卿

---

[1] 刘大鹏：《退想斋日记（稿本）》，光绪二十三年四月二十五日。

"神气不佳，脉象不好"[1]，也有人请他上门诊治病痛。刘氏一门三代，家中人口有时多达十几近二十人，生老病死时有发生。除了延请医者来家诊治外，相当多的时候是针对不同病情自主用药。尤其是刘大鹏自身得病自主用药更多。罗列《日记》中出现的药名，也是长长的一串：百而散、龟龄集、生化汤、普清丹、金鸡纳霜、万应散、焦山楂、鱼肝油、万金丹、梅花点舌丹、定中丸、化滞丸、理中丸、通肾丸、藿香正气丸、大黄、仁丹、川军、六神丸、人参、滑利大便油、银花、黄芩，等等。其中，万金丹，刘大鹏说是家传灵药。吃洋烟也是解除病痛的一种方法，《日记》中有刘大鹏遇有腹泻、咳嗽时吃洋烟调理的多处记载。[2]家人及朋友中也有多人多次吃洋烟以解病痛。应当提到的是，除了中医中药外，刘大鹏并不排斥西医西药。四子刘琎之女小时候患虫疾，就吃过西药水。[3]五子鸿卿小时候有一次吞食毒物，"用洋药粉灌之，夜半乃罢"。他说，此洋药粉，为光绪十三年（1887）父亲大人购得，凡吞食洋烟，可以此药解毒，也有乡里多人来家求此药粉，"救人无数"。至民国十年（1921），家中尚有两瓶半。[4]民国十六年（1927）六月，刘大鹏腹泻连续十日，他先服川军，再服洋药，"似乎有效"[5]。民国十九年（1930）九

---

1 刘大鹏：《退想斋日记（稿本）》，光绪三十三年七月二十五日。
2 刘大鹏：《退想斋日记（稿本）》，光绪二十一年闰五月十六日、光绪二十九年正月初九日、光绪三十二年八月初九日、民国三十年十一月初一日。
3 刘大鹏：《退想斋日记（稿本）》，民国二十年八月十一日。
4 刘大鹏：《退想斋日记（稿本）》，民国十年十二月初七日。
5 刘大鹏：《退想斋日记（稿本）》，民国十六年六月十四日。

月，接到次孙精忠来函，言其手痛多日，先经西医治之无效，后又改为中医较为有效，"费钱太多"[1]。生老病死相煎熬，刘氏持守的儒家"夷夏之辨"，在家人的生老病死面前也显得软弱无力了。

读书人不仅可以"出将入相"，而且可以从教从医。在刘大鹏的朋友圈内，不仅有许多由儒而医者，也有许多亦儒亦医者。刘大鹏的前半生以读书科考设帐授徒为业，但他却很注重收集、抄录各种验方，亦可谓亦儒亦医。服方、洗方、占方、偏方在其《日记》和其他著述中都多有提及和抄录，列出来也是一长串：妻子武氏浑身疼痛和父亲病痛，他都录有从西峰村张云程处求来的药方、洗方、服方；[2]光绪二十年（1894）年六月，录治妇人血脱良方；[3]光绪二十二年（1896）正月，录林文忠公戒烟方；民国十二年（1923）正月到南席村，录武肄三所传妇人产后方、消风丸方、洗眼良方。同年十月，在太谷阳邑镇录治男女老少小儿诸症方、吕祖塞鼻丹药方、治牙痛神效方、治手足麻木神效方、治妇女腰腿痛神效方；[4]去世前的三个月，史竹楼到晋祠吕祖阁为他求签，录药方两则。[5]在其成书于民国十二年（1923）的《弹琴余话》中，卷二抄录治夫人产后病方、消风丸方、治疯狗咬伤方、

---

1 刘大鹏：《退想斋日记（稿本）》，民国二十年九月初十日。
2 刘大鹏：《退想斋日记（稿本）》，光绪二十八年五月十八日、光绪三十三年九月十一日。
3 刘大鹏：《退想斋日记（稿本）》，光绪二十年六月初十日。
4 刘大鹏：《退想斋日记（稿本）》，民国二十一年二月二十八日、十月十九日。
5 刘大鹏：《退想斋日记（稿本）》，民国三十一年四月十七日。

治吐血方、治喉咙症方、治便血奇方、治便血经验方（又一方）、治膨病之奇效简方九则，卷四又抄录神效黑神丸、九仙丹方、治疯狗咬伤方（与卷二方不同）、治红白痢泻肚神方、治膨病治奇效简方（与卷二同）五则。[1]记得40年前在山西省图书馆摘抄《退想斋日记》时，日记簿的夹页中亦时有刘氏抄录的药方出现。

医者、药品、药方，在刘氏的著述中可谓随处可见，他虽不从医，却也是半个医者了。

（三）"详尽而反复"的生命史个案

即如衣食住行一样，生老病死亦人人皆有，大概可以归之于具有日常性、反复性特征的"日常生活"一类。伊格尔斯强调指出，不能把多数人看作是一个群体中的一部分，而应该看作为决不能消失在无名的群体之中的各个人。历史不是吞没了许许多多个人的统一过程，而是有许多个别中心的一股多面体的洪流。[2]一个生活在日常的普通人，尽管他的身份地位没有那么高大，也不具备什么代表性，但我们仍然可以从中发现某个特定历史时期里某一生活阶层的一些特征。这是因为，不同的个体和不同的群体，都会根据自身的条件与周围的环境形成自身的行为方式和生活方式。站在男人、女人、双亲、子女生老病死的角度研究社会，需要我们去关注那一个个活生生的生命体，一个个从生到死的生命史。本

1　参见本书《刘大鹏及其〈退想斋日记〉》。

2　（美）伊格尔斯著，何兆武译：《二十一世纪的历史学——从科学的客观性到后现代的挑战》，沈阳：辽宁教育出版社，2003年版，第118页。

文开篇所举玛莎·巴拉德27年的生活日记，记录了她的家庭事件和她在缅因州边境作为助产士的生活。"详尽而反复"的814次助产分娩，看似琐碎平淡，但它提供了"美国早期城镇分娩实践和产科死亡率的首次全面统计"[1]，"通过恢复18世纪生活的一个失落的底层结构，它改变了这一时期大部分历史所依据的证据的事实"。

刘大鹏所著《退想斋日记》，并非一部专门记录家人及自身生老病死的专书，也比不上玛莎·巴拉德对814次助产"详尽而反复"的记录，但它毕竟为我们提供了一个难得的个案。通过这样一个个案，可以从人口统计学角度，统计婴儿出生率、婴儿早殇率以及出生率、死亡率、男女结婚率、男女婚龄、人口平均寿命等。这样一个个案，是否与那个时代一般的人口统计相吻合？阎锡山时代号称"模范省"的山西人口统计是否真实可靠？

另外，《退想斋日记》及刘氏遗存著述，抄录了许多中药药方，这些药方是否真有奇效？治疗同一种病痛，那个时候的药方与现今流行的中医药方是否有变化？此间经历了怎样的演变过程？

我对中医药一窍不通，现抄录两则，供识者参考：

其一，治妇人血脱经验良方：
槐子五钱，炒微黄，研极细；管仲五钱，炒微黄，研

---

[1] Laurel Thatcher Ulrich, A Midwife's Tale: The Life of Martha Ballard, Based on Her Diary, 1785-1812, NewYork, 1990, p33.

极细；陈醋为引水，煎成，用细罗将药渣滤尽，二三次服。

治妇人产后血晕经良验良方：

真朱砂一钱研细，真百草霜一钱，黄酒冲服。百发百中，无不验。

余先祖在世时，曾派一料，治妇人血晕。药面置在一磁（瓷）罐中，施舍于人。邻里乡党皆知吾家有此药，常常求之。药到病好，效验甚速。每一服药面，一酒樽，红花三钱为引。自先祖仙逝后，此方不知归处，欲再派一料，亦无其方。于今此药面尚有，但无多耳，恐再阅一二年，不给邻里所求也。父母二大人常谕我购一治血晕良方，以续前药，预备施舍。今得此方，但未知能先祖所留之药否，必待试验一二次，然后信之。[1]

其二，治手足麻木神效方：

先吃木耳（三两），热黄酒送下后，吃汤药。方列下：

熟地一两；钩籐一两；天麻一两；当归一两；川芎一两；桂枝一两；白芍一两，酒炒；水煎温服，重者五六付，轻者二三付。

立夏前霜后可用，忌腥荤生冷风寒。[2]

以上不厌其烦地摘引刘大鹏《退想斋日记》中的个体"生命史"及其相关讨论，读者诸君是否亦有不胜其烦之感？落笔至此，不胜惶恐。

---

1 刘大鹏：《退想斋日记（稿本）》，光绪二十年六月初十日。
2 刘大鹏：《退想斋日记（稿本）》，民国十二年十月十九日。

抗战叙事

抗日战争是中国人民抗击日本侵略者的"全面的全民族的抗战"[1]。抗战史的研究伴随着硝烟弥漫的抗战即已起步，战后有关抗战的资料整理、研究论著、口述回忆等更似雨后春笋。大致而言，一个较长的时期以来，抗战史研究的主线是日本帝国主义的侵略和中国人民的反侵略，政治史和军事史占据主导地位。改革开放以来，抗战史的研究领域不断扩大，有关抗战的经济史、社会史、文化史成果明显增多，新理论方法的尝试也在不断的实践中。近十年来，抗战史研究朝着"十四年要贯通下来统一研究"的目标跟进，尤其是"资料收集和整理这一基础性工作"的快速进展，更给人以生机勃勃之感。

就地域而言，自1931年九一八事变到1945年全面抗战胜利，十四年的抗日战争期间，长城内外、大江南北出现了三种不同色彩的区域：中国共产党领导下的根据地，国民党和国民政府统治下的国统区，日本人扶植的伪政权统治下的沦

---

1 毛泽东：《和英国记者贝特兰的谈话》，《毛泽东选集》第二卷，北京：人民出版社，1952年版，第345页。

陷区。学界过去对根据地的研究着力较多，国统区的研究在改革开放后进一步开展，而沦陷区的研究相对薄弱。在我看来，沦陷区研究的相对薄弱正是沦陷区历史复杂性的反映：这里不仅有日本侵略者的残暴，又有侵略者扶植的伪政权的压榨；日、伪之间既有狼狈为奸合作的一面，又有矛盾和冲突的一面。沦陷区的历史既是日本殖民统治的历史，又是中国沦陷区本身的历史；沦陷区内既有我们痛恨的"汉奸"，又有更多的不愿做亡国奴的民众。全面而完整地研究十四年的抗日战争史，不仅需要继续深化根据地和国统区的相关研究，也需要对沦陷区研究这个短板补齐和加强。

根据地、国统区和沦陷区有其本质的不同，即使是在本质相同的沦陷区，因为各种力量的对比不同，甚至因为历史、地理或文化上的不同，不同的沦陷区也有其不同的抗战历史，这就是抗战时期毛泽东即已指出的中国社会发展的不平衡性。近年来，学界有关开展区域抗战史研究的呼声渐高，将抗战时期政治、军事、经济、社会、文化结合起来的整体研究论著开始出现。不过，就笔者有限的了解而言，有关沦陷区研究的资料来源，大多仍然局限在某些政要和军事将领的个人回忆录或口述资料，或有少量的报刊资料，下层社会的声音仍然很是微弱。资料的限制同样是研究的限制，这种现象与研究"全面的全民族的抗战"有着相当的距离。

这里提供的是一个沦陷区的个案。叙事的主人公刘大鹏，清咸丰年间生于山西太原县赤桥村，终于抗战相持阶段的1942年。他于光绪二十年（1894）考取举人，历经甲午战争、戊戌变法、义和团运动、清末新政、辛亥革命等"大事件"，辛亥鼎革后仍以"大清之人"自居而不承认民国正统。九一八事变爆发后，他开始逐渐承认民国。既痛恨日本侵略，又痛恨中央和地方政府，对沦陷区"民穷财尽"和"亡国奴"的苦难生活深感同情。其所著《退想斋日记》，涉及抗战时期的部分，除民国二十四年（1935）缺失外，现存民国二十年（1931）到民国三十一年（1942）去世前12年的日记，亦即相对完整的抗战时期日记。

虽然迄今为止有关刘大鹏及其《日记》的研究已有不少成果，个别论文也涉及抗战时期太原地区的粮价、演剧、民间信仰、民众生活及刘大鹏的生存逻辑等问题，[1]但此类研究大多"抽离"有限而贯通不足，其中的原因大概与只读已经出版的标注本《退想斋日记》而未读《日记》全部稿本多少有些关系。英国学者沈艾娣是读过《日记》稿本的，但她也是"抽离"地读过来的。其专著《梦醒子：一位华北乡居者的人生（1857—1942）》[2]，是迄今为止本领域唯一的一部专著。该书将刘大鹏的一生以其不同时期的社会角色，分为写

---

[1] 相关的论文如任吉东：《近代太原地区的粮价动向与粮食市场——以〈退想斋日记〉为中心》，《中国农史》2003年第4期；郝平：《〈退想斋日记〉所见全面抗战时期的民众生活——以太原为中心》，《史林》2025年第4期；韩晓莉：《社会变动下的乡村传统——〈退想斋日记〉所见清末、民国年间太原地区的乡村演剧》，《史学月刊》2012年第4期；郝平：《嬗变与坚守：近代社会转型期晋中的民间宗教活动——以〈退想斋日记〉为中心》，《世界宗教研究》2012年第6期；周山仁、马恒：《一个保守绅士的乱世生存逻辑——以抗战时期的刘大鹏为例》，《民国研究》2015年第1期等。

[2] （英）沈艾娣著，赵妍杰译《梦醒子：一位华北乡居者的人生（1857—1942）》，北京：北京大学出版社，2013年版。

作、儒生、孝子、议士、商人、老农等六章，而对抗日战争时期仅作为"尾声"匆匆收笔，显然对相关问题没有足够的重视。在通读稿本《退想斋日记》的基础上，结合其他相关资料，本节铺展刘大鹏这位晚清举人笔下的抗战叙事，意在展现太原沦陷区抗战时期的民众生活和社会面相，以及刘大鹏此间的所见所闻和所思所想，或可为我们提供一个与宏大叙事有别的地方抗战图景。

一、"大清之人"

清咸丰七年（1857），刘大鹏出生于山西太原县赤桥村。村在汾河西岸，毗邻三晋名胜——晋祠，距太原府城西南五十里，距明清太原县城仅十里，属于现今所谓的"城乡接合部"。祖上世居赤桥官道社，[1]"以耕稼为恒业"。父亲刘明早年习武，咸丰初年"应武童试，数奇不获，遂改营商务而家业以成"[2]。光绪十年（1884），刘明到太谷县里满庄设铺开店，经营木材生意，直到终老。

刘大鹏"九岁从师读书"，受业于同村塾师刘午阳。刘午阳设帐授徒，"教人不沾沾于举子业"，而"必勖以孝悌忠信礼义廉耻诸大端"。[3]刘午阳门下凡十余年，"备读经史诸书"，这对刘大鹏一生立身行事产生了深远的影响。光绪元年

---

1 参见孙贺：《晚清以降赤桥村社组织的考察》，载行龙主编、曾伟副主编：《在田野中发现历史——学生田野调查报告（赤桥篇）》，北京：中国社会科学出版社，2021年版，第59—79页。
2 李成瀛：《刘明墓志铭》，刘大鹏后裔刘卫东提供。
3 刘大鹏：《刘师竹先生传》，见《晋祠志》，第480—481页。

（1875），十九岁的刘大鹏娶郭氏为妻，四年，长子刘玠出生，刘大鹏"入泮采芹"，可谓双喜临门。"年二十三，肄业太原县桐封书院"，得到山长王效尊的"激赏"，光绪七年（1881）即赴省城崇修书院研读。

崇修书院的十年，正值山西"丁戊奇荒"后社会经济的艰难恢复期，刘明在太谷县开设的木店刚刚起步，刘氏家境想必不会宽裕。与那些锦衣玉食的富商子弟相比，刘大鹏显然"俭约过甚"。但他却勤奋好读，律己严谨。除崇修课业外，他会经常到晋阳书院、令德堂书院听课。他最为服膺的是崇修书院山长张公甫和晋阳书院山长李菊圃，两位山长"常升讲堂，讲小学，说诗书"，和刘午阳一样"示诸生躬行之学"。言传身教，刘大鹏意识到："凡人读书，万不可不读朱子小学。小学者，为圣为贤之基趾也。"从此，自幼爱读经史之书的刘大鹏，又好看理学诸书，且更加鄙弃徒事词章之学。同窗乔沐青谓其："虽习举子业，而究非专以举子业为心。"[1]大概就是因如此"不务正业"，直到光绪十九年（1893），刘大鹏"七科而不中"举人。从光绪十八年（1892）起，他有点无奈地到赤桥村附近的王郭村当了私塾先生。屡战屡败而又屡败屡战，这是科考士子的普遍心态。科考失利而为塾师，既得束脩又可备考，这是多数士子的职业选择。就在不断抱怨教书甚苦壮志未酬的苦闷心绪中，光绪二十年（1894），长子刘玠童试入泮，自己秋闱中举，两桩喜事恰似强心剂一样给失去登科信心的刘大鹏增添了自信。

---

[1] 乔沐青：《创修〈晋祠志〉序》，《晋祠志》，第4页。

乙未、戊戌两科，刘大鹏两次公车北上会试均名落孙山。光绪二十一年（1895）初次参加乙未科会试，虽然出师不利，但一路公车免税通行，贡院极为雄壮的铺排，京都之繁华宏阔，都给第一次出远门的刘大鹏以极大震撼。他深叹京都扰扰攘攘，"竟尚虚体面"，"无一事不见奢华"。又认识到"京都习尚写字为先"，而自己"生平最短写字"。进京会试，如梦一场。回来以后，他托人自京都买回《皇朝经世文编》等书籍，开始攻读时务文论，"心中又有别一番意见矣，乃知时务之不可不知也"[1]。光绪戊戌（1898年）会试三场考毕，怀着"中与不中亦惟听诸天命而已"的心态，他和郝济卿、李仙洲三人一同坐火车到天津游览六天，"浅陋耳目颇觉较前扩充矣"。两次公车北上，适逢甲午战争和戊戌变法两大事件，刘大鹏虽非鼎立潮头的弄潮儿，但他毕竟在京师耳闻目睹了较常人更多的事件信息。甲午战争也影响到了山西，晋中一带不时有大兵过境，支差摊派，百姓苦之。一路风尘刚回到家乡，刘氏在《日记》中就记道："倭寇扰乱一事，人皆在意。近闻讲和，即农夫野人莫不曰此万不可者也。余自旋乡，满耳都是此言。"[2]相对而言，戊戌变法那场由士人发动的上层运动，在地方社会却没有什么反映。对"农夫野人"而言，戊戌年并没有什么特别之处。

光绪二十一年（1895）会试落第回乡后，翌年二月，刘大鹏又重操旧业，来到太谷县南席村武铁䥽家塾坐馆，三年

---

1 刘大鹏：《退想斋日记（稿本）》，光绪二十三年八月初一日。
2 刘大鹏：《退想斋日记（稿本）》，光绪二十一年五月初九日。

后又转换东家同族武佑卿。武氏为南席村富商大族，刘大鹏又身为举人，定馆时即明确每年脩金一百，一日三餐东家备办，待遇当为丰厚。然而，刘大鹏并志不在于此，他说出门教书只是为了糊口，舍己之田耕人之田，甚可谓"龌龊之极"："读书之士不能奋志青云，身登仕版，到后来入于教学一途，而以多得几〔个〕脩金为事，此亦可谓龌龊之极矣。"[1] 从光绪二十二年（1896）到宣统元年（1909），他在南席村教书十三年，其间又经历了世纪之交的义和团运动。山西是义和拳活动的主要地区之一，晋祠则是晋水流域各股义和拳势力汇聚的场所，汾河两岸多个村庄教民被杀，教堂被焚，教民多逃往洞儿沟。赤桥村虽无教民，然"男女老幼莫不惶惶"。太原县以外，附近的榆次、太谷、徐沟、清源各地义和拳蜂起，刘明经商的太谷里满庄和刘大鹏教书的南席村皆有义和拳的活动。在他看来，义和拳是由治入乱之时，而"乱"的根源就是"洋夷扰乱中华"。"海禁不开，洋夷莫能入我疆，洋夷不来我中华，中华何能有教民？"[2] 正是由于士农工商之外，又有了一个教民群体，且教民在地方官的袒护下横行乡里："致使民怨愈深，教势愈张，有不可收拾之势。义和拳之起殆由斯乎！"庚子义和拳起，辛丑和议签约，清廷实行新政。洋夷猖獗、官媚洋人、教案迭起、加征加税、人心浮动成为庚子后数年山西地方社会的世态和常态。刘大鹏认为，

---

1 刘大鹏：《退想斋日记（稿本）》，光绪二十三年三月初四日。
2 刘大鹏：《潜园琐记》，载乔志强编：《义和团在山西地区史料》，太原：山西人民出版社，1980年版，第34页。

所有新政各项，"悉效外洋各国之所为，而先代之良法美意均弃之如遗"，甚至"中国渐成洋世界"[1]。尤其是眼看着兴学堂、废科举、派留学成为潮流，刘大鹏内心的失落日甚一日。待到光绪三十一年（1905）朝廷下诏废除科举，他已"心若死灰"，所到之处，"同人皆言科考一废，吾辈生路已绝，欲图他业以谋生，则又无业可托，将如之何"[2]？

南席村十三年，刘大鹏不仅受到了废科举断生路的"世纪之痛"，同时受到了双亲相继离世的切肤之痛。《辛丑条约》签订后，山西因义和团运动，乡试停考五年，光绪二十八年（1902）"秦晋合闱"的乡试在西安举行，长子刘玠赴试考取举人！接着次子刘瑄考入新成立的山西大学堂校士馆。光绪二十九年（1903）正月十一日，乡邻百余人敲锣打鼓，送来"父子登科"匾悬挂门头，东家武佑卿为他赴开封会试的一切经办妥当，乱世中一连串的喜事促成了光绪二十九年（1903）父子两举人的"赴汴会试"。孰料，出师未捷母先逝。父子二人尚未走进闱场，竟传来了母亲病重的家信。心绪烦乱焦灼万分的刘大鹏四月十一日抵家，母亲寿终正寝已月余。他悔恨自己之前由梦而醒，自号"梦醒子"，于今赴汴会试又入梦中，致贻终身大憾，整日里昏昏沉沉，如坐十里雾中。母亲病逝后，年近八十的父亲刘明已不再亲手经营里满庄木店，每当想起形单影只的老父，刘大鹏辞馆侍亲的心情便油然而生，只是未能得到乃父允准，东家亦在执意挽留，欲辞而不

---

[1] 刘大鹏：《退想斋日记（稿本）》，光绪二十八年正月二十一日。
[2] 刘大鹏：《退想斋日记（稿本）》，光绪三十一年九月二十五日。

能，刘氏"中心悒悒"，日日忧虑。光绪三十三年（1907）冬十月初七日，83岁的刘明在家中去世，以孝为先的刘大鹏极为哀恸。守制以来，刘氏眼花发白，日事昏迷，食不下咽，寝不能眠。翌年正月十六日，满百日后安葬了乃父。二月下旬再到南席村馆中。清明节偕郝济卿、邰祚丰同游介休绵山凡二十天，"以解其忧"。[1]然而，一忧未解又添一忧。光绪三十四年（1908）十一月，刘氏第二任妻子武氏溘然离世。除夕夜，寒冷异常，刘大鹏作《除夜哭亲及妻》诗曰："浑忘今夜是新年，恸哭亲妻百虑牵。儿女联肩环膝下，消愁解闷望神仙。"[2]世困家痛，刘大鹏陷入了深深的苦痛之中。

父亲和妻子先后离世后，宣统元年（1909），刘大鹏辞去南席教职回到赤桥。宣统元年（1909）十月，山西省谘议局成立，刘大鹏由太原县推举为省谘议局议员，"在省充议员二年"。宣统三年（1911）九月初三日，初夜，正当省议会开会期间，突然会场停电，全场一片漆黑，端坐会场的刘大鹏认为这是一个不祥之兆，"越五日而省城变起"，这就是1911年10月29日的辛亥太原起义。汾河以东省城起义的炮声即刻传到汾河以西的太原县城，风声鹤唳一夜数惊，太原县旧政权不动干戈而归附民国。南京临时政府改行公历，而刘大鹏"称年号仍系宣统，以予系大清之人，非民国之人耳"。[3]他将

---

[1] 参见行龙：《新发现的刘大鹏遗作三种》，载行龙著：《走向田野与社会（修订版）》，北京：生活·读书·新知 三联书店，2015年版，第466—468页。

[2] 刘大鹏：《退想斋日记（稿本）》，光绪三十四年十二月三十日。

[3] 刘大鹏：《退想斋日记（稿本）》，民国三年十月初一日。

辛亥起义视为"变乱",大年初一迎神祭祖,"仍戴礼帽,不从叛逆之制"。孙中山是"逆首",袁世凯是"逆臣"。民国初年的剪辫易服、司法改革、破除神权、反对迷信他一概反对。他的辫子被"贼"强行剪去,恨不能"食其肉而寝其皮"。待到张勋辫子军进京公演"丁巳复辟"之日,久旱无雨的晋水流域大雨淋漓,他认为"竟将旱魃诛除,则吾皇上之收回大权,上合天心,下慰民望,于斯见焉"。在他看来,张勋"匡扶旧君复位",名正言顺,光明正大,"由一力主持复辟之盛举,观之洵不愧于武圣人矣"。[1]而各省纷纷反对复辟,指斥张勋为叛逆,简直是黑白混淆是非颠倒。

鼎革之际,又是新旧人物交替之际。民国元年(1912)三月,年垂六旬的刘大鹏又被推为太原县议会议长,数次力辞不就,最后又"不得不而应允"。之后,他曾担任县选举资格调查会会长、省国民会议代表、县财政公所所长、县公款局经理、县教育会副会长等职,广泛参与了地方事务。民国二年(1913)二月,在晋祠村村长牛玉鉴的推荐下,他竟到县初等小学堂当起了新式学堂的教员。民国三年(1914)后,又参与并主持了大规模的晋祠修缮。一面是为难"处此新党狂獗之时,深恐所行之事不能达所抱之志也,亦惟竭一己之心力,勇往直前,能进一步则再求进一步而已"[2];一面是慨叹因口腹之累,不得已而作"二代之臣",致使败坏名节而不顾。种种件件,无不体现在了鼎革之际这样一个时空错置正

---

[1] 刘大鹏:《退想斋日记(稿本)》,民国六年五月十七日、五月十九日。
[2] 刘大鹏:《退想斋日记(稿本)》,民国二年正月二十八日。

统递嬗的时代中，一位前清举人由此产生的焦虑与欲望，妥协和抗争。或许，刘氏所为并不能以"政治正确"与否的标准衡之，适可以"衣食住行是人们最基本的物质生活需要"解释之。刘明去世后，万义生木店收入大减，眼看着子女们一个个长大成人娶妻生子，一个大小男妇十六口的大家庭要靠刘大鹏这位年近六旬的大家长倾力支撑。尽管各种社会兼职都有多少不等的薪水，但刘氏常有屡屡受困，甚至穷困不可支撑的危机。"另图生计，度此乱世"，成为刘大鹏在民国初年政治中腾挪一番后的另一种选择。

民国七年（1918），阎锡山既为督军又兼省长，执掌山西军政大权，"六政三事"、整理村范等各项新政在全省范围内全面展开。山西是全国的"模范省"，太原、阳曲、榆次是阎锡山推广的"模范县"试点，晋祠则已易名古唐村而为模范村。民国十年（1921），刘大鹏曾应欧阳知事所聘，在县高等女子小学校做过不到半年的女校校长，也是勉强应允而不久辞职。省城太原青年学生的五四运动，他只是从传闻中得知一点消息，《日记》仅有几则简单的记述，农村社会似乎没有什么波澜。实际上，经过民国初期几年乱哄哄的从政经历，辞去了诸多社会兼职后，20世纪20年代，年过花甲的刘大鹏已经成了一位亦商亦农的"老农"。民国三年（1914）开春，他租赁明仙峪之石门窑开采煤炭以为养家之业；民国四年（1915）仲秋，又与友人武广文等伙办柳子峪之西坪窑（和尚窑）；其间又曾经营柳子峪丽生明矾场和大观窑；民国四年（1915），充任县商会特别会董；民国十年（1921）被南四峪推为煤矿事务所经理，直到民国十六年（1927）辞卸。他名正言顺地到县城窑神庙处理窑务，俨然一商界之人。虽然其父刘明经商，刘大鹏后期也经营煤窑生意，但他一生并不以商人自许，而以吾家"以耕读为业"自认。20世纪20年代，刘家共有十几亩土地，既有水地也有旱地。长子刘玠在外，次子刘瑄辛亥鼎革后疯癫，三子刘珦、四子刘珽均为教员不在家里，能够从事田间农活的只有年迈的刘大鹏和十多岁的长孙全忠。夏秋农忙季节，刘家都会雇工照料农事，高大川、潘长大、王老四、枣花儿、曹顺喜等都曾在刘家做过长工或短工。正月过后，他会到田里从事春播、夏收、秋收各种农活。他并不以农事为累，最让他感到烦心的是田间除草。夏季禾苗杂草疯长，大有生生不息之势。他将杂草视为草中之"小人"，慨叹有君子则不能无小人，此为天地自然之气运。至于太谷木店的生意已经委托给经理们负责，只需每年来人汇报一下上年的经营情况，三年账期到了才去太谷续订下一个账期的事宜，而木店的收入已不足养家糊口了。这个时期，刘家的气运也不佳。民国十五年（1926）冬季，一场严重的瘟疫夺去了刘大鹏三个孙辈的生命，他以自己不德获罪于天自责。[1]民国十七年（1928）三月，长子刘玠因病去世，几天后其妻服毒自杀，白发人送走黑发人。民国十八年（1929）九月，刘大鹏与石门窑窑主韩金成发生纠葛，韩用肘戳到他的左臂及小腹，致使他昏迷多时不省人事，小腹多日疼痛不愈，从此他不再从事煤窑生业。

---

[1] 参见行龙：《个体灾害史：中国灾害史研究中的重要视角——从刘大鹏〈退想斋日记〉说起》，《河北学刊》2020年第5期。

人生七十古来稀，刘大鹏感到自己老之将至。

二、"无政府之时代"

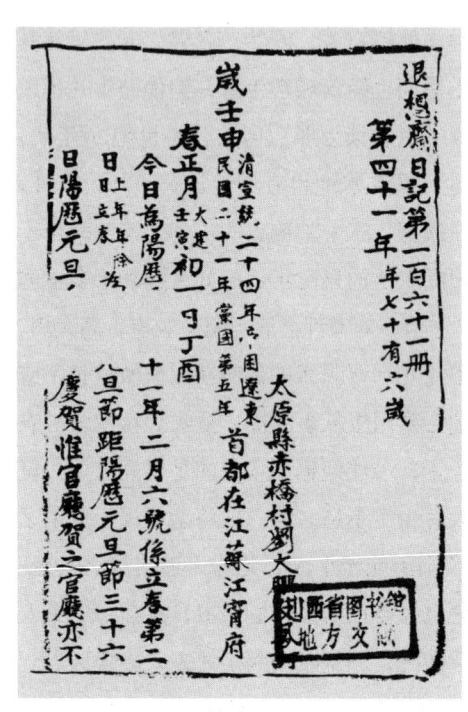

以"大清之人"自居，刘大鹏并不承认民国为正统。鼎革以来，改农历为公历，但他仍以宣统纪年、拒用公历。民国初的《退想斋日记》

《退想斋日记》书影

每年仍以"大清宣统"纪年起首，民国纪年却仅以小字标出。民国三年（1914）大年初一，他在《日记》中明确写道："予本清人，岂能随世浮沉，奉贼之朔乎，此日记所以仍称宣统六年。"民国十三年（1924）十一月，宣统皇帝溥仪被赶出紫禁城，在日本人的保护下秘密离京到了天津。民国十四年（1925）起《日记》也出现了变化，正月初一日《日记》写道："宣统帝出至天津，改乘日本兵舰出洋逃赴日本矣。故此日记不以宣统年号为编年，此亦哀清之亡，尚望宣统奋发有为，恢复清室也。"此处所谓宣统逃往日本虽不准确，但《日记》开始"不以宣统年号为编年"。此后十年间，每年《日记》均以干支起首，然后是竖排并列小字号的宣统和民国纪年，如民国二十一年（1932）"岁壬申（清宣统二十二年帝困辽东，民国二十一年党国第五年）首都在江苏江宁府"。全面抗战爆发前夕，刘大鹏已承认中华民国为正统，这或许就是我们通常所说的"民族矛盾上升为主要矛盾"？民国二十五年（1936）正月初一日《日记》起首格式为："岁丙子（中华民国二十五年，党国第九年。后清康德三年，宣统帝都于关东长春）党国政府都金陵。"至此，中华民国纪年已写在"后清"宣统之前，这就是刘大鹏从不承认到逐渐承认中华民国为正统的过程。《退想斋日记》纪年的逐渐变化，只是刘大鹏思想和心态变化的一个侧面，他对民国初年时局的认识是更为重要的另一个侧面。在他看来，革命党推翻清朝建立民国，名曰"五族共和"，但军阀混战连年不断，民国实为"军国"。北伐成功，国民党一党专政，"军国"再变为"党国"。民国以来，大小军阀互相残杀，全国统一后，似"永无再分党派之虞，"然"天意茫茫，未易窥测"。[1]果然，民国二十年（1931）日本发动九一八事变，中国进入到一个"无政府之时代"。

九一八事变发生不到一周，刘大鹏即在读报中得知此消息。他认为："此讯紧急，各报载登，闻之者莫不惊惶失措，斯时之军阀只是内讧，并不问蛮夷猾夏，内忧外患相逼而来，

---

[1] 刘大鹏：《退想斋日记（稿本）》，民国十七年十月初九日。

民国殆将不国矣。"[1]日寇入侵东三省将近一月,"党国政府尚未出兵征讨,仍待国联会办理",日军不退反进,又在窥伺长江一带,他认为"中国局势岌岌乎不可终日矣"。[2]十月,报传日人"匡扶"宣统帝溥仪在沈阳复辟,仍为大清皇帝,名曰"满族独立国",他认为此为"日人扰乱中华",也是"党人畏日如虎,不敢抵抗,日本藐视党国"的结果。[3]十八日,他看到《山西政报》消息称,马占山抗击日军孤城奋战,既无兵士应援,又无饷械接济,不得已而退出黑龙江,日军进一步侵占齐齐哈尔,他恨"党国可谓无人矣,南京虽有国民政府与无政府时代何异"!翌日,《日记》中记载了一条春夏之交流行在晋水流域一带的童谣:"先推圈圈后带钱,宣统再坐数十年。"说的是年初有儿童嬉戏,用木棒套一铁圈手推而行,遍地皆有,后来是童男童女胸前均带几串制钱。他说自己亲眼所见,亲耳所闻,报传宣统复辟,"谅非虚言"[4]。几年前,"哀清之亡"的刘大鹏,"尚望宣统奋发有为,恢复清室"。如今想不到的是,宣统复辟是在日本侵略者扶植下的复辟,他宁可相信复辟"谅非虚言",又恨日人之任意横行,更恨"党国"畏日如虎不敢征讨,这就是晚清举人刘大鹏面对日本入侵最初的样态。

民国二十一年(1932)大年初一,风和日暖。除夕夜到

---

[1] 刘大鹏:《退想斋日记(稿本)》,民国二十年八月十二日。

[2] 刘大鹏:《退想斋日记(稿本)》,民国二十年九月初三日。

[3] 刘大鹏:《退想斋日记(稿本)》,民国二十年十月十三日。

[4] 刘大鹏:《退想斋日记(稿本)》,民国二十年十月十九日。

凌晨时分，并没有听到犬吠之声，虽有晨鸡叫旦，声亦和雅，刘大鹏认为此"今年地方安靖之朕（征）兆也"。公历元旦，林森为主席的"新政府"成立，照理当有新气象。令他感到失望甚至痛心的是，"新政府成立以后，亦未痛关东三省之失陷，被日寇进攻不已，只是束手待毙。仍不陈师鞠旅征伐倭奴，恢复失陷之疆土。虽屡经各省学生组成抗日救国团，到于首都纷纷请愿，均置不问"，这个时代"已成为无政府之时代"！况且，日寇大部集聚沿江沿海要地，"年底已有攻陷上海之讯"。消息虽不知确否，但情势危急，"党国有亡国之情形矣"。[1]正月十六日，元宵节刚过，拂晓他就起来给当年支持他修缮晋祠的黄国梁[2]写信，劝其"挺身而出，佐助省府，振师鞠旅，荡寇灭虏，复我疆土，雪我国耻，拯群黎于水火之中，登百姓于衽席之上"[3]。十天后，他在晋祠面见黄国梁，再劝其"出而任事，平此时之患"，黄答以内患未除，外患难平，天下日乱一日，无法挽回，两人"相与嗟叹者久之"。[4]

时事进展很快。二月，东三省被日寇占领已半年，东北义勇军、自卫军、救国军、敢死军、保卫团、灭寇兵纷纷组织抗日，而"党国之军阀莫不袖手旁观"。报载日寇侵占上海，虽有十九路军奋起抵抗，但后援不济独力难支，最终归

---

[1] 刘大鹏：《退想斋日记（稿本）》，民国二十一年正月初一日。
[2] 黄国梁（1883—1958），字绍斋，陕西洋县人。1908年毕业于日本陆军士官学校第六期步兵科，1909年任山西新军第四十三协第八十五标标统，辛亥革命后任陆军十二混成旅旅长。
[3] 刘大鹏：《退想斋日记（稿本）》，民国二十一年正月十六日。
[4] 刘大鹏：《退想斋日记（稿本）》，民国二十一年正月二十七日。

于失败。三月初，刘大鹏又一次发出"无政府之时代"的概叹：

> 日本侵占关东北三省已经七阅月矣，尚无一员将帅出兵征伐日寇，收复失地，即各省之长官，亦无一员救援上海之人，及往讨关东之将，则是党国并无一官，已成无政府之时代矣。[1]

二月十八日，阅报得知日本人"匡扶"宣统复辟，名曰"执政"，年号"大同"，都于长春，[2]他希望"天意有在，自可假借日人之力铲除党人恢复清祚"。民国二十三年（1934），日人以宣统为"后清之主"，改伪满洲国为"满洲帝国"，宣统在长春称帝号令天下。刘大鹏又天真地认为，天若眷佑，"后清"必命日人铲除革命党，诛灭群魔。而后是日本国内乱事突起，自顾不暇，不仅不能压制"后清"，反而要请"后清"往东洋平其国难。因为现在日本之政，行霸术而非王道，如何可以长治久安？[3]民国二十四年（1935），日本侵略者策动"华北事变"，妄图将华北变成第二个伪满洲国，国民政府在日本威逼下，先后签订《塘沽协定》《秦土协定》等屈辱条约，接受日本提出的中央军退出华北，罢免抗日将领，取缔抗日团体等无理要求，"华北危急"的呼声日高。民国二十五

---

1 刘大鹏：《退想斋日记（稿本）》，民国二十一年三月初一日。
2 刘大鹏：《退想斋日记（稿本）》，民国二十一年二月十八日。
3 刘大鹏：《退想斋日记（稿本）》，民国二十三年二月初一日。

年（1936）大年刚过，刘大鹏读过《乡镇白话周报》后写道：

> 当此之时，日寇谋占华北之势日紧一日，而中央政府并不兴师征伐，吾晋当道亦不虑寇之来侵，宜乎各报登报大难临头也。《乡镇白话周报》曰：华北问题日趋复杂，形势日益扩大，而危机亦日滋甚。吾人既处华北之范围，自不能逃脱。难关之临头，然将如何以渡此难关乎？内无准备（此最可怕），外无奥援，战既不能，和亦不可，而一般人暮气沉沉，醉生梦死，对此当前大难亦若有若无也。呜呼，哀莫大于心死，此诚足以亡国矣。此评甚合予意也。[1]

哀莫大于心死。刘大鹏不是那种醉生梦死的"一般人"，他关心时事，他会四处找来报纸，或从传闻中了解新近的消息并作出自己的判断。四月，他已听到日人在平津一带增加兵力的传言，判断"华北将有丧失之忧"。八月初，他在晋祠壁报上看到日军与官军在丰台发生战事，致使北平城中戒严，政府并"不敢撄其锋"，他在《日记》中痛恨地写道："日寇进逼，欲占中华，民国之官畏日人如虎，不敢一撄其锋，而日寇轻视中国之人不啻草本，一任其蹂躏。"[2]西安事变爆发后，他认为这是一场"意外之变"，张学良、杨虎城反对中央政府是"叛变"。在"中华民族到了最危险时候"，刘大鹏不

---

[1] 刘大鹏：《退想斋日记（稿本）》，民国二十五年正月初六日。
[2] 刘大鹏：《退想斋日记（稿本）》，民国二十五年八月初六日。

仅痛恨日本侵略，更痛恨中央政府不敢出兵征讨，甚至天真地希望宣统复辟铲除革命党，日本自行退回东洋。他最希望看到的是政府可以动员民众一致对外，抗击侵略，而当看不到希望甚至失望的时候，他宁可希望宣统复辟扫除革命党，扫除这个"无政府之时代"。

可以明显地看到，刘大鹏眼里的"无政府"，不仅是指向南京中央政府，同样指向山西省政府及太原县政府。民国十九年（1930）后，每年、每季、每月初一日《日记》，几乎都有较多文字评述时事。从中央到山西，再到太原县，自上而下，层层数落。中原大战失败后，阎锡山逃往大连，民国二十年（1931）七月返回五台县河边村老家，九一八事变后由河边村回到太原，就任太原绥靖公署主任。刘大鹏认为阎锡山是"背叛党国，兵败而逃"。民国二十一年（1932）春，东北义勇军攻击日军，连连收复失地，"日寇已有应付不给之势"，他希望"阎锡山、张学良乘此机会督兵出关应援义勇军、自卫军、救国军，则日寇自不难于扑灭，三省此可以恢复矣"。可惜，张学良虽长东北却按兵不动，阎锡山虽为绥靖公署主任亦不出兵应援，他说阎、张二人罪不可逭，"身未绝而心先死也"[1]。阎锡山在山西推行十年建设计划"骚扰闾阎"，兴修同蒲铁路"勒迫民款"，苛捐杂税有增无已，群黎百姓怨声载道，而"山西官吏莫不袖手旁观，若越人视秦人之肥瘠，漠然不关喜戚于其心，未曾用手一援，其困苦已成

---

[1] 刘大鹏：《退想斋日记（稿本）》，民国二十一年二月二十五日。

为无政府之时代矣"。[1]民国二十四年（1935），阎锡山在各县开设盐务局，各处设立官盐店，禁止土盐自由买卖，熬盐之家必须将所熬之盐交于官盐店，其实是官盐垄断，社会上甚有"盐已成私，盐亦不行"的说法流传，"盐"与"阎"同音，"私"与"死"音近，民众对阎锡山已恨之入骨了。[2]太原县的现状更使身在其间的刘大鹏感到无可奈何。民国十八年（1929）莅任的屠孝鸿县长，不行善政，贪暴不仁，拘留烟民罚金敛财，"对待烟赌犯更为酷虐，看守所死亡相继而亦不闻问"，民皆呼为"屠家"。间有据情控告屠孝鸿于省政府者，省府也匿而不发，"则是山西一省亦为无政府之省矣"。[3]民国二十一年（1932）春二月，陈逦蓉到任视事，更改征收钱粮成法，致使民众受害而坏人肆虐，刘大鹏认为：

> 吾邑之害纷如，非但官吏虐，扰民不安，抑且有媚官殃民之绅士，借公营私之乡长，加之地痞、流氓、借仗官势，扰累闾阎，阖邑之人无人敢撄其凶锋，亦无人敢言其害，太原一县可谓无人矣。[4]

面对自上而下的无政府状态，年过七十的刘大鹏"壮志仍存，莫能忘斯世斯民之疾苦"。他说："予年虽老，潜伏草

---

[1] 刘大鹏：《退想斋日记（稿本）》，民国二十三年正月初一日。
[2] 刘大鹏：《退想斋日记（稿本）》，民国二十三年五月初十日、六月初一日。
[3] 刘大鹏：《退想斋日记（稿本）》，民国二十年六月初一日。
[4] 刘大鹏：《退想斋日记（稿本）》，民国二十二年正月十二日。

野，度此乱时，而忧世忧民之念，终莫能释，则是多费一层思虑，究竟无益于世，无济于民，千言万语莫不付之于子虚。"[1]他不时自责虚度光阴，未曾办了一件除害安民、济世活人之事，不但自己心莫能安，而且对不起父母在天之灵。他曾夜梦一凶猛之飞熊突如其来，立在他的面前，惊惧之下，他挥剑猛刺，熊即倒地，鲜血淋漓，腹中出火，令人惊异。他自己解释此梦道："昔周文王飞熊入梦，乃得姜太公作相以有天下。予本野老，亦梦飞熊，为何朕兆？此殆予于素日倾慕姜太公之八十遇文王所由致也。"[2]文王梦熊，圣主得贤臣，兴王师而诛无道。一觉醒来，刘大鹏偶尔仍会有兴味淋漓之感，"浑忘自己之老，仍如少壮之时，直欲乘风破浪，讨伐日寇，诛灭党人，以及铲除一切害民之官吏，摧残扰世之盗贼，登斯世斯民于衽席之上，跳出于水深火热之中"[3]。民国二十二年（1933）正月，刘大鹏奋笔疾书，上书呈请恢复征粮旧法，二月初十日，接到太原绥靖公署王泉如本月初四所发之函，"言前委之事照办，绥靖公署已经批出，呈函送山西省政府核办矣"。省府派员来县调查后，久无消息，他又上《催太原绥靖公署饬除民害呈》。[4]闰五月，山西省政府批文"吏字第二零四号"谓："原具呈太原县民众代表刘大鹏等呈一件，请依法严惩贪官污吏劣绅土棍由。呈悉查。据该民等呈控该县

---

1 刘大鹏：《退想斋日记（稿本）》，民国二十年三月二十五日。
2 刘大鹏：《退想斋日记（稿本）》，民国二十年九月初六日。
3 刘大鹏：《退想斋日记（稿本）》，民国二十年十月十一日。
4 刘大鹏：《退想斋日记（稿本）》，民国二十二年二月初十日。

县长陈迺蓉,昏聩糊涂,漠视民瘼一案到府。"查此《弹劾太原陈县长呈》,详细胪列陈迺蓉在太原县破坏征收钱粮之成法,宠幸媚官殃民之士绅,袒庇借公营私之乡长,妄兴不关紧要之土木,弗追税契所员之赃款,宽释贩毒流氓之重罪,勒逼零星小煤窑之注册,纵放事务所经理之横行,静听教育局员之舞弊,任由公安局局长之扰民,专教财务局员之滥费,瞻徇霸产区长之情面,回护吞款舞弊之村长,任商务会会长之违法,拘押包办斗捐之粮商,批驳婚价腾涨之详呈等十六条"昏聩糊涂,漠视民瘼"之情形。[1]值得指出的是,此时刘大鹏的孙女喜嬿因典产与族人张品题(时任阳曲县第八区区长)发生纠纷,已成讼数年而不能解决,刘大鹏因此没有少费心力,"瞻徇霸产区长之情面"即此之谓。可以看出,这份"将一县现在之患害详细以陈"的呈文,不仅有民众的切肤之痛,也有刘大鹏的私情在内。事实上,此次上控,虽有山西省政府批文,但也没有太大效果。事过数月,九月二十五日,他又自晋祠邮局以"双挂号"寄南京中央政府监察院一呈,[2]上书"请求恢复征粮旧法",内容只是变前"弹劾太原陈县长呈"列举之情形为恳请之办法,如"恳恢复征收钱粮之旧法"等。[3]监察院没有回批,又将此呈由邮局寄回。[4]年底,陈迺蓉被撤任,陈昌五署理太原县,民国二十三年(1934)三月即

---

1 刘大鹏:《太原现状一瞥》卷一,手稿。
2 刘大鹏:《退想斋日记(稿本)》,民国二十二年九月二十五日。
3 呈文《弹劾山西太原县贪官污吏劣绅痞棍章》,《太原现状一瞥》卷二,手稿。
4 刘大鹏:《退想斋日记(稿本)》,民国二十二年十月十三日。

布告全县，恢复征粮旧法。长孙女典产之纠纷也于同年冬季最终解决。或许这正是上书南京中央政府监察院得来的结果？

民国二十二年（1933），太原县似乎不会是一个太平之年。大年初一，晨初即见得白虹在北，直横东西，日将出才散。刘大鹏在《日记》中写道："元旦见此，安望世之能太平乎？"五月中旬，晋水流域雨雹，榆次、徐沟及太原县东南一带淹没不少。闰五月连阴下雨多日，汾水大涨，晋水流域数十村被淹，甚有"王郭村灾民数百名，因报灾数日不往验灾，攻入县政府"的事情发生。六月初，汾水再次大涨，西山九峪山洪暴发，"大雨迭行，洪水泛滥，损伤禾稼到处甚多，摧残房屋之村不可胜数"，到县政府报告水灾者多达103个村。[1]灾情严重，而官府催交钱粮紧迫，且要民国十六年（1927）至二十年（1931）之缓征，乃至民怨沸腾。翌年仲春二月，太原县请刘大鹏、陈寅庵等人赴省请愿，省府人员却一味推诿，同人决议推出刘大鹏及镇长、村长代表四人前往五台河边村面向阎锡山请愿。四人坐汽车到河边村，希望向阎锡山"面陈太原县民众之困厄现状，请阎赈济"，阎锡山当然没有面见刘大鹏一干人，而由村公所传来三条办法，刘大鹏认为第一条政府办春赈较为满意，第二、三条为空言无济于事。二月二十一日晨起，他写日记道：

抚衷自问，愧悔交集，坐莫能安。曾因在省十日，

---

[1] 刘大鹏：《退想斋日记（稿本）》，民国二十二年闰五月二十二日，六月初五日、二十日，七月初二日。

赴五台河边村请愿，未曾见阎锡山拯救太原一县之灾黎，虽蒙阎定救济办法三项，亦系托诸空言，毫无实惠及民，愧我无才无德，辜负阖县民众之希望，且又愧悔相偕之代表多系自私自利之人，究无为民众求惠之实心，此举未免鲁莽糊涂之极。年老昏聩，咎由自取，其将谁尤，何以仰慰先父母在天之灵哉。[1]

如果说，上书山西省政府、太原绥靖公署及中央政府监察院是刘大鹏自愿所为，此次赴河边村请愿则是被动所为。起初，县政府请其赴省请愿，他就有"辞之不可，往则未免受劳"的犹豫。在省城期间，陈寅庵见诸人意见分歧，告辞而归，并暗示他一起回县，刘大鹏还是去了河边村。月底，省府赈款3000元到县，刘大鹏认为赈款太少，何足以救济全县受灾之民，他甚至托故没有参加有关放赈事宜的会议。[2]虽然如此，目睹时局危险，身历厚敛横征之苦，刘大鹏仍不禁挥笔请愿，"为民请命"。民国二十三年（1934），南京政府"特下豁免苛捐杂税之令"，刘大鹏即撰《山西太原县民众代表某某请愿书》，上书南京中央政府行政院。请愿书历数各种苛捐杂税及"四民失业之实在情形"，并附"请裁撤各县之区长"、"请严禁出包捐税于众"两条，并于农历五月十九日自晋祠邮局寄出。六月收到中央政府财政部部长孔祥熙之复函，孔氏对刘大鹏"为民请命，呈院呼吁，极为佩慰"，并告其请

---

1 刘大鹏：《退想斋日记（稿本）》，民国二十三年二月二十一日。
2 刘大鹏：《退想斋日记（稿本）》，民国二十三年二月二十八日。

愿书已由院文部转咨山西省府核办。刘大鹏又作一复函。[1]

身处自己十分痛恨的"无政府之时代",又不断地向政府上书"为民请愿",这就是一位年过七十的前清举人内心之失望与希望,以他自己的说法是"年垂八十,心志昏瞀,目睹其时之现状有岌岌乎不可终日之势"[2],故敢草具上书,直陈无隐。

三、"民穷财尽"

民国创立,改帝制为共和。然共和其实不和,各省军阀连年混战,兵戈四起,时局糜烂,年甚一年。阎锡山总揽山西军政大权后,在"保境安民"的口号下,以"六政三事""整理村范"为中心推行"用民政治",一时间,山西被推为全国的模范省,其中的"治安"尤为人所赞誉。刘大鹏对民国初年山西治安也持肯定态度,《退想斋日记》中有"中国无乱之省山西为第一""各省皆有乱事,土匪充斥,惟吾晋治安""晋民虽受苛政之虐,却无兵匪之害,斯亦为乱世之大福矣""吾晋仍是阎锡山割据,幸告治安,惟粮价太昂,百物腾贵为可虑耳。整理村范,严厉特甚,委员纷纷。三晋虽为至善之政,实则未免扰民"[3]的表述。值得注意的是,刘大鹏虽然肯定山西的治安,但在肯定的同时总是抱怨"苛政""扰

---

1 《山西太原县民众代表某某请愿书》,《太原现状一瞥》卷三,手稿。
2 《上阎主任书》,《太原现状一瞥》卷二,手稿。
3 刘大鹏:《退想斋日记(稿本)》,民国七年七月初一日、民国十年四月初一日、民国十二年五月初一日。

民"。民国十三年（1924）后，阎锡山连年用兵，参加军阀混战，"治安"不再，战祸不断。尤其是民国十九年（1930）中原大战后，晋军败回山西，联合作战的冯玉祥部及各杂牌军数十万人也退入境内，给山西民众带来极大灾难。刘大鹏说，中原大战后山西有两大危害："一为晋钞闹荒，物价莫不腾贵，以致民不聊生。一为驻扎之兵，今日哗变，翌日抢劫，以致民皆恐惶。"[1]民国二十年（1931），他第一次以"民穷财尽"四字概括时局，孰料此后年甚一年，不禁悚然。

随着军事势力的不断扩张，晋钞在山西不断批量发行，且在平、津、冀、察一带多有流通。中原大战后，流通在外的晋钞和战败的军队一样回流山西，富商大贾争用晋钞，囤积实物，引起市面极度恐慌。为了维持军政开支，山西省银行大量印行纸币散布民间，省政府甚至发出以晋钞完纳赋税的声明，晋钞价值一降再降几为废纸。其结果是富家破产，商号倒闭，物价腾涨，社会经济一蹶不振，民众生活陷于绝境。刘大鹏说"晋钞之荒，日甚一日"，"晋钞一害，无人不受"。兹录民国二十年（1931）后《退想斋日记》每年年终日记一则可窥一斑：

民国二十年（1931）十二月二十八日：

> 往晋祠赶年货集，所有一切货物之价，无一不异常昂贵，而人民购买不嫌其价昂，但买之货物皆寥寥无几，

---

[1] 刘大鹏：《退想斋日记（稿本）》，民国二十年四月十四日。

也可见民穷之现象。[1]

民国二十一年（1932）十二月三十日：

商家收账，于十分之中尚未收到一二分，金融紧急至于斯，大可畏惧。[2]

民国二十二年（1933）十二月二十六日：

各处商家自冬以来倒闭者接踵不断。现到年终，平定一县商号倒闭至三百余号，忻县大商家倒闭亦多，几乎罢市。世局致斯，亦殊可畏。[3]

民国二十三年（1934）十二月二十二日：

晋祠赶年集，卖年货者众多，却因财缺不能畅销，世穷亦甚矣。[4]

民国二十五年（1936）十二月二十九日：

今为除日，所食之物种种价涨，无论米面何如，即

---

1 刘大鹏：《退想斋日记（稿本）》，民国二十年十二月二十八日。
2 刘大鹏：《退想斋日记（稿本）》，民国二十一年十二月三十日。
3 刘大鹏：《退想斋日记（稿本）》，民国二十二年十二月二十六日。
4 刘大鹏：《退想斋日记（稿本）》，民国二十三年十二月二十二日。

以白菜一种之价一角洋只买白菜二斤，可谓价高到极点矣。宜乎现在窃物盗财者之案到处纷如也……[1]

"窃物盗财者之案到处纷如"，也与大量客军驻晋有关。数十万客军驻扎各县，巨额军饷需要向当地老百姓摊派，一旦供应不到，或以武力威胁，或公开抢劫。距赤桥村东北二十里的小店镇一带各村驻有客军，"往往借端生事，欺负人民"。夏秋之间，他们成群结队地到田间掠取南瓜和玉茭子（玉米）等可食菜蔬，当地老百姓愤恨在心却不敢阻拦。农历七月初，本为太原县城抬阁迎请晋祠圣母到县城祭祀的日子，抬阁游览，社火喧嚣，男女老少争相往观，人称"大时节"。民国二十年（1931）却因驻军滋事，县府规定停止抬阁，只许抬神，不许办理社火，打破了相传数百年的传统惯俗。西山一带本为大乱之际平川地区平民前往避难的场所，此时多有遣散的士兵变为土匪，山上山下，劫案不断。晋祠大晋川钱铺一夜之间被劫去现洋和纸币各数千元，清源县南关厢聚源钱庄、北格镇洋旱烟铺被抢，汽车路上五个商人的足踏车和所携财物被劫路贼抢劫一空而去，王郭村有人被抢，和尚窑被劫，种种件件，层出不穷。[2]刘大鹏愤恨地骂其"兵即贼也"。

兵匪抢劫之外，各地应付军饷无尽，支应兵差不断，地

---

1 刘大鹏：《退想斋日记（稿本）》，民国二十五年十二月二十五日。
2 刘大鹏：《退想斋日记（稿本）》，民国二十年七月初一日、九月初四日、十二日、十二月二十七日。

方官只得将此摊派到各村各户，所谓"村村出钱，户户负担"。民国二十三年（1934）七月十四日，《日记》详细记录赤桥村当时的各种摊派谓："今日吾村公所摊派一切公费，按户要钱，日日鸣锣，催各户送钱已四五日矣。而送钱者寥寥无几，村长、副只是慨然长叹，无可如何也。"赤桥村各种摊派共320余元，具体名目有：孙殿英军给养费、第四区高等小学校经费、留省学生津贴、择留车警费、十年建设计划经费、小店镇支应兵差费、客军协济经费、联合校长薪金、教育机关及增加经费、省防公债摊费、兴筑同蒲铁路所用灰石砖瓦费、送灰大车脚钱摊费、送灰小车脚钱摊费等，大小摊派即有十三种之多。刘氏最后感慨地写道："吾县共一百七十二村，赤桥若此，他村可知也。民穷财尽，亦何感慨。"民国二十五年（1936）春季，红军东征，阎锡山借"防共"之名下令各地戒严，出入往来须有官府颁发的通行证，以致商家坐困，粮价腾涨。红军虽未经过太原，但各处城门紧闭，穷民欲借粮而不能，人心惶惶，岌岌乎不可终日。穷困无聊之时，官府催纳钱粮，并要各项公款，村村鸣锣，勒限缴纳，民众甚有盼望红军前来之意。[1]耄耋之年的刘大鹏，耳闻目睹沿街叫卖声极其惨恸，往来民众面带愁容，归其原因是"政治苛虐，官吏贪婪"[2]。

毒品泛滥也是"民穷财尽"的原因之一。山西一直是大量种植罂粟，深受鸦片之害的内陆地区之一，光绪初年那场

---

[1] 刘大鹏：《退想斋日记（稿本）》，民国二十五年四月初一日。

[2] 刘大鹏：《退想斋日记（稿本）》，民国二十五年五月二十六日。

百年不遇的"丁戊奇荒"，时人就认为与大量种植罂粟有关，所谓"多种一亩罂粟，即少收一亩五谷"。民国以后，阎锡山实行"六政三事"，吸食鸦片为"三弊"之首，禁烟措施极其严厉。办公人员须互保甘结，一旦发现必科以罪。普通民众吸食和贩卖者，罚款以外关入看守所，以致各地看守所人满为患，甚至有死于看守所者。为交罚款，不知多少家庭卖妻鬻子，倾家荡产。20世纪20年代后，日本人在天津和石家庄商埠设厂制造的金丹料面大量进入山西，在严酷的禁烟政策高压下，吸食鸦片者多改为吸食金丹料面，"金丹之害，日甚一日"。中原大战后，刘大鹏在《日记》中历数民国以来洋烟之害曰：

> 洋烟为害，业经有年。民国之初，洋烟之外则有金丹、吗啡，为害更酷，近年又有泡泡、料料之毒品，其害较甚于洋烟、金丹、吗啡而益虐。[1]

民国二十一年（1932）开始，"政局更觉奇穷，乃思发售戒烟药丸……名曰：戒烟药饼，实则官卖洋烟也"[2]。这里所谓的戒烟药饼，即将鸦片烟制成饼状的戒烟药批发各县，再由县长指定代售商号售给烟民，药饼销路与日扩大，烟民数量与日增加，药饼价格也与日俱增。如此，吸食鸦片烟者又因戒烟药饼腾贵而改吸料面，禁毒之法可谓穷矣。刘大鹏说，

---

[1] 刘大鹏：《退想斋日记（稿本）》，民国二十年十月二十日。
[2] 刘大鹏：《退想斋日记（稿本）》，民国二十一年七月初一日。

山西民穷财尽，厉行苛政，"受晋政苛虐之外则为料面之毒"。[1]又说："料面害人甚于洪水猛兽，若一人吸食如中邪毒，昏睡不醒，倾家败产而不虑，夺命伤身而不怕，甚至偷盗财物而不畏人捉获，此等浩劫可谓大矣。"

中原大战后，民穷财尽，处处皆然。《退想斋日记》连篇累牍地记录了刘氏所见所闻。20世纪30年代，刘大鹏虽已不再经营煤窑，但他不时会到柳子峪和明仙峪办事或访友。西山各峪大多为零星小煤窑，开采者多为伙伴、父子、兄弟、叔侄三二人而已，且无一定地址，仅采浮煤以求生活。中原大战后，官府要求大小煤窑一律注册，收取苛捐杂税，若私行开采，立即送县究治。既无资本又谈不上规模的零星小煤窑纷纷倒闭，以采煤讨生活的"山人"困苦不堪，甚或民不聊生。

赤桥村造纸户十之八九，每年秋季稻收获之后，造纸户纷纷到附近各村收购稻秸搬回赤桥村，以备冬春造纸，村子周围一座座小山似的稻秸是秋冬之际赤桥村的一道风景。此时民穷财尽，各种食物价格增高，草纸价格很快降低，昔日的稻秸堆已不多见或仅小垛小堆而已，以造纸讨生活的造纸户和以采煤讨生活的"山人"一样家皆坐困。

"农家破产"，商业随之萧条。晋祠商号每年正月初八日开市，鞭炮响彻街市，贺市者络绎不绝，此时炮声稀疏，概不热闹，开市者不过半数。民国二十三年（1934）晋祠商号开市推迟到正月十六日，而且裁撤了十名保卫团丁，皆因

---

[1] 刘大鹏：《退想斋日记（稿本）》，民国二十六年四月初一日。

"商号无多矣"。每年晋祠端午节和吕祖诞辰的演剧酬神活动，也在世困民穷的时局中停了下来。太原县城商号元宵节"歇业者大半"，省城商号倒闭者纷如，街市萧条，"各县亦莫不然"。[1]所到之处，凡太谷县城、阳邑镇及过去乃父经商的里满庄和自己教书的南席村，都能感受到商号倒闭商务不振的情状。

年近八旬的刘大鹏这个时期仍有一些社会兼职，主要是县保存古迹古物委员会常务委员、第四区调解委员会委员和县文献委员会委员长。他曾主持了整理天龙山圣寿寺佛经和清查寺产的工作，其登峰逾岭，不见畏难之态，令同人感叹不已。每月公历一号，保存古迹古物委员会例会，他都会往返二十里如期与会。他也会利用开会日，与在城的郝济卿、陈寅庵、崔雪田等旧士绅聚首会面，他们曾面见县长讨论纂修县志事宜，县长并不热心而不了了之。在这期间，也有人请他在家设帐授徒，他又短暂地第三次做了私塾先生。虽然这些兼职都有薪水，但入不敷出，刘家也陷入贫穷无依的境地。民国二十一年（1932）十月，次孙精忠要到西安就职谋生，因为家中无钱，刘大鹏向老友郝六吉借了大洋18元作为川资；[2]三孙女喜莺结婚，不备酒席支应宾客，"只是预备几个火锅子而已"，家中只坐了男女各两席，日过中午，事遂了结；[3]长子刘玠已去世；次子刘瑄辛亥后疯癫；三子刘珦在同

---

1 刘大鹏：《退想斋日记（稿本）》，民国二十三年正月十七日、十八日。
2 刘大鹏：《退想斋日记（稿本）》，民国二十一年十月三十日。
3 刘大鹏：《退想斋日记（稿本）》，民国二十二年二月二十九日。

过村教书；四子刘琎随长婿阎佩书到陕西米脂县谋生。阎佩书时为米脂县县长，可怜他在任不到两年，积劳成疾死在任上；五子鸿卿高等小学校毕业之后，因学费太贵而不能上中学，一度到省城兵工厂打工；长孙全忠在省城织布厂上工，所剩薪金无余；三孙恕忠榆次银号学商，后来银号倒闭，人员全行解散；长孙女喜嬿守寡十余年，与族人构讼数年难有结果；史竹楼所生三女碧荑年仅12岁夭亡；曾经以煤窑为生涯的刘大鹏因"家贫少煤"，不得不用柴火烧炕。冬季夜长昼短，他一大早起来要写日记，却因笔墨尚冻不能援笔写字，只得围炉取暖，坐以待旦。民国二十三年（1934）十二月二十三日，小年，他在《日记》中写道："吾家贫穷，并无来款，所该外债没法偿还。亦惟仰天呼吁，度此残腊也。"[1]谁能料到，曾经一门两举人一秀才的赤桥刘家，30年后会落魄到如此地步。时局混乱，家庭穷困，年迈的刘大鹏登上晋祠最高处的吕祖阁求签问卦，期望太平之日的到来。

四、"再生"五年

盼不来太平之日，却来了更多的苦难。

民国二十六年（1937）卢沟桥事变后，全面抗战爆发，此时刘大鹏已年过八十。日军侵占平津，进而进攻山西的消息从四面八方不断传到赤桥村，阎锡山下令省城一切人员搬移出城。一时间，从省城搬至晋水流域的各色人等找房赁舍，纷纷扰扰，人心惶惶。八月中旬，日军飞机轰炸省城，仅距

---

[1] 刘大鹏：《退想斋日记（稿本）》，民国二十三年十二月二十三日。

沦陷后的山西省城首义门

省城五十里的赤桥村民几乎每天都能看到飞机在屋顶嗡嗡而过，村西的汽车路上，自太原逃出来的男女老少一路向南，络绎不绝，目睹此景的刘大鹏，"未免生怜悯之心"。

十月初四日，一个刘大鹏大难临头的日子，也是他最后几年都会提到的日子。人们乱哄哄地逃往西山避难，刘家人大多也于凌晨时分逃避各处，家里只有刘大鹏及腿痛不能健走的五子鸿卿、疯癫多年的次子刘瑄，还有一位只管吃饭不给工钱的厨工老妪。上午，突有溃兵四五人闯入家中，鸿卿登屋逾墙逃去，刘大鹏登屋徘徊眺望，忽有飞机在他的头顶抛掷两枚炸弹。奇怪的是，炸弹未曾落地，在半空中全行空炸。待到下房看视，只见得院中有炸弹铁片，刘大鹏却安然无恙。大难不死劫后余生的刘大鹏因此改名为"再生"，直到其去世的民国三十一年（1942），他在大年初一的《日记》中，除照例标示干支年月外，特别标出"再生五年"的字样。

省城、县城先后沦陷，太原县大小官吏全行逃遁，管狱员到家要刘大鹏拟一降表文，他也"应承拟之"。大概这个降表文尚未拟出，第二天太原县城即挂起降日旗，接着便是日本侵略者在晋水流域疯狂地烧杀抢掠。日军"烧杀掠抢，无恶不作"，已经成为一种民族的伤痛记忆，《退想斋日记》为我们提供了一个更为具体而真切的地方个案，这里不妨随机列举几条：

民国二十六年（1937）十月十七日："日军在村驻农民宅，将各家之木器捣毁为火，以造其饭。予之赁铺中桌椅板凳烧毁几尽，村丧失物件甚多。日出以后，方才起行，向南而去。"[1]

民国二十六年（1937）十一月十四日："日军于上午自山返回，民人言由前山越岭登峰而上，剿了风峪之陈家峪村、店头村、黄冶村，未见一红军，惟将该村之房舍焚烧不少。又将明仙峪之明仙村、白云村、瓦窑村之房院焚光，并柳子峪两三村房屋。"[2]

民国二十七年（1938）二月十三日，日军来村，"纷纷扰扰，见门即入。予将门闭，兵竟上房逾垣而入，把门大展。进来二十名日军住宿予家，毁坏物件，任意横行，翻匣倒柜，搜寻衣物等，概无纪律，兵等匪贼"。[3]

民国二十七年（1938）二月下旬，日军在牛家口奸淫牛某某之孙女，牛某某年七十六岁，恨日人欺压良民，被日军

---

[1] 刘大鹏：《退想斋日记（稿本）》，民国二十六年十月十七日。
[2] 刘大鹏：《退想斋日记（稿本）》，民国二十六年十一月十四日。
[3] 刘大鹏：《退想斋日记（稿本）》，民国二十七年二月十三日。

用枪击毙；有人言，西邵城村两个十三四岁少女被十余日军轮奸，"殆将毙命，日军一见妇女即行轮奸，人亦如可无何，不止三处五处"[1]。

民国二十七年（1938）十月初八日："晋祠向曦门外，自大乱以来，日军行刑即在此门之外，作为行刑场面。昨日下午，日军杀一土匪于该场，先用刺刀穿胸刺了一刀，又在两膀刺了两刀，日军队长又用火枪击了一下，末后将头砍下，枭首示众。"[2]

民国二十九年（1940）三月初五日：日军汽车自省出来，经村西北将一赶驴之夫碾死，日军不顾而往。

民国三十年（1941）正月初八日："新年七日，日军进黄楼沟剿伐红军，未见红军一名，乃将杏坪之山人抢劫奸淫，又烧山村。"[3]

民国三十年（1941）六月十三日："野场村之村长前三日被日军用火焚烧，死而复活。"[4]

刘大鹏痛恨日军的暴行，他说自己年老昏聩，概不惧怕，唯有听天由命。一旦战事稍缓，哪怕短暂的平静，他即感到"似在太平之日"。"再生"之日过去不到二十天，民国二十六年（1937）十月二十三日，他在《日记》中写道：昨夜安静，未闻有枪炮声及人马奔走，酣睡在家。夜梦世已太平，各处

---

1 刘大鹏：《退想斋日记（稿本）》，民国二十七年二月二十六日、二十七日。
2 刘大鹏：《退想斋日记（稿本）》，民国二十七年十月初八日。
3 刘大鹏：《退想斋日记（稿本）》，民国三十年正月初八日。
4 刘大鹏：《退想斋日记（稿本）》，民国三十年六月十三日。

将一切白色之纸收拾干净，全行焚毁。此虽为梦，却是盼望太平之真情。[1]又有一次，他夜梦在一宏敞清雅之旧宅，与众人一起操演，均得一"全"字，众口金曰：吾等得此全字，"非但可以保全身家，而且可以保全中国，永享安全之大幸福"。这个期盼保全家国的梦境第二天白天也"莫之忘矣"。[2]时局危险，大难不死，八十岁的刘大鹏在梦境中盼望太平之日。

民国二十七年（1938）公历元旦，伪太原县政府成立，太原县成为完全的沦陷区。刘大鹏将伪政府所用之官吏称作"亡国奴"，沦陷区人民的生活则是亡国奴的生活。民众出行，要佩戴所谓的"良民证"，否则必然受到日军侮辱。良民证换来换去，费用增加，成了官吏敛财的手段。后来，要求13岁以上60岁以下男女必须持有上贴本人照片的良民证，良民证又成了清查户口加征加税的工具。太原县城被伪政权控制，东、西、南、北四门仅开一个西门，赛会日卖货者也不能进城，只能在城门外匆匆交易。晋祠已被日军占据，赛会只限在北门外，南门外成了日军杀人的场所，南堡、北堡民产房舍被日军强行占据，人们流离失所，"各村人民无一户不受日军之骚扰"。[3]赤桥村就有过日军修炮台一次起夫90人，一次性索要稻草60万斤喂马，一次性索要干柴5000斤烧火造饭的罪行。兵荒马乱，人们过大年不敢出门拜年，更不敢焚柴放炮。正月初八日商铺开市、元宵节社火、清明节上坟、六七

---

1 刘大鹏：《退想斋日记（稿本）》，民国二十六年十月二十三日。
2 刘大鹏：《退想斋日记（稿本）》，民国二十六年十一月二十九日。
3 刘大鹏：《退想斋日记（稿本）》，民国三十年三月二十八日。

月间祭祀晋水源神的"大时节"等传统节日大都停办，或者草草一过。日军入室抢劫或路上劫人财物，致使路上行人寥寥无几。"土匪劫路日日不免"，民宅被抢、商铺被抢、水磨被抢等抢劫之案时有所闻。民国二十七年（1938），一则《日记》就记录了一日三处被抢的案件："昨夜金胜村有一妇人被匪铁烙，劫去大洋百十元；北大寺村一家亦于昨夜被五六土匪勒索大洋二十八元而去，余于下午到晋祠所闻。又见郝士英言：其回徐沟靳村家中，亦被匪抢物甚多也。"[1]

日军肆虐，土匪横行，贪官污吏乘世乱横征暴敛更加重了人民的负担。在刘大鹏看来，身处大乱之世，民众生活已处于水深火热之中，自当体恤民瘼，而官府却严令各户完纳钱粮，苛捐杂税有增无减。即以车辆税而言，各种大小车辆，无论足踏小车、马车、大车、人推小车皆需交税。晋祠总河晋祠、纸房、赤桥三村，每年六月十五日共祀晋水源神，以演剧之名，按亩起费，村长、副借机敛费。赤桥村公所自大乱以来，常有村长、副等三四十名起灶吃饭，而一切费用来自村中义仓和庙宇租课，以及向富户和磨碾要来的米面粮粟。[2]迎神赛社的演剧活动，后来干脆改为摊派，官府散给各村戏票，每张票大洋一元，勒令买票往观，刘大鹏称此为"卖票之戏"。[3]再后来，由于戏价太高，各处改唱秧歌，赤桥村的秧歌班不仅到县城和晋祠唱秧歌，而且经常到附近各村

---

[1] 刘大鹏：《退想斋日记（稿本）》，民国二十七年四月十二日。

[2] 刘大鹏：《退想斋日记（稿本）》，民国二十七年三月初一日。

[3] 刘大鹏：《退想斋日记（稿本）》，民国二十九年正月十一日。

演唱。刘大鹏向来不喜欢看戏，年轻时虽然多有往赛会看戏的记录，但大多是借看戏之名会友。时逢战乱，唱戏、唱秧歌在他看来，都是在迷魂阵中过活，宛似太平景象，实则危险之极。他曾面见县长恳请缓征钱粮，也曾上书县署，请派人调查赤桥村公所账目。他恨日军暴行，也恨贪官暴敛。

太原县沦陷后，县城和晋祠是日军驻扎的据点，也是日军施行"奴化教育"的场所。日军和伪政府曾在县城文庙等处举行男女青年会成立大会、全县绅士大会、县民代表会、祭孔仪式和"反共"救国敬老大会。在晋祠则有少年团会、妇女会、运动会、骡马大会等。这些活动，刘大鹏或亲身参与，或耳有所闻，或不屑一顾，或援笔痛骂。他去参加青年会成立大会，反问"此会有何益处"。晋祠开运动会，他观察"在旁冷笑者不少"。民国二十七年（1938）十月二十日，他参加了敬老大会，并和陈寅庵登台演说，演说内容虽不清楚，但领到了寿衣袍料等"奖品"。第二天，他在《日记》中记道："去日本县所办之敬老会颇为杂乱，概不整齐。予看其情形，则于本县之老人概无甚益处，推上峰提倡开敬老会是望各县人民心悦诚［服］，俾所行之新政蒸蒸日上也，但究竟于世无甚裨益耳。"[1]民国二十八年（1939）八月初八日，日军召集全县各村在晋祠召开骡马大会，要求全县五区招来肥壮骡马在水镜台周围聚集，而第三区送来的骡马最少，且肥壮者寥寥，刘大鹏称赞"第三区之各村长见解高超，令人钦佩"。第二天，日军又令赤桥村起夫到晋祠打扫会场垃圾，刘大鹏

---

1 刘大鹏：《退想斋日记（稿本）》，民国二十七年十月二十一日。

日伪时期的晋祠景清门

认为这些都是"日军扰害所致，人皆怨恨日军"[1]。晋祠被日军占据，对晋祠古迹最熟悉的刘大鹏成了日军时常询问的对象。他曾在晋祠村公所、赤桥村公所及家中接受日人的询问，或因语言不通交流不畅，或站在院中敷衍而终。有一次，一名日军来家坐谈，请他题写四个大字，他以"写字太拙，亦不允许"[2]。又有一次，两名朝鲜妇女跟随六七名日军来家，将悬挂屋中的一幅中堂"撤下来取去"。此中堂为五台山菩萨像，是当年黄国梁将军上五台山时寺院高僧所赠，回来后转赠给了他，他和妻子史竹楼均视为珍宝，"每月朔望拈香奉祀，内人史竹楼奉祀犹虔，今日被日人强取去"[3]，内心不禁愤恨。日军驻扎晋祠堡，重行修建，终岁不断，所有工人各

---

[1] 刘大鹏：《退想斋日记（稿本）》，民国二十八年八月初九日。

[2] 刘大鹏：《退想斋日记（稿本）》，民国二十七年六月十七日。

[3] 刘大鹏：《退想斋日记（稿本）》，民国二十八年正月二十八日。

村按户起夫，多则数百，少则数十，一切砖瓦木料均向各村摊派索要，刘家门前每天早晚都有三五成群前往晋祠服役劳作的民夫经过，刘大鹏每见此景，无不发出"亡国奴之困苦"的慨叹。民国二十九年（1940）七月，日军命令青年到晋祠训练，他在《日记》中写道：

> 日初东出，里中鸣锣，催应"自卫团"之青年壮丁前往晋祠、县城，经日军训练。日军在晋，严以待民，一发号令，谁敢抗违？一犯其令，轻则刑处，重则要命。以故一闻抗日，学生发现，莫不欣欣然喜曰："此吾中国之生机，能为亡国奴开生路也"。[1]

亡国奴的生路在哪里？中国的生机又在何处？

给晋水流域带来生机的是西山下来的红军。有关红军在晋水流域的抗日活动，慕湘的长篇小说四部曲，即《晋阳秋》《满山红》《汾水寒》《自由花》有很好的纪实性描写，这是因为慕湘"早年抗日于太原西山"[2]。前述刘大鹏参加敬老会，小说与《日记》即有几乎完全相同的记述。小说《汾水寒》如此描述这片复活的土地：

> 自从太原沦陷后，先是国民党、阎锡山败退下来的

---

1 刘大鹏：《退想斋日记（稿本）》，民国二十九年七月二十五日。
2 慕湘：《晋祠志·出版序言》，见刘大鹏著，慕湘、吕文幸点校《晋祠志》，第2页。

溃兵的洗劫，紧接着是敌寇汉奸的奸淫烧杀。溃兵遗弃下的大量枪支，又武装了遍地的土匪。在一九三七年整个冬季里，汾河平川的人们被死亡蹂躏着。世世代代经营的家园变成了人间地狱。沿村十室九空，一片凄惨景象，有多少人丧失了生命，有多少妇女被奸淫了，有多少家庭家破人亡了。好容易熬过了冰雪严寒的冬天，在青草发芽的时候，山上下来了共产党。正像大地回春，这片土地又复活起来。[1]

这里从山上下来的共产党就是刘大鹏说到的"红军"。《退想斋日记》第一次提到红军，是在刘大鹏"再生"之后半个月的民国二十六年（1937）十月十八日。那天，在西山避难的三子刘珦下山回家，他将一二十名红军化装驻扎在柳子峪的消息告诉乃父。第二天，刘大鹏就听说红军在柳子峪口外炮击日军汽车。民国二十七年（1938）春，红军在阎家峪成立太原县公署，西山九峪成了红军抗日游击队的主战场，太原县的西山和平川同时有了两个县政府。刘大鹏对比两个县政府说，红军"且不大肆征敛，并禁止其人员不准扰民，则较亡国奴之太原县公署差强人意也。至本县各村之村长、副，亦是正人少而凶人多……按户起款，概无范围，竟借支应红军之饷需，从中渔利以肥其身者甚多"[2]。村长、副之外，乱中土匪多有冒充红军欺压民众的事情发生。《日记》中多有

---

[1] 慕湘著：《汾水寒》，北京：解放军文艺出版社，1987年版，第101页。
[2] 刘大鹏：《退想斋日记（稿本）》，民国二十七年十二月初一日。

"土匪冒充红军肆行乡里""土匪抢劫，冒充红军""土匪冒充红军绑票""贼匪乱窜，冒充红军，此案甚多"等记录。晋祠镇镇长和赤桥村村长都曾被红军"请走"而后送回。对于那些栽种罂粟贩卖料面或祸害民众的恶人，红军则不会手下留情。民国二十八年（1939）二月，南张村朱广厚被红军带走并予以枪决，正因为"朱于上年种烟，获利巨万，名望大张。今年毁坏五六十亩宿麦改种罂粟，红军知朱大发［不义］财源……将朱广厚用刀刺死而去"。刘大鹏认为，朱某"上干天怒，其被红军所杀也固宜"[1]。因经营明仙峪石门窑与刘大鹏发生纠葛的韩金成，也因吸食和贩卖料面被红军处死，刘大鹏认为其罪有应得。[2]县警察局长张继德往往进村无故没收村民财物，致使民怨沸腾，红军在县公证处将其捆绑上山。日军则惨无人道，往往不免损伤村长、副之性命。绑票富户"或入其家，用火钳烙烫，立刻取款而去"[3]。日军占据县城和晋祠，不断地骚扰乡里，又不断地进山焚烧，或用飞机轰炸西山，搜剿红军。红军则经常在汽车路和各峪口堵截日军运输车辆，获其器械饷需，晋祠就是红军进攻的一个目标。民众不甘为亡国奴，凡红、日两军开战，听到日军死伤数多，莫不欣然。若听到日军战胜，则往往宁可不信。"人民不奉日军命令，暗通红军攻击日人"时有所闻。早在民国二十七年（1938）四月，晋水流域就流行着两首盼望日军早日败亡的童

---

1 刘大鹏：《退想斋日记（稿本）》，民国二十九年二月二十二日。

2 刘大鹏：《退想斋日记（稿本）》，民国二十九年十二月二十八日。

3 刘大鹏：《退想斋日记（稿本）》，民国二十八年十二月初一日。

谣。一曰："日军及早快些走，尚有娘子关一口。若仍在晋乱横行，决定死在红军手。"另一首曰："日本鬼子快快走，娘子关留一道口。若不走，喂了中国狗。"[1]大街小巷口口相传的童谣，反映的是民众痛恨日军苦盼太平的心声。

抗战进入相持阶段，日军在晋水流域实行"统制经济"掠夺财富，民众强烈反抗，甚至发生了抢劫合作社的事件。《日记》中最早出现的统制经济机构是稻米合作社。晋水流域最大的产业是"晋祠稻米"，民国二十九年（1940）秋后，合作社即强迫稻米"入社购买，不准农家自主"[2]。合作社就设在晋祠，受困的农户不碾稻米，"宁受穷困而不听日人之令"[3]。或者秋后改种稻田为麦田，以为日军合作社征收，不能使钱。[4]十二月初六日《日记》写道：

> 晋祠设立合作社，统制大米，饬令众农将大米送到合［作］社，仅开一收条，现不给钱，迫后再给，尚未定迟早。凡有大米之家莫不受困，因此众怨日军设此害世之合作社。北格镇之合作社已于十月被众抢劫，十一月南堰镇之合作社亦被众所抢。尚要统制五谷以及各物，致使民无生路，有不铤而走险揭竿而起，结党成群大抢大掠者乎？[5]

---

1 刘大鹏：《退想斋日记（稿本）》，民国二十七年四月初一日。
2 刘大鹏：《退想斋日记（稿本）》，民国二十九年八月十六日。
3 刘大鹏：《退想斋日记（稿本）》，民国二十九年九月十九日。
4 刘大鹏：《退想斋日记（稿本）》，民国二十九年十月十六日。
5 刘大鹏：《退想斋日记（稿本）》，民国二十九年十二月初六日。

赤桥、纸房二村，造纸户占到十之八九，日伪控制下的三晋公司在晋祠开设分处，将两村制作的草纸归其统购统销，不许自由买卖。西山九峪也成立了煤矿组合社，组合社请日本人为顾问，每月薪金大洋六百元，一切煤窑均不得自由开采。[1]刘大鹏了解合作社的弊端，他知道合作社收稻米，上峰定价每斗四五元，而合作社以每斗三元给农家，遂以全县农民之名义上书省城，书未上达，自己即意识到"恐上峰不理此案也"[2]。

沦陷区民众的生活异常困苦，刘家同样贫困潦倒饥寒交迫。家中大小十余口，食物早已不敷食用，经常是"无米可炊"。民国二十七年（1938），因遭日军劫掠，家中无粮，老友牛锡纯馈赠他大洋三元，另一位老友王景文则派人送来玉茭子、谷米、高粱各五斗，"以济穷困"。民国二十九年（1940）四月底，芒种时节种谷，刘家因"家中无谷籽，欲种不能"，只得向邻居家借来五十八枚旧年谷穗以解燃眉之急。[3]寒冬来临，家里无煤可烧，刘大鹏会拖着八十多岁的老躯到田里捡拾烧炕的柴草，背负或拽拉着回到家里，他说自己这是"做樵夫"。大乱之际，家人四散。长子去世，次子疯癫；三子刘珦在溃兵入家之前，带着家人到明仙峪避难，后来间断性地在赤桥和长巷村任教；四子刘玶乱后在塔院村赁屋居

---

1 刘大鹏：《退想斋日记（稿本）》，民国三十年十二月十三日。
2 刘大鹏：《退想斋日记（稿本）》，民国三十年十月初十日。
3 刘大鹏：《退想斋日记（稿本）》，民国二十九年四月二十九日。

住一年多，后到文水县公署任总务科长；五子鸿卿在溃兵进家时逾垣逃出，之后也辗转邻近的三家村、北大寺村、东庄村任教；长孙全忠带家人逃到柳子峪岳丈家避难；次孙精忠先在西安，后往来于陕西、四川之间谋生；三孙恕忠先在省陆军医院学医，后随部队又到宜川，欲归不能；四孙吉忠年幼，先后在县高等小学校和晋祠新民小学校上学；长女红萸孤儿寡母，生活不免凄惨；次女翠萸，丈夫遭乱逃亡，在外多年不知下落；长孙女喜嬿守寡多年，儿子又在乱后投军，不知音讯；次孙女喜鸾，丈夫在江西经商，遇乱难以归家，绕道湖南、广西、广东，经上海、南京，由石家庄返回家中；三孙女喜莺，大乱后丈夫逃难而去，后到西安，再后来到甘肃平凉太原西北医院任职；四孙女丑妮子、五孙女润英年幼在家。大乱之后，四世同堂的刘家十几口人，在家苦守的就是刘大鹏和妻子史竹楼，以及疯癫的刘瑄和年幼的几个孙辈。刘大鹏在《日记》中写道：

> 吾晋大乱之日，父子不相见，兄弟妻子离散，东奔西逃，不知所往者多。迨乱稍定，各家乃渐次而归，未曾损伤性命者即为万幸。吾家近二十人，虽多逃亡，却能完全，仰赖上天护佑之惠及先祖、先宗、先父、先母在天之灵所眷顾也。[1]

终年86岁的刘大鹏，其最后岁月是在困苦饥寒中度过的，

---

[1] 刘大鹏：《退想斋日记（稿本）》，民国二十七年五月二十八日。

困苦饥寒中太平之日的出现似乎也有了盼头。民国三十年（1941）十一月初，多日未曾看报的刘大鹏，借阅里人自省城带回来的《山西新民报》，得知太平洋上风云变幻，日与美、英进入战争状态。民国三十一年（1942）公历元旦，因太平洋战争，省城元旦放假七天，这种情况是之前没有过的。有人自省城来，感到省城情形已有不稳之态，民众聚首议论，日人严行禁止，刘大鹏感到"日军在太平洋战败是实也"。四月，晋水流域已有传言：日本被各国飞机轰炸，日本人概无居住之处，逃来中国避难。四月中旬，村西汽车路上载有日本童叟妇女的汽车通过，又可以看到，身着军衣的日本老幼妇女一路逃难南去。民众普遍相信，"非但日本战败，就其在华肆恶，将来日本必有亡国之患"[1]。愿望并不是现实。晋水流域已经沦陷五年之久，"家家受困，人人受窘，年关已到，更为紧迫，人民之生活程度危险已到极点，有岌岌乎不可终日之势矣"。正月初一日，刘大鹏又习惯性地登高远望，昏霾惨雾，天象仍昧，他发出了"安望天下太平哉"的哀叹。[2]

最后的岁月里，也许只有家人能给他一点安慰。民国三十年（1941）五月十八日，刘大鹏的八十五岁生日，一个"逢五"的生日。虽然几个孙子和女婿仍然流落在外，两个女儿和三个孙女向他呈上寿桃，县长送来寿祝一幅，县公署十几名科长和科员送来寿礼，八十五岁生日差强人意。四个月后，主要是在妻子史竹楼的操持下，老来子五男鸿卿完婚，

---

1 刘大鹏：《退想斋日记（稿本）》，民国三十年十月二十八日。
2 刘大鹏：《退想斋日记（稿本）》，民国三十一年正月初一日。

了却了他晚年的一桩心愿。太原县已改为晋泉县，日军实施统制之政，统制百物，封锁经济，甚至觊觎晋水资源。民国三十年（1941）十二月二十四日，天寒地冻，县公署通知他到县城面见省里派来的专门委员，得知日人欲霸占晋水资源，他毫无迟疑地对委员讲道："日人若将晋水霸去，则数十村之人均不能活矣，求委员设法保护。"[1]年关逼近，二十八日，他又到晋祠劝各商家呈请本县，不准日人破坏晋水旧例。第二天除夕日，家家户户准备过大年，他却走到附近的北大寺和长巷村游说各水磨递呈，"请官判断，各水（磨）皆应承遵办"。料面之毒危害甚大，吸食贩卖家破人亡者比比皆是，他曾向县长建言戒食料面之法，也曾在梦中与本村之村长、副商议，以赤桥村名义请省府实行戒食料面之政，他说这是他的一个心病，几乎"无日忘之"。[2]

年老体弱多病，浑身瘙痒、咳嗽大发、右腿疼痛、头晕目眩等老年病时常折磨着八十开外的刘大鹏，他有时因病偃卧在床，有时因寒冷在家数日。闲来无事，他会戴着老花镜翻检一生读过的旧书，或者默默地背诵四书五经。民国三十一年（1942）三月二十六日，他在《日记》中记道：

> 去日，予病发生又闹一日，金乌尚未西坠，即行解衣就寝，到夜喝些稀粥，又就枕而睡。虽云抱衾与裯而心志了亮，莫能成梦，乃背诵《大学》《中庸》二书。晨

---

[1] 刘大鹏：《退想斋日记（稿本）》，民国三十年十二月二十四日。
[2] 刘大鹏：《退想斋日记（稿本）》，民国三十年十二月十四日。

鸡高唱，仍未入梦，乃又背诵《孟子》一大章。天将送晓，鸡鸣喔喔，声谱远近，时已大亮，昏霾惨雾，填满宇宙，不见天日。予遂振衣而起，喝些早饭，和衣而卧，亦未出门。

世事纷乱不安，他竟在梦中参加会试考取进士，甚至中了探花。科举出仕是他一生的梦想，孔孟之道是他一生的精神支柱。

身老不禁愁。去世前的一个月，刘大鹏专门来到村西的祖茔看视。六月初七日上午，他要族侄端午修筑祖茔破损的土堰，下午又叫长孙全忠收拾堰阡。六月中旬，连日下雨，西山九峪洪水暴涨。十八日、二十日、二十一日、二十二日，连续几天他都在祖茔修筑石堰，或天黑而归，或冒雨而归，直到"大致将损伤之处补修已遍，无一处不经手"。[1]开蒙先读《孝经》，一生以孝为先的刘大鹏，临终前仍要将祖茔补修一遍。对他而言，这是对地下祖先和父母的孝敬之举，也是对自己的一个安慰。

农历六月十三日，刘大鹏最后一次赴县参加保存古迹古物委员会会议；七月初四日，最后一次赴晋祠赛会；七月十一日，他最后一次走出门外，又看到三三两两的荷钱（铣）民夫从门前走过，知道又是日军命令上山修筑炮台，或是到晋祠队部为日军做工，他沮丧地写道："一日不知有引夫多

---

[1] 刘大鹏：《退想斋日记（稿本）》，民国三十一年六月十八日、二十日、二十二日、二十四日。

少，终年如此，民莫能安。"他盼望"彼苍者天，命将出师，扫除贼寇，振救群民，俾皆安居乐业也"[1]。这简直像是刘大鹏最后的一声呐喊。

七月十四日，在前日淙淙滴滴的雨声中，写完52年来的最后一篇日记，再五日，86岁的刘大鹏辞世于赤桥家中。

他是在意识到自己来日不多，似乎要在祖茔面见父母的心绪中离世的。又是在时局纷乱，恨不能天降将士，扫除贼寇，"俾皆安居乐业"的苦盼中离世的。

五、相关的讨论

晚清举人刘大鹏的抗战叙事，引发了我对抗战史研究的进一步思考。

抗日战争是中国人民抗击日本侵略者的"全面的全民族的抗战"。全面的抗战就是包括根据地、国统区和沦陷区960万平方千米土地上的抗战；全民族的抗战，就是包括全国各阶级、阶层、党派、集团及各种政治力量的抗战。注重对共产党和国民党在抗战时期不同的路线方针，以及根据地和国统区重大战役的研究无可非议，对占有相当国土面积的沦陷区的研究亦不可忽视。一味地注意上层的、全国性的舞台上活跃的人物和事件，往往会使我们忽视那些下层的、地方性的人物和事件。人人都是历史的参与者，历史上永远有地方的存在。从地方看历史的变动，往往会给我们提供更为复杂和多面的历史图景，进而增强我们对丰富多彩有血有肉历史

---

[1] 刘大鹏：《退想斋日记（稿本）》，民国三十一年七月十一日。

本身的认识。刘大鹏及其《退想斋日记》为我们提供的正是一个抗战时期沦陷区的"地方性知识"。

刘大鹏出生于太原县赤桥村的一个"耕读之家",他的早年像一般的读书人一样,进私塾,住书院,一心登进士第,似有万里封侯之志。轻松"入泮采芹"后,中举路上却屡试屡挫,"七科而不中"。甲午战争爆发的那年,他终于乡试中举,翌年便公车北上参加会试。乙未、戊戌两科会试名落孙山,在"初志本不愿教书"的心绪中当了私塾先生。光绪三十一年(1905)废科举后,刘大鹏"心若死灰",但他仍可以在太谷县南席村的富商家设帐授徒。宣统元年(1909)回乡,"在省充议员二年",迎面而来的便是辛亥鼎革。共和与帝制的交替嬗递,传统与革新的剧烈撕扯,由此产生的焦虑和欲望、妥协和抗争,是中国历史上最后一代传统读书人必须面对的时代选题。刘大鹏并不承认民国正统,且以"大清之人"自居。民国初年他虽被推为太原县议长,并参与过不少地方新政事务,但那都是"叛逆之世"不由己意的遭遇,一种愤懑之中无可奈何的妥协。九一八事变爆发一周后,他在《日记》中仍自称"清代遗民"吐露心声:"予本清代遗民,国变以后,伏处畎亩,度此余生,于今二十年矣。目之所见,耳之所闻,种种事件,无一不违本心,积忿积恨,无处发泄,惟借吟咏以泻一时之感慨,然虽笔之于册,不敢为外人道也。"[1]

九一八事变是刘大鹏一生的一个节点。九一八事变后,

---

[1] 刘大鹏:《退想斋日记(稿本)》,民国二十年八月十四日。

日军侵占东三省，进而觊觎华北，他称日军为"日寇""倭寇"，认为"日本侵凌中国万恶之极"。东北义勇军和上海十九路军英勇抵抗，各地学生游行示威请愿抗日，而党国政府却畏日如虎，"尚无一员将帅出兵征伐日寇，收复失地，即各省之长官，亦无一员救援上海之人，及往讨关东之将，则是党国并无一人，已成为无政府之时代矣"[1]。日寇横行中华，党国不敢讨伐，中国不仅处于"无政府之时代"，而且"中国有变夷狄之患也"。焦虑急迫之中，刘大鹏发出了"唾壶欲碎"，"予与汝偕亡"的愤懑之声。"党国有亡国之情形"，他将希望寄托于日本人扶植的伪满洲国。伪满洲国成立后，他认为"此固天心在清"，俾日人消灭革命党。日本人"匡扶"宣统恢复东三省，改"满洲国"为"后清国"，他认为"此清祚恢复之权舆也"。他甚至天真地希望，"天若眷清"，可以逐渐恢复中华，"后清"必命倭人铲除革命党，日本人自动退回东洋，后来的时局进展证明这只不过是一场梦境。待到全面抗战爆发前夕，他已逐渐承认"党国"政府，民国二十五年（1936）大年初一的《日记》，"中华民国"纪年已写在了"后清"宣统之前。辛亥鼎革以来，一直以"大清之人"自诩的刘大鹏，在外敌入侵，民族存亡的危急关头，在看不到"后清"的一点希望之后，逐渐承认民国政府。但这个政府又是一个不争气的政府，怒其不争，恨铁不成钢，他恨日本人的侵略，又恨政府的无能。他不像一般不关心时局的乡村"愚

---

[1] 刘大鹏：《退想斋日记（稿本）》，民国二十一年三月初一日。

庶"那样没有"国家观念"。[1]他在梦中梦到自己剑刺飞熊,以此比附姜太公八十遇文王。浑然忘记自己年近八十,恨不能乘风破浪,讨伐日寇。从不承认到逐渐承认中华民国,九一八事变是一个重要的时间节点。

当然,对一生持守孔孟之道的前清举人刘大鹏而言,儒家伦理是他认识和判断时局的准则。九一八事变后,《退想斋日记》对天象的记录明显增多,且将天象与现实勾连。秋风号泣,他会"忧世之大乱";暴风骤起,令人生畏,"深恐冬令有不测之患";"天阴一日,竟成黑暗世界,令人闷闷昏昏,不知东西南北,此世局之现象也";朝有"三环套""此天变之大者,亦系兵象";彗星见,世必大变,[2]如此等等,不绝于书。天变频仍,是由于人事之不善,"天象黑暗,此由世界戾气所蒸也"。五月十三日,关公诞辰,他希望关圣帝"磨刀雨"将刀磨快,斩尽现时之贪官污吏劣绅土棍。他嘲笑革命党虽挂青天白日旗,而眼前世界则是昏天黑地。他说自己:"予年已老,而迷信益深,对于事件一以天命为归,举凡治乱兴亡否泰通塞,莫不为天所定,由命所存。"[3]世局纷乱,甚至日寇劫掠,他都将此归结为"孝弟忠信礼义廉耻""八字不讲",纲常伦理全行破坏。"再生"之后月余,他将"世乱纷纭"视为劫数,一直追溯到民国的建立:

---

1 刘大鹏:《退想斋日记(稿本)》,民国二十一年正月二十七日。
2 刘大鹏:《退想斋日记(稿本)》,民国二十年九月二十六日、三十日,十月初一日、二十一日,十一月二十四日。
3 刘大鹏:《退想斋日记(稿本)》,民国二十年正月初四日。

世乱纷纭,兵马奔走……此等浩劫亦系数之所定,人莫能逃。自民国以来,伦理纲常全行破坏,孝弟忠信学校不讲,礼义廉耻竟皆打倒,平等自由毫无秩序,男女混杂,父母无恩,由是贪官污吏搜刮民财,饱入私囊并不畏法。劣绅变为土棍,官皆置之不问。土棍反成绅士,官乃尊之敬之,是非颠倒,皂白混淆。民国改成党国,征敛重叠……督军改称主任,修武偃文,将帅皆富于石崇。积丛罪孽,溺漫乾坤……上天逞怒,降此浩劫……自作孽不可活,此之谓也。[1]

帝制变共和已三十多年,儒家伦理的思想基础已开始瓦解,他认识到:"世衰道微莫甚于今日,虽使孔孟复生,对于斯世斯民亦未如之何也已矣。"[2]他也清楚自己所言所行已不合时宜,只能无奈地"俟命":

予已年老,所读之书均不合于时,故所如辄左,民国以来纲常废弃,伦理沦亡,则于古圣先贤之道大相背谬,予则学效圣贤,所言所行为民国之人所深恶而痛绝之。困厄于闾里,躬耕以度日,固其宜也矣。亦天命所定,亦惟守困安贫以俟命而已矣,何敢怨天尤人。[3]

---

1 刘大鹏:《退想斋日记(稿本)》,民国二十六年十一月初九日。
2 刘大鹏:《退想斋日记(稿本)》,民国二十一年九月初八日。
3 刘大鹏:《退想斋日记(稿本)》,民国二十二年三月二十三日。

另一方面，"年已老大而壮志仍存"。即使年已古稀生不逢时，甚至"己之所言所行而为时人所贱恶"，刘大鹏"究不敢怨天不敢尤人，亦惟责己不违本心，不能随俗浮沉而已矣"。[1]他在不时地责怪自己年已老大，未曾立德立功立言，未能做一件除害安民济世活人之事，也"未能为万民之保障作一国之干城，亦惟愤世嫉俗，抱恨不平"[2]。他曾在梦中督军奋战，大破贼阵。或在梦里组织一个小机关，拯救乱后遗子之民。更多的梦则关乎民生，如夜梦劝阎锡山不可加征加税；梦在一大厅与官员会谈，停止苛捐杂税之虐政；梦请太原县知事实行铲除料面，暂缓征收钱粮之法；梦与赤桥村长、副商议戒毁料面之法，以赤桥村名义上书，请山西省政府特务机关实行戒吸料面之法等。还有少年春气味，时时暂到梦中来。时至20世纪三四十年代，前清举人在现实生活中仍然具有相当的文化和社会地位，他们在地方社会仍然发挥着重要的作用，官府仍在不断地利用他们办理公共事务或调解民间纠纷。从刘大鹏上书控告的屠孝鸿、陈洒蓉到后来的陈昌五、尚德、冯汉山，直到抗战时期的伪县长武克恭、崔仲峤、常毅夫，县长与知事的名号在变，但新任总要沿袭旧制设宴款待士绅，共同商议地方事务。故旧凋零无多，刘大鹏是太原县硕果仅存的几个前清举人，也就成了一些官府任命的社会组织首领。前述赴河边村欲面见阎锡山请其缓征，上书中央

---

[1] 刘大鹏：《退想斋日记（稿本）》，民国二十二年正月初七日。
[2] 刘大鹏：《退想斋日记（稿本）》，民国二十年十一月初五日。

政府监察院和行政院"为民请愿",都有太原县代表的身份所在。这个时期,他曾任县保存古迹古物委员会的常务委员,委员会的委员长由县长兼任,委员则是陈寅庵、郝济卿、胡海峰、阎佩礼等旧绅士。他以常务委员的身份整理天龙山佛经,清查天龙山寺产。抗战时期,委员会改为会长制,县长为名誉会长,刘大鹏为会长。每月的公历一号(后改为二号),他都会到县城准时参加委员会例会。除此之外,刘大鹏又曾任四区调解委员会委员、县文献委员会委员、伪政权时期的自治指导委员会县民代表、山西省和平促进会太原县分会会长等职。参与讨论并起草太原县"十年建设计划",调查地方地亩、物产、矿产、水利,组织本县志书编纂、调解商事和民事,保护晋祠文物古迹,种种件件,刘大鹏都乐此不疲。虽为赤桥乡绅,他与在城绅士陈寅庵等都保持着密切的交往和友情,他时常会利用赴县开会或看望长孙女的机会,会晤一干旧绅士讨论时局和县政,或者干脆一起步入县衙面见县长。逢年过节或生日吃请,他和县长都有互动。民国三十年(1941)85岁生日,刘大鹏就不仅收到现任知事常毅夫的寿祝一幅,而且有县府十余名科长和科员送来的寿礼。[1]当然,所谓的绅权和政权之间也有不合,甚至矛盾的一面。刘大鹏组织的县志编修、戒食料面、释放看守所轻罪犯人等意见并没有得到官府的认可,更谈不到落实。为了保护赤桥村和纸房村造纸户的利益,他竭力制止在晋祠一带建造近代化的晋恒造纸厂,甚至"舞文弄墨"上书山西省政

---

[1] 刘大鹏:《退想斋日记(稿本)》,民国三十年五月十八日。

府，最后也只一声叹息，恨自己"老大无用亦甚矣"。[1]在土豪劣绅横行的年代，刘大鹏并没有裂变为"劣绅"，尽管后期他曾参与了许多伪政权控制下的地方事务，但他仍然是一个持守孔孟之道，以儒家伦理立身处世的前清举人，身份、乡望、修养及其几十年来在地方社会积累而取得的信任是他的招牌和名片。传统观点认为绅士是国家与乡村的"中介"，民国以后，随着城市化、工业化的进展，绅士们纷纷脱离乡村而进入城市，或在时代大潮中渐次隐退，乡村成了地痞流氓和土豪劣绅的温床。刘大鹏的例子并不支持这样的判断。恰恰相反，即使在面临外敌入侵的抗战年代，像刘大鹏这样的旧绅士仍然在地方社会发挥着重要作用，孔孟之道及儒家伦理在朝野上下仍在绵延。

刘大鹏自称，辛亥以后二十年来，也就是九一八事变前，所见所闻无一不违本心，"积忿积恨，无处发泄，惟借吟咏以泻一时之感慨，然虽笔之于册，不敢为外人道也"[2]。九一八事变后，"不敢为外人道"的《退想斋日记》，不仅记述社会见闻和家庭生活的内容越来越多，而且成为他感慨时事和发泄不满的出口。刘氏战时家庭生活的穷困和亲人的流离失散不必多言，从《日记》有关社会面相的记述来看，九一八事变后，山西地方社会农业衰败、商业不振、洋烟为害、晋钞闹荒、物价腾涨、民生穷困等问题较之前更为突出，征收钱

---

1 刘大鹏:《退想斋日记（稿本）》，民国二十六年二月初四日、初五日、初六日、二十五日、二十六日、二十七日，四月初三日、十二日、十四日。
2 刘大鹏:《退想斋日记（稿本）》，民国二十年八月十四日。

沦陷后的太原县城

粮，供给军饷，支应兵差等因战乱而起的虐政更加剧了社会的危机。"民穷财尽已经数年"[1]，民不聊生已在眼前。七七事变爆发后，省城太原封闭城门，逃出来的工商仕宦租房赁屋散居晋水流域，天空中日军飞机疯狂投掷炸弹，地面上民众惊恐万分逃往西山避难，兵匪纷扰，一夜数惊。省城失陷，太原县府人员全行逃匿，只有四个街区的街长"维持地方"，三晋名胜晋祠也很快被日军占据。民国二十七年（1938）公历元旦，以武克恭为伪县长的临时太原县政府成立，各村插上了红心白色旗，太原成了完全的沦陷区。日军侵占晋水流域，原有的城乡社会猛然楔入了一个外来的强

---

[1] 刘大鹏：《退想斋日记（稿本）》，民国二十五年闰三月初一日。

盗，社会结构和社会生活都发生了前所未有的变化。日本侵略者，县、区、村三级伪政权，中国共产党领导下的红军，"亡国奴"式生活的民众，各方势力在烽火连天的战争中相互纠缠，时局更加复杂而多变。重要的是，广大民众的生活从最初的惊恐避难妻离子散，到后来被迫"亡国奴"式的生活。灾难中的民众不仅痛恨日本的野蛮侵略，同时痛恨伪政权的媚颜苛政。灾难中的民众同时"盼红军攻击日军，将日军全行打死"[1]，苦苦地期盼着太平之日的到来。86岁的刘大鹏没有盼来这一天，晋水流域的民众三年后终于盼来了抗日战争的全面胜利。

抗战时期的前清举人刘大鹏是复杂多样的，抗战时期沦陷区的社会生活也是复杂多样的。历史本来就是丰富多彩的。

---

1 刘大鹏：《退想斋日记（稿本）》，民国二十九年八月二十二日。

刘大鹏与晋祠

名胜古迹是地域文化重要的载体,地域文化却是名胜古迹扬名于世的基石。"以文教化"的文化是联结名胜和地域的纽带,而文人往往是那纽带的提携者。晚清举人刘大鹏世居三晋名胜晋祠"一箭之遥"之赤桥村,其独立完成洋洋百万言的首部《晋祠志》,不惧诬陷挺身主持民国初年的大规模晋祠修缮,老来不遗余力地保护晋祠山水资源,其情其状,无不透露着一位传统文人的家国情怀。

晋祠山门

一、斯祠斯人

晋祠位于明清太原府城西南五十里之悬瓮山麓,《山海经》"悬瓮之山,晋水出焉",此之谓也。

"三晋之胜,莫逾于晋祠。"晋祠不仅以其历史悠久而闻名于世,且以其集自然与人文景观于一处而为人流连忘返。

晋祠最初为祭祀周武王之子唐叔虞的祠宇,唐叔虞是晋国的开国之君,《史记·晋世家》中有名的"剪桐封弟"的故事,讲的就是周成王封弟弟叔虞到唐国做首代诸侯的事。叔虞的儿子燮父即位后,将国号改"唐"为"晋",唐叔虞祠亦名"晋王祠",简称"晋祠"。

晋祠最早见诸文字的记载是北魏郦道元的《水经注》,郦道元谓晋祠"于晋川之中最为胜处",可见此时已经初具规模。北齐以晋阳为别都,高欢、高洋父子又崇信佛教,在广

唐叔虞祠

建晋阳宫、大明殿、十二院及天龙、开化、童子、崇信诸寺院的同时，在晋祠也"大起楼观，穿筑池塘"，祠内读书台、望川亭、流杯亭、涌雪亭、仁智轩、难老泉亭、善利泉亭次第兴建，故而"自洋以下，皆游集焉"，足见当日之非凡盛况。

隋唐时期，晋祠更加兴盛。隋开皇年间，在晋祠兴建浮屠院及雄伟壮丽的八角七级砖砌舍利塔。隋末，李渊父子祷于晋祠，起兵灭隋，晋祠成为李唐王朝的发祥地。唐太宗李世民后来重返晋祠，亲手撰书《晋祠之铭并序》，感恩之情溢于碑碣。

宋太宗灭北汉后，重新修建晋祠。仁宗追封唐叔虞为汾东王，并新建了规模宏大的圣母殿，以此供奉唐叔虞的母亲邑姜。金、元、明、清各代，以圣母殿为中轴，献殿、牌坊、钟鼓楼、水镜台、水母楼、台骀庙、昊天神祠、文昌宫、乐台次第兴建，晋祠建筑的总体布局趋于完善。

虽说晋祠最初为奉祀周初晋国第一代诸侯唐叔虞的祠宇，然岁月可以改变旧貌，或许是看好此处的山水胜景，儒、释、道三教及民间各路神灵纷纷云集晋祠。自周初以迄明清，关圣帝、玉皇大帝、三官大帝、东岳大帝、真武大帝、文昌帝、太阳神、土地神、山神、苗裔神、财神、五道神、至圣孔子、亚圣孟子、老子、公输子、释迦牟尼、弥陀佛、华严佛、仓王、药王、吕洞宾等均汇聚此名胜佳境，此种现象实属罕见。

言以足志而文以足言，言之无文则行之不远。晋祠名胜古迹引来无数达官文人的足迹，也留下了无数脍炙人口的唯美诗篇。唐代之李白、白居易、王昌龄，宋代之司马光、范仲淹、欧阳修，金代之元好问，元代之小仓月，明代之于谦、薛瑄、王瑄、乔宇、屈大均，清代之傅山、朱彝尊、殷峄等均为晋祠胜景写迹，作文题咏不胜枚举。

值得一提的是，退仕归里的在籍士绅名流，或独立创修地方志书，或积极参与修缮晋祠工程，也都留下了诸多有关晋祠的文字、诗词、楹联、匾额不一而足。明代官至浙江按察司副使的晋祠镇东庄村进士高汝行，致仕后以6年时间独立创修第一部《太原县志》。又倡议督工重修晋祠唐叔虞祠，难老、善利两泉亭，重建读书台、望川亭，创建台骀庙和水母楼，"晋祠由是更成巨观"。[1]高氏即有《修唐叔虞祠》《登望川亭》等诗。另一位晋祠镇进士、纂修《大清一统志》并官至台湾学政的杨二酉，致仕后对晋祠古迹的修复表现出极大的热情，先后参与了文昌宫、七贤祠、同乐亭、贞观宝翰亭等的重修和扩建工程。景清门、文昌宫、三台阁、待凤轩、玉皇阁、奉圣寺、水镜台、朝阳洞、水母楼、苗裔堂等处的匾额楹联，都留下了杨二酉的墨宝。尤可注意的是，杨二酉以"晋祠名胜甲三晋，而景无传焉，憾事也"，特作《晋祠全景诗》十六首，其内八景为望川晴晓、仙阁梯云、石洞茶烟、莲池映月、古柏齐年、胜瀛四照、难老泉声、双桥挂雪，外八景为悬瓮晴岚、文峰鼎峙、宝塔披霞、谷口双堤、山城烟堞、四水清畴、大寺荷风、桃园春雨。[2]步其后尘再作《晋祠内外八景诗》十六首的晋祠镇索村举人赵谦德称杨二酉的十六首诗作："具见匠心，有鬼斧神功之妙。"

---

1 《高副宪汝行传》，《晋祠志》，第419—421页。
2 道光《太原县志》卷十四《艺文三》。

无独有偶，除明清时期晋祠镇致仕居籍的名流外，与晋祠"一箭之遥"的赤桥村，清末民国初年也有一位热心公益，独立纂修第一部《晋祠志》、不惧诬陷挺身主持修祠、同时撰有《晋祠全景诗》十六首及楹联多处——其中最为世人传诵的就是那副同乐亭的楹联："同声相应同气相求同人共乐千秋节，乐不可无乐不可极乐事还同万众心。"[1]此人就是赤桥村的举人刘大鹏。

刘大鹏，咸丰七年（1857）生于山西太原县（今太原市晋源区）赤桥村，逝于民国三十一年（1942），终年86岁。

赤桥村西南与晋祠接壤，两地仅"一箭之遥"。晋祠为三晋名胜，不仅有四季悦目的各处山水胜景，且有日月不断的各种迎神赛社。刘大鹏"髫龄之时，敬随家大人入祠游览"，年长也效法家严大人，不时带子携孙到晋祠观赏，直到离世的前十天仍到晋祠赛会。在刘大鹏的心中，赤桥是他的家园，晋祠也是他的家园，甚至是更为重要的精神家园。

据刘大鹏自述，明末，刘氏八世祖已在赤桥定居，数代耕读为业。父亲刘明（1825—1907），年少读书并习武，应考武科不中，仅为武童生。成年后经商奔走四方，光绪十年（1884）在太谷县里满庄开设"万义和"木材店。此时，二十八岁的秀才刘大鹏已到省城太原的崇修书院就学肄业，正在科考路上奋进。

刘大鹏"七岁始能言，仍哺母乳，九岁从师读书，十九岁娶妻，二十一岁应童子试，二十二岁入泮采芹，二十六岁

---

[1] 《晋祠志》卷二十九《文艺下·楹联》，第561页。

到省肄业于崇修书院凡十年"[1]。七岁的孩子仍哺母乳，才开始学说话，是否应了民间那句"贵人语迟"的说法？果然，从师"望之俨然"的本村塾师刘午阳，刘大鹏寒暑往来，备读经史诸书，直到晚年"四书五经留于胸中不至全失"。刘午阳授徒躬行实践，而不"沾沾于举子业"，"凡从而受业之人，必勖以孝弟忠信礼义廉耻诸大端"，初来受业之徒，首先诵读的是《孝经》、朱子、小学，继而授《近思录》《性理精义》《理学宗传》，也就是力戒浮华的经世致用之学，[2]这对日后刘大鹏的立身行事产生了重大影响。

师从刘午阳十年，十九岁娶妻，二十一岁首次应考童试，第二年即入泮采芹考取秀才，这时他已二十二岁。时当山西百年不遇的"丁戊奇荒"甫定，百业萧条，然父亲刘明的小生意尚可维持家计，不久又在太谷县的里满庄开办了一家木店，武童生出身的父亲决计让秀才儿子继续科考。入学太原县桐封书院两三年后，刘大鹏来到省城的崇修书院肄业。在此十年，刘大鹏仍以"德行之修为重，科名之得为轻"[3]，平日里最爱研读的是经史诸书，又好看理学诸书。他看不起徒事辞章，而于义理之学全不讲求，一味博取功名的"当今之士"，对科举应考必需的时文制艺并不以为重。"写字最短"成为他日后科考路上的一个痛点，也是他一生的遗憾。自光

---

1 刘大鹏：《退想斋日记（稿本）》民国七年十一月十八日。
2 《刘师竹先生传》，《晋祠志》卷第二十五，第480—481页。《退想斋日记（稿本）》光绪二十七年十二月初八日、民国七年十二月初八日。
3 刘大鹏：《退想斋日记（稿本）》光绪十八年十一月二十五日。

绪五年（1879）到光绪十九年（1893）的15年间，刘大鹏先后参加了七次考举人的乡试，七次应考而"七科不中"。"中举一事，若登天然"，他发出了这样的慨叹。

光绪十八年（1892），刘大鹏结束了书院生活，来到离家仅有七八里的王郭村设帐授徒，当起了一名私塾先生。也就是在此时，他开始了每日一记的《退想斋日记》，或有"退一步想即为快乐之境"的寓意。其实，教书实为不得已而为之，除了张口就来的"家有三石粮，不作童子王"之类的抱怨外，《日记》中不时会出现其既不能博取功名而消磨志气，又不能事亲尽孝而摆脱此路的抑郁之情，他的志趣仍在科考中举。事有意外之喜，光绪二十年（1894）长子刘玠春闱府试通过，被取为府学生员，参加秋闱的刘大鹏在"七科不中"久困场屋的失望中一举成名，奋志青云的科举梦再一次点燃。

光绪二十一年（1895），刘大鹏第一次公车北上，参加京师举行的乙未科会试，落第归来，他又重操旧业，来到太谷县南席村武氏家塾作塾师。光绪二十四年（1898）再次公车北上再次落第。两次进京会试，正值甲午战争、戊戌变法两大事件，与多数会试士子一样，刘大鹏虽未鼎立潮头，然耳闻目睹却感同身受。国家变法以图富强，变通科举，改时文为策论已然成为潮流。父亲大人年已七十四岁，母亲亦年近七十，他遂有辞去南席教职，"归里设馆授徒"之举动，只是此举尚未得到父母认可。风云突起，世纪之交的义和团运动给朝野上下带来巨大震动，刘大鹏的心理也发生了一个转变："迨庚子遭乱以后，时局大变，争胜之心始泯，而记胜之念遂兴。"[1]

这个"记胜之念"就是纂修《晋祠志》。

二、纂修《晋祠志》

刘大鹏一生著述宏富，除持续52年皇皇203册的《退想斋日记》外，计有著述28种二百余卷。

刘氏所有著述大致可分为两类，一类是文集、诗集、家谱、年谱、家训、公车日记等涉及个人和家庭的著述，另一类是"系于乡邦文献"的有关晋祠、晋水、西山九峪等"有功桑梓者"。[2]

晋祠历史悠久，而志书记载却寥寥无几，略而不详。乾隆年间虽有王崇本《晋祠志》一书，竟未付梓，不得以传。[3] 刘大鹏所著《晋祠志》弥补了这一"千年之憾"。

《晋祠志》计四十二卷，分为十五门：祠宇、亭榭、山水、古迹、宸翰、祭赛、金石、乡校、流寓、人物、植物、文艺、河例、故事、杂编，文前有图有说，字数在百万字以上，成书于光绪三十二年（1906）。此时刘大鹏正在太谷南席村武佑卿家塾做私塾先生。

时人及后人对《晋祠志》多有好评：

时在太谷东阳镇做私塾先生，与刘大鹏过从甚密的赵峰为序讲到，"吾友刘君友凤"，"计其乡名胜无逾晋祠，所有碑

---

1 刘大鹏：《晋祠志·序》，《晋祠志》，第5页。
2 刘大鹏：《退想斋日记》附录《刘友凤先生碑铭》，第613—615页。
3 刘大鹏：《晋祠志·序》，《晋祠志》第5页。

《退想斋日记》稿本夹页中刘大鹏手书四十二卷本《晋祠志》目次

碣,多数残缺,深恐久而难稽。故于舌耕之暇,逐一记其原委,以期有美毕具,无奇不收。凡五阅寒暑,而其书乃成"。"苟非才大心细,讵能成此巨制乎?"[1]

另一位刘大鹏的同年,也在东阳镇做私塾先生的李成瀛说,"观其所志各门,皆源源本本,无少挂漏","断非枵腹之儒所敢率尔操觚者也"。[2]

时在榆次东里做私塾先生的乔沐青作序谓,刘大鹏作此书有"八难",其中最后一难是"舌耕为业,终年矻矻,暇日无多,课徒之余,乃得操觚","有此八难,而竟得编辑成书,足见其心志之坚,身手之瘁,作事之有恒矣。"[3]

---

1 赵峰:《晋祠志·序》,《晋祠志》,第1页。
2 李成瀛:《创修〈晋祠志〉序》,《晋祠志》,第2页。
3 乔沐青:《晋祠志·序》,《晋祠志》,第3页。

1979年完成整理点校《晋祠志》的慕湘[1]先生写道："其时读书为求仕进，退居林下也多是诗酒自娱，消遣岁月。而刘大鹏能自甘淡泊，累月穷年，跋山涉水，遍搜广求，在古迹淹没、文献零散的情况下，仅凭从个人奔波，于重重困难中成此洋洋巨著，诚属难能可贵。"[2]

《晋祠志》的最终完成，实乃刘氏祖孙三代的一段佳话。其时，刘大鹏的父亲刘明已年逾八十，精力就衰，刘大鹏侍侧之际，常常请其阅览一二，又不敢烦劳过甚，"惟借此博堂上之欢而已"。光绪三十二年腊八节（1907年1月21日），82岁的刘明为《晋祠志》作了一短序谓："最惬余意者，首则乡校三卷、次则河例十卷，盖乡校关乎教育之大，河例系乎国计民生……"[3]书稿的撰写过程中，刘大鹏的长子刘玠、次子刘瑄查找资料并校对，三子刘珦、四子刘玼楷书抄录，终于光绪三十二年十二月初一日（1906年1月14日）竣工。[4]

其时刘大鹏已50岁。

刘大鹏自述其著《晋祠志》的缘起谓："迨庚子遭乱以后，时局大变，争胜之心始泯，而记胜之念遂兴。乃于壬寅孟秋望日着笔，仍名之曰《晋祠志》。"[5]这话是说经过两次公

---

1 慕湘（1916—1988），山东蓬莱人。抗日战争期间任牺盟会太原县特派员，战地动员总会第二支队政治主任，在太原西山抗日。1964年晋升少将。著有长篇小说《晋阳秋》《满山红》《汾水寒》《自由花》等。

2 慕湘：《晋祠志·出版序言》，《晋祠志》，第2页。

3 刘明：《晋祠志·序》，《晋祠志》，第4页。

4 刘大鹏：《晋祠志·序》，《晋祠志》，第5页。

5 刘大鹏：《晋祠志·序》，《晋祠志》，第5页。

车北上的失利，尤其是光绪二十六年（1900）经过义和团运动后，清政府实行新政，下诏天下一切书院皆改为学堂，科举制度开始走向没落，自己已无意科考"争胜"，而有意纂修《晋祠志》以"记胜"，遂于光绪二十八年（1902）七月十五日起笔纂修。

七月十五日为中元节，刘大鹏在此日的《日记》中写道："今日中元佳节，人皆恭诣祖茔祭祀拜扫，以伸追源报本之心，余在他乡设帐授徒。"[1]授徒之余，心力即在纂修《晋祠志》。

《晋祠志》的纂修确实是刘大鹏在南席设帐授徒之暇开始的，其间不仅有往返抄录碑碣、搜书查找资料、体例"易之又易"之诸多难题，而且经历了母亲病逝、妻子多病、长子赴秦乡试中举、父子赴汴会试、次子赴秦乡试等诸多家事。尤其是光绪二十九年（1903）二月他和长子刘玠同去河南开封会试，三场考完刚刚出场，便接到母亲病重的消息，一路上心神不定焦灼万分，到家后母亲已寿终正寝！母亲的去世，使刘大鹏悲伤不已，他从未间断的日记停写了20天，乌黑的头发一时半白。我们可以想象刘大鹏在纂修《晋祠志》过程中的艰辛与煎熬。

刘大鹏第一次提到《晋祠志》的纂修是在光绪二十九年（1903）六月十九日，《日记》载：

> 日来在家，无可消夏。每日诣晋祠寻觅碑石，抄录诗文楹联，以写我忧。晋祠名胜地，游客歌咏甚多，付诸

---

[1] 刘大鹏：《退想斋日记（稿本）》光绪二十八年七月十五日。

贞珉者众，阅十余日尚未抄录完竣，可谓碑碣林立矣。[1]

晋祠确实碑碣林立，以一人之力抄录十余日定难完成，每当寒暑私塾放假归家，刘大鹏最要紧的事便是外出抄碑。光绪三十年（1904）正月初二日，他舍弃了往年带儿孙外出拜年的惯习，早餐吃完饺子便独自一人到晋祠"寻碑抄录"。[2] 同年腊月年关，南席授徒归来，十六日到东院村抄录晋祠总河用水南界碑。[3] 光绪三十二年（1906）正月十六日，晋祠一带元宵节正红火热闹之际，他却带着次子刘瑄到晋祠奉圣寺抄录明万历年间和清嘉庆年间的碑文。[4] 直到二月初东家来车到南席教馆，这个春节他都在独自一人或带刘瑄四处寻碑抄碑。四月二十七日，刘大鹏因到清源助丧折回家来，他甚至带着长子刘玠的弟子四五人到晋祠抄录碑文。[5]《晋祠志》收录碑碣上自北齐，下迄清亡，刘大鹏"竭力搜括，务期不遗"[6]，均非虚语。

刘大鹏于"舌耕之暇"纂修《晋祠志》亦非虚语。光绪三十年（1904）十一月初，《晋祠志》动笔已两年有余，经过体例"易之又易"的困扰，"草稿初成大半"，他开始谋划"系乎国计民生"之"河例"部分的纂修：

---

[1] 刘大鹏：《退想斋日记（稿本）》光绪二十九年六月十九日。
[2] 刘大鹏：《退想斋日记（稿本）》光绪三十年正月初二日。
[3] 刘大鹏：《退想斋日记（稿本）》光绪三十年十二月十六日。
[4] 刘大鹏：《退想斋日记（稿本）》光绪三十二年正月十六日。
[5] 刘大鹏：《退想斋日记（稿本）》光绪三十二年四月二十七日。
[6] 乔沐青：《创修〈晋祠志〉序》，《晋祠志》，第3页。

晋祠圣母殿碑廊

  今日从河例起首，而有未详者尚多，必待旋家日广搜博采，拟立六卷，此外尚有金石、艺文、人物、流寓四门未之及焉，此条一手经营，且于课徒之暇撰之，所以夙兴夜寐，手不停挥，撰述之事良非易焉。[1]

  时令进入腊月，眼见得新的一年即将到来，刘大鹏对撰述之不易仍多感慨：

---

1 刘大鹏：《退想斋日记（稿本）》光绪三十年十一月初一日。

> 晋祠一志自壬寅岁中元节动笔，迄今二载有余，虽云草创，尚未告成，则成一书可谓难矣。
>
> 今冬在馆，十分忙迫，昼则课徒，夜则撰志，每日三鼓就寝，五更即起，一日无少暇也。[1]
>
> 凡著述一事，殊非易易，初以为是，旋又以为非，经年累月而不可定，以由未详根底故也。[2]

光绪三十二年（1906）十二月初一日，刘大鹏在南席馆中写罢《晋祠志·序》，近百万言的《晋祠志》告成。接着，他又"不辞劳苦"地着手《晋水志》的编纂。次年五月二十日《日记》云：

> 余因晋水之利，考察四五年，迄今尚未得详细，暇则赴资晋水之村庄为之采访，不辞劳苦，不言烦渎，欲将晋水全河事务汇为一志也。

光绪三十三年（1907）八月《晋水志》完稿。中秋节清晨，刘大鹏在赤桥村家中"退想斋"写就《晋水志·序》。依其所述，此志乃承父命。父亲刘明认为，"《晋祠志》有河例博采广搜，虽云详备，然只言河例而未尝以晋水标名，则不足报晋水之德，大有负于晋水矣，尔曷不专志晋水，独编一书乎？"由此，刘大鹏遵命将《晋祠志》中"河例"一门，重

---

1 刘大鹏：《退想斋日记（稿本）》光绪三十年十二月初一日。
2 刘大鹏：《退想斋日记（稿本）》光绪三十年十二月二十一日。

行考订，成《晋水志》十三卷。书既成，刘大鹏旧事重演，"命玠、瑄、珦、珽等儿敬谨誊录"，进呈父亲大人鉴定。[1]刘明对《晋水志》的编修非常满意，他欣然为序，称"观其事实之详，本末之赅，巨细之备，水例水程了如指掌，庶足使往者有传，来者有征，为晋水增光设色焉"[2]。

民国初年，刘大鹏对《晋祠志》又进行了一次删繁就简的整理。

光绪三十三年（1907）冬十月，其父刘明去世，次年十一月第二任妻子武氏病逝，宣统元年（1909）刘大鹏辞去南席教馆回到家乡赤桥村。接下来他由太原县推举为省谘议局议员驻会两年。辛亥革命后，民国初建，刘大鹏曾被推为太原县议会议长，主持或参与了县财政、教育等地方事务，但他仍以"大清之人"自居，对诸事兴致不高，甚或抱怨愤懑不断，却对修志、修祠倾注心血乐此不疲。

民国四年（1915）底开始，刘大鹏再次披阅、删改、誊录《晋祠志》。曾经有一段时间，他每天誊写数千字，"日日做之"[3]。民国五年（1916）十二月，经刘大鹏第二次亲手整理，《晋祠志》定稿：

> 整理《晋祠志》，自秋七月初起，至本月初止，凡五

---

[1] 刘大鹏：《晋水志·序》，载《晋水图志》，太原：三晋出版社，2017年版，第11—14页。赤桥村温杰先生早年提供原稿复印件，谨致谢忱。
[2] 刘明：《晋水志·序》，《晋水图志》，第9—10页。
[3] 刘大鹏：《退想斋日记（稿本）》民国五年八月二十八日。

阅月而毕。原为十有五门、四十二卷，重行整理，减去三门，留十二门，其卷亦大减，只留十有六卷。删繁就简，意在刷印廉价，廉而工省也。予本贫穷，无力刷印，拟酿金以刷印，未知能否办到。[1]

将原来的十五门、四十二卷减为十二门、十六卷，这已是《晋祠志》的简本，其"意在刷印"。次年闰二月二十六日，他还真的抱着简本《晋祠志》到省城出版、印刷商处商讨出版印刷。然而，出版、印刷商估价铅印100部，即需"约二百余吊小洋，恐力不支"[2]，事遂作罢。

如此这般，《晋祠志》便长期束之高阁了。民国年间，虽有少数人士借阅《晋祠志》若干卷，如黄国梁旅长、太原县长、晋祠区长，甚至燕京大学教师和日本文人都曾借阅若干卷，但80多年间《晋祠志》终未付梓刊行。直到1986年经慕湘先生点校，山西人民出版社正式出版了此书，《晋祠志》才得以重见天日。慕湘先生点校既毕，"惜刘大鹏生非其时，空有等身著作，名不出乡里"[3]，于我心有戚戚焉！

三、重修晋祠

晋祠自北齐"大起楼观"以迄清亡，历时千数百年，或废或兴，屡颓屡修，改建补修不可胜数。张友椿先生在其

---

[1] 刘大鹏：《退想斋日记（稿本）》民国五年十二月十四日。
[2] 刘大鹏：《退想斋日记（稿本）》民国六年闰二月二十六日。
[3] 慕湘：《晋祠志·后记》，《晋祠志》，第1182页。

《晋祠杂谈》中考证第十六次修缮晋祠在清光绪二十五年（1899）[1]，第十七次就到民国初年了。

民国初年修缮晋祠，主其事者是刘大鹏。其时，刘大鹏已经辞去南席教职，回到赤桥家中，用他自己的话说是："时予赋闲于家，无心问世，视公益无冷意，尽义务有热忱，因于重修晋祠经理人中占其一席焉，顾充当经理。"[2]其实，此次修缮经过两个阶段，第一阶段刘大鹏"占其一席"，第二阶段则为主持人。

第一阶段的修缮最初由晋祠主持僧本祥提出。晋祠自道光年间补修后，直到光绪年间未有大修，六七十年风雨剥蚀"祠宇半圮，而献殿尤甚"，主持僧本祥曾多次邀请晋祠镇董事倡议修葺，终未有效。辛亥鼎革以后，本祥又请举人刘大鹏提倡修祠，刘大鹏以为此系大事，必须由晋祠镇人提倡主持，身为赤桥村人士，感到无能为力。本祥又以"晋祠、赤桥虽系两村，而址基相接，何啻一乡？畛域之分，似乎不必"相劝，刘大鹏遂应允并"首为提倡并订延请镇人之办法"。[3]

民国三年（1914）大年刚过，二月初八日，本祥即设宴于待凤轩，邀请晋祠镇众人商议修葺之事，而镇人到者寥寥，未有定论。十二日，本祥又邀请晋祠镇人及刘大鹏与会，议定召集四河渠甲募化布施。然而，四河渠甲人等对此并不积极，交涉之间，本祥于三月十一日圆寂辞世，再过一月，修

---

1 张友椿著：《晋祠杂谈》，太原：北岳文艺出版社，2009年版，第211—212页。
2 刘大鹏：《重修〈晋祠杂记〉序言》，《晋祠志》，第1095页。
3 刘大鹏：《重修晋祠杂记》卷一，《晋祠志》，第1097页。

葺之事仍无人提议。在此无人问津的情势下，刘大鹏前去面见晋祠镇人，他恳切地说道"提倡之事，今阅两月，本祥既殁，吾等竟置不问，难免人讥，曾是堂堂绅士，反莫若一庙祝。僧在提倡，僧逝停止，诸君名誉未免有伤"[1]，众人"不得已重行会议"，五月初三日议定以六百缗先修献殿，商民、磨碾、四河各募若干，又因北河古城营反对而搁置。六月，四河渠甲按亩起钱，募化布施恐难再起，初次提倡修祠之事作罢，可谓半途而废出师不利。

民国四年（1915）初春，刘大鹏又与本祥的徒弟觉保、觉慈旧事重提，两僧日日敦促，始定二月十二日开办。经理人除上年提倡之8人外再加10人共18人，其中晋祠三堡14人，另有商界人士贾某、晋祠南门外孟某、纸房村崔某、赤桥村刘大鹏。刘大鹏提议以朝阳洞为地址设立工程局，请本县知事为工程局监督，众经理均表赞同，时任知事李桐轩亦"慨然俞允"。刘大鹏又拟出工程局章程5章14条送到县署，请予公布，经李桐轩知事批示，章程一挂工程局门，一挂街市。三月初四日，先修献殿，正式开工。

修祠工程刚刚开工，问题很快暴露出来。先是，觉保、觉慈两僧恐晋祠镇人"自高身价，延请来祠，难若登天"，刘大鹏出主意"仍请效尔师设馔延请之法，可望有效"。两僧如法炮制，始得开办。然而，十八经理每天早、午两餐均由僧厨备饭，每日花费四千余钱，刘大鹏认为"日久费多，难免诽谤"，而主持其事的北堡公正张永寿和南堡保正牛玉鉴却不

---

[1] 刘大鹏：《重修晋祠杂记》卷一，《晋祠志》，第1097页。

以为意，张永寿甚至面对众人扬言："若不备饭，谁来办事？饭若停止，我先不来。"这就是开工伊始的"借公铺啜"，现时语即"公款吃喝"。此事不了了之，刘大鹏以"止餐无效，又未能用法劝醒阻众在局饮食"，自己"随众铺啜"而悔恨，又以"众人恶予阻饭之意深矣"而悒悒不乐。

开工伊始的又一个丑闻是"经理舞弊"。修祠的第一个工程是先修献殿，此系五台县工匠王某"包修"，开办之初，即有谣传说中堡公正杜桓收受包工头王某贿钱六十吊，南堡保正牛玉鉴建宅工程包给王某，"价减大半"。经理人在监工之时均有耳闻，一时间"谣传聒耳，远迩皆知"。众人对献殿工程"嫌其恶劣"，不愿再使五台县王某包工，而牛玉鉴、杜桓、张永寿三人，即晋祠南、中、北三堡之主持人。又将胜瀛楼、圣母殿等工程仍旧包给王某人，由此引起了一场不大不小的风潮。

"借公铺啜""经理舞弊"的传言犹如浪花一般渐次扩散，刘大鹏及众经理均有耳闻，四河之人都不愿多担布施。不得已，又请担任监督的知事李桐轩劝募，三月二十四日，李桐轩将四河渠甲人等招至县署，揭穿"近日借公索费、饱其私囊"之事实，又专派委员徐裕孙到工程局劝募，写定四河各布施若干。不几日，县城绅耆崔毓瑞等人又出面反对，并召集四河渠甲到县城城隍庙会议，以为与其将布施交给这些"素失信用"之人任其挥霍，不如按照道光二十四年碑记"照碑修工"，不承认上月知事出面所写布施。工程局各经理面对这种局面均"束手无策"，刘大鹏又出面到县城与崔雪田等绅士磋商，再请徐裕孙"从中调处"，方才得以通融，而张永寿、牛玉鉴等却认为不该通融，并进县要求知事追究反对布施之人，李桐轩此次对张、牛"未假颜色"，痛斥一番，二人"气沮而归"。四月十四日，委员徐裕孙与刘大鹏及崔雪田等士绅"酌量重写布施"，并将会仙桥、飞梁工程包出修建，此次风潮才得以平息。[1]

接下来的一桩"琉璃瓦案"使得刘大鹏与牛玉鉴、张永寿等人之间的矛盾进一步升级。晋祠献殿前有钟、鼓二楼，重修献殿工程尚未议定，牛、张、杜三人未与众经理商讨，即招瓦匠到私宅暗行商定，再招经理五六人在一商号议价，议定购琉璃瓦一千，共小洋一百元，先付定钱五十元，交瓦之后再付五十。参与其事的五六人"虽知不合，亦莫敢阻"，但私下却以此事不到工程局同众会议，竟行私办，必有舞弊情形等语告知刘大鹏。五月初，定期已到，需到省城招寻铺保，工程局因此会议其事，众经理皆到会，而牛、张、杜三人不到。众人推刘大鹏及胡砺山于五月初十日到省城与铺保照应，而铺保只保五十元小洋，其余不保，只能退瓦不用。牛玉鉴等三人得知又召集众经理会议，扬言："瓦用琉璃，势在必行，刘某何人，竟敢阻止？"勒令众经理立刻画诺，并派人给时在明仙峪处理窑务的刘大鹏送去知单，请其画诺。刘大鹏对此置之不理，"三人因舆论不孚，亦不敢再言用琉璃瓦矣，其案遂息"。[2]很快，街市上四处传言工程局有人欲将刘大鹏驱逐出局，刘大鹏对此非常痛心，五月二十三日

---

[1] 刘大鹏：《四河反对布施之风潮》，《晋祠志》，第1108—1109页。
[2] 刘大鹏：《琉璃瓦案》，《晋祠志》，第1115页。

后的几天内，他连续奋笔写就《致同人书》《覆古城营董事函》《报告同人函》《拟致监督书》等函件，痛陈牛玉鉴等"营私舞弊，狼狈相依，物议纷腾，传播远近。诸君皆隐忍不言，一任若辈肆行"之情形，"望我同人，勿畏若辈，坏己声名"。[1]至于牛玉鉴等以刘大鹏非晋祠人，不得喧宾夺主而煽惑同人之传言，"鹏因此生告退之心"，但他绝不愿"遽行告退"！"必先报告监督，通知写就布施之商民暨在城绅耆、四河渠甲人等，俾知鹏告退之情形，然后再行报告与本局断绝关系也。"[2]即使告退，刘大鹏也要告知众人真相，他不能以此玷污自己的名声。

虽然如此，刘大鹏对修祠一事的热忱丝毫不减。民国四年（1915）五月底，太原县成立煤矿事务公所，刘大鹏自然是其中一员。六月初又成立选举立法院议员调查会，刘大鹏又被推为调查会会长[3]，身兼二职，甚为忙碌，但他对修祠一事仍然念兹在兹。

六月中旬，刘大鹏赴省城办理调查局事，修祠之事柳暗花明地进入第二阶段。

六月二十一日，刘大鹏一早启行赴省城办理调查局事，路遇大雨，日落时方才到省城。[4]来前，晋祠主持僧觉慈曾告众经理，月初，十二混成旅旅长黄国梁在晋祠驻宿三日，其

---

[1] 刘大鹏：《致同人书》，《晋祠志》，第1116页。
[2] 刘大鹏：《报告同人函》，《晋祠志》，第1117—1118页。
[3] 刘大鹏：《退想斋日记（稿本）》民国四年六月初十日。
[4] 刘大鹏：《退想斋日记（稿本）》民国四年六月二十一日。

人酷爱晋祠山水,目睹晋祠修缮工程而叹其款少,"有募布施之想",由此工程局众人共议为旅长送去缘簿,恳求其代募布施。刘大鹏此次到省城,即请省城的朋友探知黄旅长真意,结果确如觉慈所言,他便马上致函工程局同人来省城面见旅长。次日,觉慈先赴黄公馆面见,随后刘大鹏及杨在夏、杜桓、牛玉鉴四人谒见并呈上缘簿,"旅长应允,并未推辞",缘簿留下,众人皆喜。二十八日,三人回晋祠工程局,刘大鹏赴榆次办理调查局事。让刘大鹏想不到的是,此次杨在夏等三人往返四日,其车价、川资、旅费、请客费共花费布施钱二十余吊,"任情挥霍,并不爱惜"。[1]

此后的几个月内,袁世凯恢复帝制紧锣密鼓,刘大鹏身为调查员忙于调查会事宜,八月初又出任县商会特别会董,九月中旬投票选举为国民会议议员,两次到省参加国民会议初选、覆选,处理商会风潮,督修晋祠西路,"一身忙迫,无闲暇工夫"[2]。十一月十二日,在省城等待国民会议覆选之际,刘大鹏于晚间谒见黄旅长,请领重修晋祠之布施,黄当即应允先付三四百元。次日他便与同人到山西官钱局领到阎锡山布施小洋二百元,黄国梁布施大洋一百五十元。又一日将此款随车带回,经请示李桐轩监督存储于晋祠镇晋泉源钱局。[3]

山西省最高长官阎锡山、黄国梁均已捐款修祠,按道理即可继续修缮之事,但由于其间出现经理营私、布施告罄、

---

1 刘大鹏:《经理赴省祈黄旅长代募布施》,《晋祠志》,第1120—1121页。
2 刘大鹏:《退想斋日记(稿本)》民国四年十二月十四日。
3 刘大鹏:《领会布施》,《晋祠志》,第1123—1124页。

借贷商资垫付工资、账目不得宣示等问题，监督李桐轩认为此项布施原非寻常可比，他一面要刘大鹏密不宣示，一面坚持等待黄旅长到晋祠再行计划。直到民国五年（1916）初秋时节，黄国梁带兵来晋祠驻扎野操，此时李桐轩已调任离职，七月十一日回省城前一日，黄国梁召见刘大鹏及住持僧觉慈在圣母殿下，言其已知工程局之事，此次驻晋祠，牛玉鉴等三人已来谒三四次，均"辞而不见"。吩咐刘大鹏"至吾捐募之布施，可以另行办理，不准与本处所募之布施混为一途。须画（划）分为二，即前番之经理人亦不准其干预，惟委托君一手经理。吾好再行募化，陆续缴来，赶紧兴工"。又当着觉慈的面讲道："十八经理中惟君一人一秉大公，且能破除情面。其余良莠不齐，不堪委任。倘君以独立难持，可请商会人员并本处公正绅耆协助。"[1]刘大鹏得到了黄国梁这一"尚方宝剑"！

黄国梁，光绪三十年（1904）与阎锡山、张瑜等20名山西武备学堂学生被选送到日本留学，光绪三十四年（1908）毕业于日本陆军士官学校，宣统二年（1910）任山西新军第八十五标标统，阎锡山时任第八十六标标统，他们为辛亥太原起义的两个关键人物。民国三年（1914）黄国梁任晋军第十二混成旅旅长。黄国梁这样一位山西辛亥功臣如此欣赏民国建立后仍以"大清之人"自居的前清举人刘大鹏，实在也是看重了刘大鹏"一秉大公"的为人，"政治正确"与否的立场问题在此不足道也。

---

[1] 刘大鹏：《黄旅长委任修祠》，《晋祠志》，第1138页。

应该说，第二阶段的修缮较第一阶段顺利很多。既有省府尚方宝剑，县署自不敢怠慢，在刘大鹏的推荐下，新任知事查厚基很快颁给杨倬等六人经理委任状，六人"慷慨任事，监视工程"。八月初，补修钟鼓二楼、对越坊、石塘栏杆，挑浚鱼沼，重修玉带河等多项工程同时展开。刘大鹏对杨倬等六经理"同心臂助"也很是满意，认为其"办理工程十分得利，毋庸鹏多费心力"。至于经费一事，则"款储钱店，随用随取。商会人员轮流管账，分为五班，每班两家，五日一班，周而复始，出入款项，一锱一铢，必有着落，勿涉含糊"[1]。之后，黄国梁又将募集到的一千二百元大洋陆续送来，工程进展颇为顺利。民国六年（1917）秋八月，由刘大鹏亲手主持的第二阶段修缮工程全部完工，刻字刊碑，大功告成。

此次修缮，凡晋祠之大多数祠宇如圣母殿、水母楼、苗裔堂、吕祖阁、灵光殿、昊天神祠、献殿、胜瀛楼、景清门、难老泉亭、善利泉亭、白鹤亭、水镜台、会仙桥、碧澜桥、八角池、飞梁、唐叔虞祠、公输子祠、对越坊、钟鼓楼、莲花台、清华池堂、贞观宝翰亭、挂雪桥等均行重修，焕然一新。其创建者又有石梯口洞、真趣亭及多处栏杆。此为北齐以来晋祠最大的一次修缮工程。

事情尚未完结却再生一波。就在完工刊碑之际，牛玉鉴、张永寿、杜桓等或因碑石未勒其名，竟向商会验看账簿，勒索布施，商会不允，三人乃号召初次修缮工程经理多人无理取闹，散布刘大鹏侵吞巨款之谣言，并由前次经理13人将刘

---

1 刘大鹏：《复黄旅长函》，《晋祠志》，第1139页。

晋祠难老泉亭

大鹏控告到县。刘大鹏此次愤怒至极，他致书新任县知事任丽田请求核查，报告黄国梁说明此事，在《并州日报》连续三日登报声明工竣，俾众周知。又激愤地写下《致牛、张、杜三人书》《讨庙贼檄》《冬至日告晋祠文》《请官派员查账书》《充修晋祠两次经理之十二诬》等诗文，抒发内心之愤懑。第二次经理修祠之杨倬等六人"不任其蹂躏"呈词揭露牛玉鉴等人挥霍布施，借端侵渔，百计营谋，污蔑诬控之情事，要求县知事"开庭质讯"[1]。晋祠商会晋泉源等号亦呈词声明原委，并缮具清单，呈请县长"开庭讯究"[2]。时任太原县知事任丽田恐究出真情，推诿"汇案送省"，刘大鹏一面写好申诉词，一面上书山西督军阎锡山派员清查经费。[3]刘大鹏所

---

[1] 《经理修祠工程人等呈词》，《晋祠志》，第1177—1178页。

[2] 《晋祠商会等号呈词》，《晋祠志》，第1178—1179页。

[3] 刘大鹏：《呈请督军委员清查经费书》，《晋祠志》，第1173—1174页。

递申诉词留在省政府"久未发表",此案亦不了了之。

其实,刘大鹏主持第二阶段修祠工程可谓呕心沥血,纯尽义务,他在工程结束之际报告黄国梁的信中坦然地讲道:"未有一钱之私弊,皆为切实之工程。可以对天地,可以质鬼神,且可以仰慰我公之热忱。"[1]至于牛玉鉴等人的诬告,他是心中有底的,只是情难隐忍,不堪侮辱,所谓"虽被群小诬陷,抑亦无伤也"。民国六年(1917)秋季工程告竣,刘大鹏挥毫赋诗曰:

> 秋光告去又天寒,二次工程始办完,
> 账簿收支都结束,大公无我寸心安。
> 几经挫折几经磨,才把祠工结束过,
> 款项针针都对线,其如群小妄攻何?

四、最后的牵挂

1937年7月卢沟桥事变爆发,此时刘大鹏已年过八十。

日军侵占平津,进而进攻山西的消息从四面八方不断传到赤桥村,阎锡山下令省城一切人员全部搬移出城,散往各处避免日军飞机轰炸。一时间,从省城搬到晋水流域的各色人等找房赁舍,纷纷扰扰,人心惶惶。八月中旬,日本飞机轰炸省城,仅距五十里的赤桥村村民几乎每天都能看到飞机在屋顶轰鸣而过,村西的汽车路上,自省城逃出来的男女老

---

[1] 刘大鹏:《报告工程结束书》,《晋祠志》,第1168页。

少一路向南，络绎不绝，刘大鹏目睹，"未免生悯恤之心"[1]。省城军事吃紧，县城也陷入混乱，人们纷纷图谋出城避乱。刘大鹏十分担心，他在县城求签占卦，求问日军是否骚扰本县，占卦即毕，即有飞机投掷炸弹，城中房屋全行震动，人人畏惧。[2]

战事很快波及赤桥。溃兵四处乱窜，人们乱哄哄离家逃往西山，刘大鹏家被溃兵骚扰三次，全家大小十余口多到西山明仙峪避乱，家中只有他和早已疯癫的次子刘瑄留守，家人、邻人都劝他入山避乱，他则以为"瑄病神经，心本茫昧，不晓世乱。我已年老，昏聩糊涂，自不畏死，亦惟听天由命而已，又何尝有希冀其他之妄念乎"[3]？一直拒绝入山。11月8日（十月初六日），太原失陷。十二月初，刘大鹏到晋祠，已见祠内有日军运输车马数十辆在喂饮骡马[4]，晋祠三堡多处有日军驻扎。日军在晋祠一带四处骚扰，不是到西山攻击红军，就是到各村烧杀劫掠，奸淫妇女，晋祠南门外西南一高处野地有日军专门杀人的地方，水镜台之东成了专门操练的场地，人们痛恨日军之暴行，甚有童谣传遍四处："日军及早快些走，尚有娘子关一口。若仍在晋乱横行，决定死在红军手。"[5]

---

1 刘大鹏：《退想斋日记（稿本）》民国二十六年八月十七日。
2 刘大鹏：《退想斋日记（稿本）》民国二十六年九月二十九日。
3 刘大鹏：《退想斋日记（稿本）》民国二十六年十月初四日、初十日，民国二十七年十月初四日。
4 刘大鹏：《退想斋日记（稿本）》民国二十六年十二月初八日。
5 刘大鹏：《退想斋日记（稿本）》民国二十七年四月初一日。

刘大鹏以年老身处乱世而称"亡国奴",但他又不甘心为亡国奴,他不仅惦念着散在西山和各处避乱的家人,也惦念着晋祠在日军入侵后的情况。他经常会到晋祠三堡友人家中或到晋祠汽车站打探消息,只要晋祠大门不关,他都会进去看视浏览,或向住持僧人询问有关情况。民国二十七年(1938)十一月初二日下午他到晋祠,见有两棵柳树被伐,遂上朝阳洞向祠僧询问,得知晋祠村公所伐树用于日军烧火,刘大鹏认为此"妄为之至"。[1]

民国二十八年(1939)八月初八日,日军竟召集全县各村在晋祠召开骡马大会,全县五区招来许多肥壮骡马在水镜台周围聚集,骡嘶马叫,乱作一团,而第三区送来的骡马最少,且肥壮者寥寥,刘大鹏称赞"第三区之各村长见解高超,令人钦佩"。第二天,日军又令赤桥村起夫到晋祠打扫昨日骡马会垃圾,刘大鹏认为这些都是"日军扰害所致,人皆怨恨日军",遂传出南军已由河南越过太行山抵达长子县,日军大败的说法。[2]

民国二十九年(1940)九月底开始,日军为防止红军从西山下来进攻,逼迫各村起夫将汽车路两旁五百米内树木全部砍伐,晋祠镇民家商户都要各出一夫,赤桥村也须出夫若干,赤桥村村长因主事不力竟被日军殴打一顿。刘大鹏对此十分焦急,他害怕日军伐树伤及晋祠名胜,遂以其太原县保存古迹古物委员会会长之名义,向晋祠日军宣抚班送一声明,

---

[1] 刘大鹏:《退想斋日记(稿本)》民国二十七年十一月初二日。
[2] 刘大鹏:《退想斋日记(稿本)》民国二十八年八月初八日、初九日。

阻止日军胡作非为。在他看来，"此事关系甚大，倘日人不准，则晋祠之名胜全毁矣，仰望苍天，恳乞暗中保护保存一大名胜之区"[1]。第二天，他又无奈地以老迈之躯走上朝阳洞吕祖阁求签，期望神灵保存晋祠树木，不许日人损坏名胜之区。[2]

民国三十年（1941）十二月二十四日，天寒地冻。刘大鹏突然接到县长通知，要他到县城面见省里派来的专门委员，此时他已因为年老多病不能步行到县，他坐平车而去，得知省建设厅派人专来调查了解晋水情形，日本人已觊觎晋水丰富的资源，他毫无迟疑地对委员讲道："日人若将晋水霸去，则数十村之人均不能活矣，求委员设法保护。"[3]此夜他没有回赤桥村，住在县城长孙女家中。第二天下午，县长及委员并各村村长到第一高等小学校开会，一致要求不准破坏晋水旧例，不准日人掠夺晋水资源。[4]二十六日，寒冷稍减，刘大鹏又上到朝阳洞吕祖阁求签，拈香跪拜，希冀阻止日人霸占晋水。[5]二十八日，年关逼近，寒冷益甚。刘大鹏又到晋祠劝各商家呈请本县，不准日人破坏晋水旧例。二十九日为除日，人人忙急预备次日过大年，老先生却走到附近的北大寺、长巷村游说各水磨主递呈"递呈请官判断，各水（磨）皆应承

---

[1] 刘大鹏：《退想斋日记（稿本）》民国二十九年九月二十九日、三十日。

[2] 刘大鹏：《退想斋日记（稿本）》民国二十九年十月初一日。

[3] 刘大鹏：《退想斋日记（稿本）》民国三十年十二月二十四日。

[4] 刘大鹏：《退想斋日记（稿本）》民国三十年十二月二十五日。

[5] 刘大鹏：《退想斋日记（稿本）》民国三十年十二月二十六日。

遵办"。[1]笔端至此，不禁伤感！

民国三十一年（1942），刘大鹏在世的最后一年。年初，他多年未愈的浑身瘙痒之病加剧，咳嗽大发。太原县已改名"晋泉县"，日军修筑炮台日日起夫，飞机乱窜，晋祠南门外日军又在杀人，他无事便习惯地登高望远，但见得黑霾充塞，宇宙黑暗，内心实在恐怕世乱又起残杀生命。[2]他常于清晨醒来后抱衾背诵《大学》《中庸》《孟子》篇章以度过冬日的严寒，期望早点结束战争，世人平安。数月以来，亢旱无雨，晋祠一带各村纷纷演剧酬神，祈求雨泽。五月十八日过完八十六岁最后一个生日。六月十三日最后一次赴县参加保存古物委员会会议，下旬仍到祖茔修堰耕作，"大致将损伤之处修补已遍，无一处不经手"。[3]七月初四日，最后一次赴晋祠赛会。十天之后，他在昨日昼夜淙淙滴滴的雨声中写完52年来的最后一篇日记。[4]再五日，刘大鹏先生辞世于赤桥村家中。

一枝一叶总关情。刘大鹏身为清末举人，他虽未做官入仕，但他生于赤桥，葬于赤桥，情系晋祠，情深晋祠。舌耕之暇纂修近百万言的《晋祠志》，为晋祠名胜保存了最为系统完整的文献；直面谣言中伤主持修缮晋祠，为晋祠名胜古物的保护做出重要贡献；在外敌侵凌的情势下据理力争，为保护晋祠的山水资源付出最后的心血。就此而论，我对刘大鹏先生怀以深深的敬意。

1　刘大鹏：《退想斋日记（稿本）》民国三十年十二月二十九日。
2　刘大鹏：《退想斋日记（稿本）》民国三十一年三月十八日。
3　刘大鹏：《退想斋日记（稿本）》民国三十一年六月二十二日。
4　刘大鹏：《退想斋日记（稿本）》民国三十一年七月十四日。

太原 晉祠志

晉陽劉友鳳先生編纂

錫純牛天章題

卿校文 一卷
流寓 二卷
人物例言 十二卷
雜物 四卷
祠 四卷
故事編 三卷
纂 一卷

圖說 一卷
祠宇 二卷
山水 一卷
亭樹 一卷
古蹟 一卷
祭賽 二卷
袋翰 二卷
金石 六卷

一部《晋祠志》 前后两版本

《晋祠志》是晚清举人刘大鹏的心血之作，前后曾有两个版本。[1]刘大鹏在其《退想斋日记》中明确讲到，他前后编纂过两次《晋祠志》，这就是清光绪末年的四十二卷本和民国初年的十六卷本。

四十二卷本《晋祠志》始自光绪二十八年（1902）七月十五日中元节，此时他在太谷县南席村武氏家族私塾作先生，"每日课徒之暇即援笔撰述《晋祠志》"[2]，光绪三十二年（1906）十二月初一日完稿，前后经过四年多时间。此志十五门共四十二卷，以门类之，即祠宇、亭榭、山水、古迹、宸翰、祭赛、金石、乡校、流寓、人物、植物、文艺、河例、故事、杂编。这就是我们现在能够看到的1986年经慕湘先生点校，山西人民出版社出版的四十二卷本《晋祠志》[3]。

十六卷本始自民国四年（1915）年底，此时，刘大鹏已

---

1 参见行龙：《刘大鹏与晋祠》，《地域文化研究》2021年第5期。
2 刘大鹏：《退想斋日记（稿本）》光绪三十年二月二十八日。
3 刘大鹏著，慕湘、吕文辛点校《晋祠志》，太原：山西人民出版社，2003年，以下仅以"四十二卷本"出注。

从太谷南席村回到家乡赤桥村。其间，他曾在辛亥鼎革之后任太原县议会议长等职，广泛参与过地方事务。十六卷本的披阅、删改、誊录也很辛苦，曾经有一段时间，他每天誊写数千字，"日日做之"[1]，至民国五年（1916）年底，十六卷本完成。他在《日记》中写道："原为十有五门、四十二卷，重行整理，减去三门，留十二门，其卷亦大减，只留十有六卷。删繁就简，意在刷印廉价，廉而工省也。余本贫穷，无力刷印，拟醵金以刷印，未知能否办到。"[2]

值得注意的是，十六卷本增补有民国五年（1916）以后发生的事情，故有理由推测，民国五年（1916）编纂的十六卷本并没有即刻终止。直到民国八年（1919）正月，他还亲自重抄《晋祠志》，意在"重行收拾也"[3]。在刘大鹏后续反复抄录的过程中，十六卷本的修改活动或许一直在延续。所以严格意义上讲，十六卷本的完成在民国初年，只是一个大概的时间认定。

另值得重视的是，从清末的四十二卷本，到民国初年的十六卷本，两个版本之间经历了一个"删繁就简"的过程。其中的删改当不会随意为之，定有其深意所在。遗憾的是，自1986年四十二卷本《晋祠志》问世后，近40年间，十六卷本一直不见踪迹，而我们在标注本《退想斋日记》[4]中却不难

---

[1] 刘大鹏：《退想斋日记（稿本）》民国五年八月二十八日。

[2] 刘大鹏：《退想斋日记（稿本）》民国五年十二月十四日。

[3] 刘大鹏：《退想斋日记（稿本）》民国八年正月初一日。

[4] 刘大鹏遗著，乔志强标注：《退想斋日记》，太原：山西人民出版社，1990年版；又有，北京师范大学出版社，2020年版。

发现刘氏确有民国初年删改的十六卷本《晋祠志》。

众里寻他千百度，得来全不费工夫。不久前，蒙长期关注晋祠文化及刘大鹏研究的赤桥文化学者梁计元先生所赐[1]，我们看到了十六卷本的《晋祠志》电子版。据梁先生所言，他是从山西汾阳有关人士处发现所得，又有人说网络也在流传此稿。无论怎样，十六卷本的发现，对刘大鹏及其《晋祠志》的研究当有重要的参考价值。

一、关于十六卷本《晋祠志》

删繁就简后的十六卷本《晋祠志》"意在刷印"。民国六年（1917）开春，刘大鹏即抱着书稿到省城出版、印刷商处商讨刷印。然而，出版、印刷商处估价，铅印此书100部，即需"约二百余吊小洋""恐力不支"，[2]无奈只能作罢。

束之高阁十余年后，20世纪30年代，十六卷本引起一位有心人的注意，此人就是张友椿。

张友椿（1897—1966），字亦彭，一字逸蓬，太原县城后街人。民国八年（1919），张友椿毕业于十二县联立的阳兴中学，其后在太原县城、小店、南堰等地任高小教员。刘大鹏与张父为莫逆之交，身为教员的张友椿也嗜好读书。民国十九年（1930）二月十三日，《退想斋日记》记曰：张友椿前

---

[1] 梁计元，1951年生，太原市晋祠镇赤桥村人，曾任晋祠镇副镇长。著有方言历史长篇小说《回眸晋祠：刘大鹏修葺晋祠记》，香港，银河出版社，2019年版。合著有《古村赤桥戏剧史》《古村赤桥兰若寺》《刘大鹏〈明仙峪记〉解读》（印刷稿）等。非常感谢他赐赠相关资料。

[2] 刘大鹏：《退想斋日记（稿本）》民国六年闰二月二十六日。

来，送回《迷信丛话》十六卷，又借去十六卷本《晋祠志》及《重修孙家沟幻记》二卷一册，此前所借《醒梦庐文集》八卷四本尚未归还。[1]这可能是十六卷本《晋祠志》第一次为外人借阅。六月二十五日，张友桩送还《醒梦庐文集》等三种，《晋祠志》未在其中。民国二十年（1931）三月初三日，刘大鹏接到张友桩正月来函，请刘氏为其父作一墓表，刘大鹏亦欣然接受。不过，《日记》中此事并无后叙，但在2016年由三晋出版社出版，张友桩编的《太原文存》中收入了这篇《张山卿先生墓表》。而且，现在还可以看到一篇刘大鹏为张母所作《张逸蓬母宁太孺人七十寿序》[2]。

张友桩将十六卷本送还后，民国二十一年（1932）三月二十六日，"意在刷印"的刘大鹏命四子刘玞赴县，特别送给县长陈迺蓉十六卷本《晋祠志》和《晋水志》，"祈其阅视，以备筹款印刷"。不过，他对此也没有抱太大希望，因为此时已为"维新世界"，人们对此等事情大概"莫不淡然忘之"[3]。时光荏苒，再过三年。民国二十五年（1936）五月底，刘大鹏赴县遇见张友桩，张氏言《晋水志》已经抄送南京。十六卷本《晋祠志》亦欲送南京，或送上海商务印书馆。刘大鹏自然同意并请其"酌情办理"。[4]

又是谢泳先生的发现！2023年年初，蒙谢泳先生示知，

---

[1] 刘大鹏：《退想斋日记（稿本）》民国十九年二月十三日。

[2] 参见谢泳：《晋省稀见文献四种及解析》，载行龙主编：《社会史研究》第14辑，北京，社会科学文献出版社，2023年版。

[3] 刘大鹏：《退想斋日记（稿本）》民国二十一年三月二十六日。

[4] 刘大鹏：《退想斋日记（稿本）》民国二十五年五月二十七日。

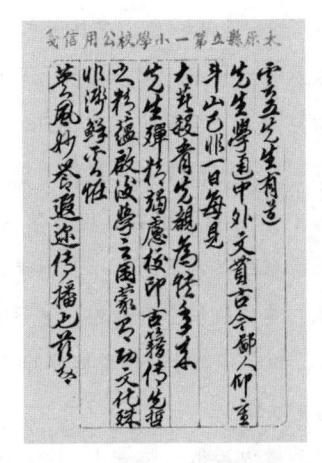

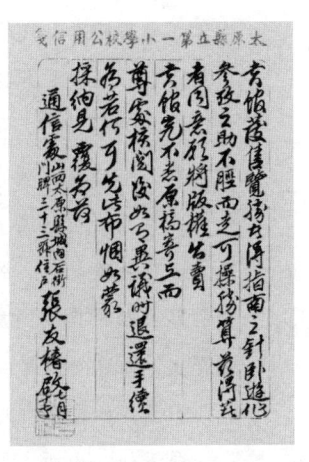

张友椿致商务印书馆王云五信函（首、尾页）

我们看到了当年张友椿致信商务印书馆总经理王云五，推荐出版《晋祠志》的函件影印件：

云五先生有道：先生学通中外，文贯古今，鄙人仰重斗山，已非一日。

每见大著杀青，先睹为快，年来先生殚精竭虑，校印古籍，传先哲之精蕴，启后学之困蒙，有功文化，殊非浅鲜！奚怪英风妙誉，遐迩传播也。兹启者：晋祠为华北名胜之区，青山碧水，台榭林立，近复修亭建阁，增光设色，以故过客游人络绎不绝，惟是志乘缺如，考究无从，揽胜者每多兴尽而返。现在邑中名孝廉刘大鹏先生，以其所著《晋祠志》一书见示，为类十二。曰祠宇、曰亭榭、曰古迹、曰山水、曰祭赛、曰金石、曰乡校、曰植物、曰流寓、曰人物、曰轶事、曰杂编，为卷十六。金石四卷，人物二卷，余各一卷。观其所志各门，山川形胜，物产民风以及金石文献，靡不搜罗，乡校一编，实足阐扬道派，佑启后人。至于流寓人物，传后均系以赞，洋洋乎大观也。是诚一地方之典要而为馈贫者余粮矣！为此介绍尊前，如能翻印出版，由书馆发售，揽胜者得指南之针，卧游者作参考之助，不胫而走，可操胜算。兹得作者同意，愿将版权出卖贵馆，究不悉原稿寄上，而尊处核阅后，如有异议时退还手续为若何耳，先此布悃，如蒙采纳见复为荷。

通讯处：山西太原县城内后街门牌三十三号住户张友椿启七月十七日

张友椿此信，虽有详细地址和"七月十七日"之时间，可惜没有年份示知。推想当在民国二十五年（1936）五月得到刘大鹏首肯之后。

需要说明的是，十六卷本《晋祠志》虽未正式出版，但在圈内和地方社会已多有借阅流传。设在晋祠的山西民众教育馆乡村建设区办事处、晋祠镇镇长、县政府有关人员、抗战时期的伪县长武克恭及驻扎本县的个别日本人都曾借阅此稿。[1]民国二十七年（1938）六月中旬，刘大鹏曾亲赴县城，将十六卷本《晋祠志》交给张友椿。据张氏所言，此次借阅，为县知事欲编《晋祠指南》赠予日人，"借以采择其事略"，

---

[1] 刘大鹏：《退想斋日记（稿本）》民国二十五年三月十一日、民国二十八年九月二十三日、民国二十九年七月十一日、民国三十年六月二十四日。

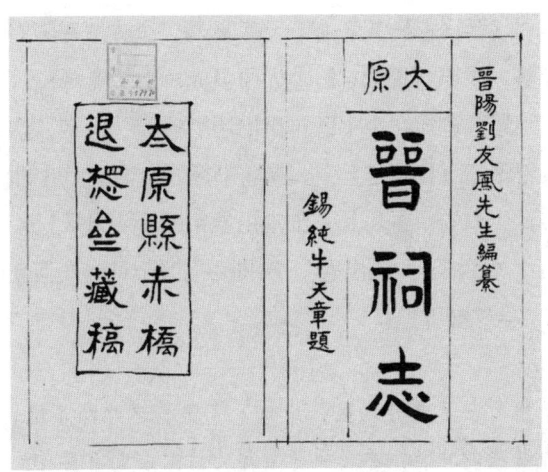

十六卷本
《晋祠志》书牌

十六卷本《晋祠志》牛天章书前题字

并非自己所借。[1]日本人是否抄录了《晋祠志》全稿，或仅"采择其事略"不得而知，亦可存疑。

现在我们来谈谈十六卷本《晋祠志》的基本情况。

---

1 刘大鹏：《退想斋日记（稿本）》民国二十七年六月十三日。

十六卷本《晋祠志》书名由牛天章[1]题写，全称"晋阳刘友凤先生编纂　太原《晋祠志》　太原县赤桥退想斋藏稿"，扉页又题"胜景名迹宛在掌中既可自怡还堪持赠"16字，均为隶书。接着是"《晋祠志》主人撰著书名"31种，其中即有《晋祠志》十六卷。再后是"雅堂由曩年《晋阳日报》抄录"的一则"《晋祠志》快出版"，实则为《晋阳日报》刊登的一则广告。全文如下：

> 晋祠为三晋名胜之区，中外人士游览者络绎不绝，惜无专书纪载其胜，亦属一憾事耳。兹闻该太原县有前清孝廉刘友凤先生者，学问渊博，冠绝一时，而赋性耿介，恬于荣利，生平惟以著作为业，近复编就《晋祠志》一书，纪载甚详，计分十有六卷，共六册，五易寒暑，始克告成。则于祠中之古迹胜景，又聘名工摄影，一一载于卷首，以故见之者无不击节叹赏，并闻近已付梓，拟公诸同好，将来出版后（非有巨资，焉能付梓，寒士无财，谈何容易），必蒙社会之欢迎，而为晋祠增色不少焉。

广告之后，是五篇书序，即胡海峰序、赵峰序、李仙洲序、乔沐青序和刘明序。后四序皆见于已出版的四十二卷本《晋祠志》书前，唯其中十五门，合为四十二卷，均改为十二

---

[1] 牛天章，字锡纯。北格镇辛村人，1922年在太原县北格镇辛村创办初等小学校清心小学，1928年因经费困难而停办。

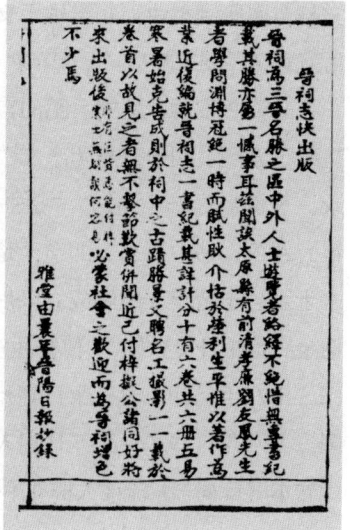

十六卷本《晋祠志》书前出版广告抄稿及誊清稿

门，合为十六卷，此为出版十六卷本所需，也是值得注意的改动。胡海峰序则为新序。按，胡海峰（1866—1935），晋祠北堡人。早年入令德堂肄业，清末曾出任闻喜县教谕、代州训导、山西大学堂中斋教授。辛亥革命后任太原县实业学校校长，后在太原国民师范学校任教10年。1928年辞职归里。胡海峰虽少刘大鹏9岁，刘却佩服其学问而称其为"莫逆之交"，终其一生，胡、刘二人交往颇多，十六卷本既成，刘大鹏即请胡海峰作序，胡序的时间确在"丁巳（1917年）暮春之初"。胡序感慨志山川古迹者"四难而八病"，品评各种山川志之优劣长短，唯推崇"《西湖志》之详简适宜，殆戛戛乎渺矣"。序之最后，胡海峰坦言："余虽未曾校雠，然幼时尝与君同研制举业，知君雄于文，则是书必不愧于作者，信可方驾《西湖志》矣。"

五篇书序后，是刘大鹏的自序。同样是抄录原序，同样是改十五门、四十二卷为十二门、十六卷。接着是凡例和目录。凡例最后一条写道："是书之成，在光绪丙午（三十二年）仲冬。书中所志，即迄于是年底。因无资印刷，雅藏稿本于家越十余年。民国成立以后，又有重修晋祠之举，故亭榭金石篇中补登数则。"值得注意的是，此稿末页有"中华民国二十八年己卯六月三十日楚州林公野拜观"字样，当为民国二十八年（1939）江苏楚州人士林公野所读之稿，揣想十六卷本《晋祠志》流播人群并不仅限于太原县人氏。

二、十六卷本与四十二卷本比勘

以现今看到的林公野所读十六卷本之稿比勘四十二卷本，可以看出前后之删改情况。先以体例、篇目、案语三部分分述之。

（一）体例的变动

虽然刘大鹏在删改时讲"仍不改其例，如录副本而已"，但十六卷本较之四十二卷本仍有体例上的细微变动。首先是卷首删去了牛玉鉴所绘制的六张"晋祠八景图"，其次是减去十五门中的三门：宸翰（一卷）、文艺（二卷）、河例（十卷）。

宸翰，即帝王笔墨。主要记载同治、光绪年间对圣母、水母的钦加封号和御书匾额。刘大鹏将"本朝"宸翰汇为一篇，系"尊王之义也"[1]。至于民国初年编撰十六卷本"意在刷印"，"宸翰"自然不便辑录。

"文艺"，即文人诗词，两卷分为诗和楹联。起初，四十二卷本凡所得之文，各以类从，并无"文艺"门的专设。直到编辑完成，刘氏又得诗和楹联若干，"未便再附"，只好编入"文艺"门。[2]民国初年编纂十六卷本时"重行整理"，有的文章因篇幅之故删去，有的重新类从，附于其余各门内。

"河例"为四十二卷本篇幅之最。刘大鹏考量："水利渠案，邑《志》略而未详。定章虽有，人多不知。各村皆有河册，不令人阅。渠甲视为秘宝，谨密珍藏，是以衅端屡召。经官判断，每为渠甲蒙蔽，辨理莫得持平，兹篇分为十卷，凡所知者，悉为登录。"[3]为改变渠甲藏匿河册蒙蔽世人的现状，刘氏费尽周折地收集、抄录各村河册、碑刻，终成河例十卷。后来刘大鹏将河例"变易分门一十有一，为卷一十有三"，改编为《晋水志》一书。因此十六卷本除一则"晋水"外，通篇也不见"河例"的内容。

十六卷本在减去前述三门的十三卷后，门类不变。其余二十九卷进一步合并成十六卷。列表如下：

---

1 《晋祠志·凡例》，四十二卷本，第7页。
2 《晋祠志·凡例》，四十二卷本，第8页。
3 《晋祠志·凡例》，四十二卷本，第8页。

门类	四十二卷本卷数	十六卷本卷数	门类	四十二卷本卷数	十六卷本卷数
祠宇	2	1	乡校	3	1
亭榭	1	1	流寓	4	1
山水	1	1	人物	4	2
古迹	1	1	植物	2	1
祭赛	2	1	故事	2	1
金石	6	4	杂编	1	1

（二）篇目的变动

十六卷本更为明显并且复杂的是篇目上的变动。亦列表如下：

门类	十六卷本较四十二卷本增补篇目	删减篇目
祠宇	无	
亭榭	朝阳洞、茶烟洞、开源洞、方丈洞、洗耳洞、河栏、新亭	无
山水	晋水、石梯口	朝阳洞、茶烟洞、开源洞、方丈洞
古迹	东庄水寨	无
祭赛	祀亚圣、祀吕祖	祀孚佑帝君、北门外祭赛[1]

续表

门类	十六卷本较四十二卷本增补篇目	删减篇目
金石	赤桥村重修石梯口记碣、黄旅长重修晋祠碑记、黄旅长重修晋祠碑阴、黄旅长捐募布施官衔姓名碑、黄旅长重修晋祠布施碑则、莲花台大字石刻、石塘大字石刻、鱼沼大字石刻、飞梁大字石刻、洗耳洞石刻	移建碑亭工料杂费、孚佑帝君本传木刻、公建碑记[2]
乡校	来青书屋	希圣草庐

---

1 四十二卷本"祭赛"门"祭产"一文在十六卷本目录中没有辑录，但附于"祭赛"门"祀白衣大士"后的小字部分，实际并未删减，本文不予讨论。
2 四十二卷本"金石"门《太平兴国碑铭与重修晋祠碑记》《新修晋祠碑铭并序》《重修晋祠庙记》为慕湘先生附录，并非出自刘大鹏，本文不予讨论。

续表

门类	十六卷本较四十二卷本增补篇目	删减篇目
流寓	无	杨仆射愔传、令狐相国楚传、裴相国休传、欧阳文忠公修传、张明府伯玉传、苏通判过传、王太守安礼传、王廉访思诚传、杨左丞宪传、于忠肃公谦传、薛文清公瑄传、何宪佥自学传、林大参厚传、茂按宪彪传、孙大参昱传、张少司空颐传、雷副宪霖传、徐学宪演传、钱佥宪俊传、李抚宪鉴传、曾按院大有传、杨学宪文卿传、陈大司马凤梧传、周学宪宣传、周副都宪满传、刘学宪钦顺传、黄按院洪毗传、陈给谏乐传、曹学宪忻传、王学宪守诚传、王廉访建中传、李尚书维桢传、王方伯道行传、张太守泰阶传、祝按院徽传、谭广文诚言传、王中军廷衡传、傅先生眉传、曹侍郎溶传、周太守令树传、赵给谏吉士传、周明府在浚传、刘主政星传、赵先生执信传、万大令先登传、于学政汉翔传、胡观察介祉传、陈学士允恭传、殷大令峰传、噶中丞礼传、朱学政曙苏传、蒋刺史深传、屈大均传、梁文定公国治传、周廉访景柱传、崔观察光笏传、王明府炳麟传、王州牧继贤传、王明府省山传、钱明府官埈传、李太守瑛传

续表

门类	十六卷本较四十二卷本增补篇目	删减篇目
人物	晋祠四友传	郭著作郎琦传、王秘书监劭传、僧智满传、隐士邢先生传、洪智禅师传、圆觉禅师传、李和庵先生传、高怀东先生传、杨嗣泉先生传、杨济麟先生传、杨培卿先生传、杨墨选先生传、杨鸿猷先生传、杨莲斋先生传、李约庵先生传、杨仲起先生传、杨星亭先生传、杨立峰先生传、杨拙庵先生传、王六疏先生传、杨晋峰先生传、杨映斗先生传、杨天民先生传、杨默庵先生传、杨玉溪先生传、孙寿彭先生传、杨翚飞先生传、杨孚一先生传、胡廷献先生传、赵雪堂先生传、宁寿祺先生传、张天祜先生传
植物		无
轶事		无
杂编	鲈香馆、游客驱狼、昊天观正殿灾	无

　　四十二卷本，煌煌百万字。而十六卷本仅存二三十万字。显而易见，篇幅的削减主要在"流寓"和"人物"两门，共

减去92篇。"流寓"门登录"于晋祠有关者"[1]，基本是仕居三晋的官宦。删减的传记，其一与晋祠关联极浅，如公务经过或者旅宿驿站之类，徒有一眼之缘。其二是传主品阶相对不高，多如县令、通判、廉访、学宪之类的官职。"人物"门意在"将潜德幽光尽行表著"[2]。刘大鹏本人极重孝道，谓"孝为百行之原"[3]，故孝道人物诸如孙孝子、赵孝子、李凤石、李纯庵等人的传记基本保留。而佛门僧人如《僧智满传》《洪智禅师传》《圆觉禅师传》概行删去。

"人物"门中唯一增补的《晋祠四友传》更值得注意。该传为四人合传，是在《赵雪堂先生传（附弟焕）》《宁寿祺先生传》《张天祜先生传》的基础上删改而成，这三传原录在四十二卷本上。赵雪堂曾染重病，屡屡医治无效，直到祈来省城纯阳宫的"吕祖神方"后，药效喜人，才得以救命。赵氏考虑到病人赴省城求方，一来一回颇为不易，便想将纯阳宫的药方抄到吕祖阁，以救济乡人。其弟赵焕乐善好施，便跟着一起募捐。另外两人宁寿祺和张天祜皆为一时名医，不仅医术高明，而且医德仁厚。于是四人"倾心相结，号曰'四友'"，倡义捐募吕祖阁。[4]接着赴省城抄录药方，宁、张二人校正，二赵负责督判，药方经久无谬。咸丰十一年（1861），四人在阁内设立灵签八筒，又制围屏八扇，刻吕祖事迹，安

---

[1] 《晋祠志·凡例》，四十二卷本，第8页。

[2] 四十二卷本，卷二十二《人物一》，411页。

[3] 《孙孝子淡传》，四十二卷本，第412页。

[4] 《晋祠四友传》，十六卷本，卷十四《人物下》。

置在神龛左右。自此"香火日益加盛焉"[1],四人贡献巨大。有趣的是,与其他道教人物不同,刘大鹏认为吕祖之所以列为祀典,是其心"无日不在天下也"[2],因此对吕祖格外敬重。刘也经常参拜吕祖以求签,或问一地安危,或求不受祸乱,或祈雨,或治病。[3]《晋祠四友传》的增补应该也和他的信仰倾向有关。

其余仍有五门的变动值得我们关注。

其一,"乡校"门。十六卷本删"希圣草庐",又增补"来青书屋"。因此不妨将二文依次摘录以见问题:

> 希圣草庐:在豫让桥北,茅屋数椽,中却雅趣,咸丰间设立。师宗宋学,敷教以穷理为先。门人研究者,多先儒理学书,且示从鹿忠节公之认理提纲下手,以为进修之阶。

> 来青书屋:在晋祠南堡,西向,乾隆嘉庆间应童试者多列其门,入泮采芹之报条恒满门墙,今屋为商号,而来青书屋之匾尚存。[4]

---

[1] 《晋祠四友传》,十六卷本,卷十四《人物下》。
[2] 《祀孚佑帝君》,四十二卷本,第142—144页。
[3] 刘大鹏:《退想斋日记(稿本)》民国十四年十月二十六日、民国二十七年十一月二十日、民国二十八年正月初一日、民国二十八年二月二十一日、民国二十八年四月十四日、民国三十年二月二十一日、民国三十年六月二十三日、民国三十年十月十八日、民国三十一年四月十七日。
[4] 《希圣草庐》,四十二卷本,第307—309页;《来青书屋》,十六卷本卷十《乡校》。

"乡校"记载的多是传统私塾,但自从光绪三十一年(1905)科举废除以后,程朱理学随之式微,西学渐成主流。新文化运动以来社会各界更是对理学激烈批判。在儒学式微的形势下,旧式乡校更是举步维艰。"老师宿儒坐困家乡,仰屋而叹,即聪慧子弟,亦多弃儒而就商。"[1]刘大鹏因此丧失赖以为生的西席之职,受困于生计,也无奈做起煤窑生意来。希圣草庐的衰败和来青书屋"今为商号"的命运,和刘氏的命运走向似乎也不谋而合。

其二,"祭赛"门。四十二卷本只有记载孔子诞辰,而没有孟子生辰。十六卷本重补"祀亚圣",是合情理之举。情理之外,或许也带有刘大鹏的某种惋惜。变乱之后,刘氏见文庙之祭无人举行,圣贤之血食几乎断绝,于是"扼腕不平"。重提文庙祭典或有此用意。

其三,"金石"门。删去的《公建碑记》全称为"原邑李氏合族为前明六代叔祖琼峰禅师公建碑记",为圆觉禅师十一世、十二世侄孙在嘉庆五年(1800)所立。圆觉禅师的"公建碑记"和《圆觉禅师传》都被删去,这应该不是巧合之举。在刘氏眼中,佛教"无非惑世诬民",甚至认为是儒道之敌。而碑文针锋相对,称圆觉禅师得圣人微旨,故"祕儒而就释",以致晋俗"相率而入于浮屠者,不可胜数"[2]。其次须交

---

[1] 刘大鹏:《退想斋日记(稿本)》光绪三十三年八月初六日。
[2] 《原邑李氏合族为前明六代叔祖琼峰禅师公建碑记》,四十二卷本,第286—287页。

代,"移建碑亭工料杂费"所载均为布施人姓名及出费,并无实义。《孚佑帝君本传木刻》为上述的"四友"增饰吕祖阁时所刻,文中也只是提及"凡二千九百八十六字",并未有实文抄录。因此都没有保留下来的必要。

其四,"杂编"门。增补的"游客驱狼""昊天观正殿灾"皆属怪闻。前者为某游僧在奉圣寺夜闻狼嚎,于是静坐喃喃诵经,半夜后驱走野兽;后者为昊天观正殿夜半起火,唯有一野僧所住的禅房幸免于难,而翌日该僧又不见踪迹。皆为怪诞之说,既是"备好古者浏览",也是刘氏受时代局限的迷信思想之一见。

其五,"祠宇"门。"有微必录"是刘大鹏的一个写作主旨,即便是微矮的土地庙,也"不可祕之如遗矣"。[1]十六卷本更是详细地记录每一座建筑的创修纪年和空间定位。四十二卷本中创修纪年不详的,十六卷本重新考证、增补,如三官阁、龙王庙和景清门逐一增补,记为"明成化年创建""康熙年建寺""明成化五年建"。在空间记述上,将晋祠堡城和周围的山水[2]纳为新的空间标志,在更大的视野内形成了一种以晋祠为中心"枕山际水"的整体方位感。

此外,篇幅大减的另一个原因是案语和注引文献被大量删除。"案语"在方志中很常见,用来表达编者的个人观点。

---

[1] 四十二卷本,卷·《祠宇上》,第47页。
[2] 如十六卷本文昌宫增添"东即堡城",王恭襄公祠增添"西则崇山屹立",兰若寺和古兴化洞增添"卧虎山麓",婆婆围增添"庙望山屹其西,鸿雁河绕其东"等。

四十二卷本案语有三种表现形式："谨案""梦醒子曰"和"卧虎山人曰"。据笔者统计，其中75处"梦醒子曰"在十六卷本中被全行删去，除"金石"门外的"谨案"一共142处，十六卷本减去了其中的68处（占比47.9%），即便是十六卷本所留下来的篇目也一并减去了136篇注引文献。

十六卷本篇幅较之四十二卷本大为减小，附文的大量消减是两个版本之间极其明显的变化。

三、十六卷本增减之"文本的背后"

十六卷本最重要的目的就是减少篇幅，其增补的内容倒是更应该引起重视。通观十六卷本增补的内容，有两条线索值得关切：一是时过境迁，民国以来刘大鹏亲身经历的重大事件；二是从清末到民国初年，刘大鹏一直以来不变的以晋水为中心的本位情结。

民国初年刘大鹏经历的第一件大事，当为黄国梁资助的重修晋祠。十六卷本凡例言："民国成立以后，又有重修晋祠之举，故亭榭、金石篇中补登数则。"其中亭榭篇增补洗耳洞、河栏、新亭等3则，金石篇增补5则碑记和5则石刻。前后共计13则。

民国四年（1915）刘大鹏目睹献殿倾倒斜欹，受冻损坏，以致势将大倒。[1]于是与晋祠觉宝、觉慈二僧商议重修，三人通力合作，得开办重修晋祠工程局。初设经理十八人，只有刘大鹏（赤桥村人）与其余两人非晋祠人。十八经理各怀私

---

1 《第二次提倡修祠记》，四十二卷本，第1098页。

心，并不遵行刘氏起草的章程。本镇保正中的杜桓、牛玉鉴、张永寿三人，各属晋祠中、南、北三堡的代言人。三人凭借地主身份，经常私相授定，不与公议。工程一开始便借用职权公款吃喝、私包工程，即"私行修鼓""借公铺啜""经理舞弊"诸案。四河渠甲因此拒缴钱款以抗议。刘氏前后奔波，工程进展并不顺利。一直到六月中旬刘大鹏赶赴省城办理事务，专门探听一位黄旅长的消息，修祠之事才从此生机再现、柳暗花明。

黄旅长，即黄国梁（1883—1958），字绍斋，陕西洋县人。光绪二十八年（1902）考入山西武备学堂，光绪三十年（1904）与阎锡山同赴日本陆军士官学校留学，是辛亥太原起义的功臣元勋，时为陆军第十二混成旅旅长。民国四年（1915）初夏，黄国梁率部驻扎晋祠，他酷爱晋祠山水，目睹修祠工程经费稀少，"有募布施之想"。[1]刘一行人赴省城谒见黄氏并呈上缘簿，后者当即"应允"。几番交涉，黄氏引荐阎锡山布施小洋200元，自己则布施大洋150元。刘氏将此款随车带回，存于晋祠镇晋泉源钱局内。刘氏在省城之际，牛、张、杜三人在局内越发横行无阻，公款随之挥霍一空。待刘氏归祠，竟负债三百余缗。工程因欠款停工，三人却置若罔闻。刘无奈之下，一面各方调度弥补亏空，一面谋划工程重启。刘"一秉大公"的处事逐渐为驻节晋祠朝阳洞的黄国梁所悉。民国五年（1916）七月十一日初晨，黄氏找来刘大鹏面议，认为其余经理人皆"不堪委任"，欲将修祠工程委托刘

---

[1] 《经理赴省祈黄旅长代募布施》，四十二卷本，第1120页。

氏"一手经理"。随即携刘氏到石塘边，指示其在石梯口上创建一亭，在石塘左右修建栏杆。在黄国梁的大力支持下，八月初"鸠工庀材"，修祠转入第二阶段。

随后黄氏又将募集到的大洋1000余元陆续送来，第二阶段的工程因此颇为顺利。掏浚鱼沼，重修飞梁、莲花台、石塘，并在石塘左右创建高垂三尺的栏杆，"胜概益增"。刘大鹏也借机组织赤桥村各社募集布施重修石梯口，改口为洞。并刊碑刻字，因此有十六卷本新增的鱼沼、飞梁、莲花台、石塘、洗耳洞共5则"大字石刻"。除立有石刻的以上5处，重修工程实际囊括祠内的44处建筑。[1]民国六年（1917）秋八月完工。九月立《赤桥村重修石梯口记》碣，该文也增补进十六卷本中。

刘大鹏对黄氏的鼎力支持自然感激不尽，称赞其"功德若斯，自可永垂不朽"[2]。修祠之事结束后，二人也时有交集，经常互借或赠书。[3]昔日贵人，今时好友。十六卷本增补《黄旅长重修晋祠碑记》等4篇碑文，皆是对黄氏的颂德。事情到此尚未结束。民国六年（1917）黄国梁因受阎锡山猜忌出走山西。晋祠村长牛玉鉴便趁机报复刘大鹏，不仅派人阻拦即将完工的工程，而且诬告刘大鹏贪污捐款。二人争讼不休，负责审案的县知事却左右推诿。将案呈递省府，省府也是置

---

[1] 有关重修晋祠的详细经过，参见行龙：《刘大鹏与晋祠》，《地域文化研究》2021年第5期。

[2] 《复黄旅长书》，四十二卷本，第1142页。

[3] 刘大鹏：《退想斋日记（稿本）》，民国十二年七月十五日、民国十九年七月初五日、民国二十一年五月十六日。

案不理。刘氏因此声誉受损，对牛愈加憎恶，甚至称其为"晋祠蠹贼"。后来他一度做梦梦见牛因罪被斩，可谓日有所思夜有所梦。四十二卷本的卷首曾录有《晋祠八景图》，每幅图的左下角皆有"晋祠牛玉鉴绘图"七字楷书，刘在四十二卷本称其"兹得牛生之图，补其缺矣"[1]。而十六卷本将六幅图全部删去，大概与修祠过程中二人产生的矛盾有关。

民国初年，刘大鹏的另一件"要事"是参与了所谓的"模范村"建设，而晋祠改名为"古唐村"，正是阎锡山时代的模范村之一。十六卷本增补的《改晋祠为古唐村》原文如下：

> 晋祠名胜历年久矣，然地虽名胜，而祠宇倾颓，不足餍游人之耳目，太原县历任邑宰皆置不问。一任其残废之日甚，而漠不关心。民国九年庚申春，福建侯闽（应为闽侯，原文有误）欧阳公庸民（名英）来知太原县事，目击心恻，遂锐意振兴。以晋祠为周唐叔虞（周武王子，成王母弟）之封邑，系古唐地，因改晋祠镇为古唐村。曾令第四区区长（初任清源郭步青继任交城乔洛轩）督率村人大为整顿，且办模范自治，嗣名之曰古唐模范自治村。又于祠内设立古唐村事务所（以朝阳洞待凤轩为地址）。凡村中一切应兴应革者，均归事务所经理。以村长为所长，并设书记专司账簿，招待游客，旧有之庙祝担任仆役之职务，祠庙产业均归并于事务所。

---

[1] 《晋祠全景图说》，四十二卷本，第16—17页。

和尚不得自专，期月而就绪，逾年而整齐。款项虽曰无多，事实却做不鲜，则古唐村之名由是昭彰焉。欧阳知事对于古唐村异常热心。公余之暇，即到古唐村休息，补葺林园，点缀风景，精心结构，备极清幽。虽系零星工程，却觉风雅宜人。祠宇亭榭焕然聿新，葺茅补屋，有增无减，如是者三年（历庚申、辛酉、壬戌三年矣）。而古唐自治模范村遂传播于遐迩矣。北京之参观团七八十人于民国十一年春正月专来游览，考察模范，久乃告去。夏闰五月，山西阎督军兼省长锡山带领随员驻节古唐村，浏览风景，考察模范，召集阖邑村长开同乐大会，流连晋水源头，不忍遽去，阅一星期（闰五月十一日到十八日乃去），方才返省，则古唐村之名胜为不虚也。[1]

阎锡山认为"村"是天然形成的政治单位，村以下的家族主义"失之狭"，村以上的地方团体"失之泛"。只有村既有人群共同之关系，又有切身生活之根据，是行政之根本。[2] 模范村的设立实则取法日本。日本千叶县山武郡源村在明治十四年（1881）订立《极乐寺联合规约》作为村规以来，"民心一致，无不竭力协同"，农业、贮蓄等事业因此渐次进步。以源村为首的日本地方自治之三模范村[3]很快"传诸海外"，欧

---

[1] 《改晋祠为古唐村》，十六卷本，卷首。

[2] 《呈大总统文》，载吴庚鑫编著：《山西自治行政实察记》，上海，上海广益书局，1928年版，第46页。

[3] 日本地方自治之三模范村，即千叶县山武郡源村、静冈县贺茂郡稻村、宫城县名取郡生出村。见《预备立宪公会报》第5期，第8—11页。

美各国竞译其事。

民国八年（1919）欧阳英出任太原县知事。按，欧阳英，字庸民，生于光绪十一年（1885），福建闽侯人。从福建公立法政学校毕业后，历任太原、宛平、遂平、闽侯等县县长，福建民政厅、建设厅秘书。欧阳氏以日本有三模范村作为各村之标准，欲效仿日政。正值留学日本早稻田大学的林素园[1]考察晋祠时羡"村利之美"和"村俗之纯"，倡议在此设立自治模范村，并帮助欧阳氏建立事务所条规及一切自治设施。[2] 1920年3月，欧阳正式将晋祠镇改名为古唐村，在晋祠待凤轩内设立事务所，开始试办模范村政。希望以此树立自治基础，使全邑两百余村皆有"自治之精神"，"由是推诸全晋，而推诸全天下"[3]。欧阳下车伊始，便将廉俸用以捐助古唐村的建设，三月内就完成了第一期的筹备工作。其中女学之兴，是阎锡山改良家庭教育的"完全之目的"。民国九年（1920）春欧阳氏成立太原县女子高等小学校，次年便聘请刘大鹏续任校长一职，即使刘氏对女子学校并无好感，但依然"不得已而应之"[4]。民国十年（1921）正月十五日，刘氏在《日记》中记下古唐村纪念会的盛况："改晋祠为古唐模范村，今年已

---

[1] 林素园，原名兴群，号放庵，以字行，祖籍长乐甘墩连开。清光绪十六年（1890）生于福州台江苍霞洲书香门第。1915年赴日本早稻田大学主修教育学。回国后任北平民国大学教授，并与高一涵、沈钧儒等创办《自治周刊》。著有《素园诗稿》《台湾纪要》。

[2]《山西模范村组织概略》，载吴庚鑫编著：《山西自治行政实察记》，第17页。

[3]《古唐自治模范村设立旨趣及设施》，载《世风》第1卷第1期，第1页。

[4] 刘大鹏：《退想斋日记（稿本）》，民国十年二月初十日。

一周矣。于此灯节作纪念会，祠中陈设一切，分外热闹，自十四日起至十六日，凡三日。阖镇商号挂灯结彩，又有各村社伙均到祠下，今日又作提灯会，虽系乡村，较之县城，犹为优胜。"[1]欧阳氏在会上散发油印格言，宣扬孝、悌、笃、恭、勤、俭、公、忍的社会公德，赠给各界人士以作纪念，民国十一年（1922）正月作第二周年纪念，盛况依旧。

虽然刘大鹏任女校校长"不得已而应之"，时间不长又主动辞职。但在民国初年辞去县议会议长等社会事务后，他的主要精力在经营煤窑，女校任教亦"为得几员（元）薪水之故耳"。[2]况且，毕竟是接受欧阳县长委任，而欧阳氏对他也很信任，欧阳氏曾交给他高等小学校学生卷子五十篇令其"阅看"，他也曾多次陪同欧阳知事参加过各类"模范村"活动。无论怎样，充任女校校长一职，对民国初年的刘大鹏而言，也算是一桩值得记述的事情。十六卷本增加古唐村的记载亦顺理成章。

十六卷本增补的另一部分是关涉晋水的内容，此与刘大鹏一直以来以晋水为中心的情结密不可分。

首先是四十二卷本的"河例"门为什么被删去的问题。刘大鹏的父亲刘明评价四十二卷本："最惬余意者，首则乡校三卷，次则河例十卷，盖乡校关乎教育之大，河例系乎国计民生，其余虽皆可观，然不及此二门之关系重大也。"既然"河例"门如此重要，又受刘父欣赏，为何十六卷本却将其全

---

[1] 刘大鹏：《退想斋日记（稿本）》，民国十年正月十五日。
[2] 刘大鹏：《退想斋日记（稿本）》，民国十年四月初九日。

部删去？刘父接着指出"河例"门"虽云详备，而未尝以晋水标名，则不足报晋水之德，大有负于晋水矣"，故告刘大鹏："尔曷不专志晋水，独编一书乎？"[1]刘氏自然受命，将"河例"门重新考订，在光绪三十三年（1907）十月初一日编成《晋水志》一书，其间陆续进呈其父"鉴定"。刘父阅后也是欣然作序："观其事实之详，本末之赅，水例水程了如指掌，庶足使往者有传，来者有证，为晋水增光添色焉。"《晋水志》较之"河例"门更为细致，各河篇也加以分图。在民国初年已有该书的情况下，十六卷本便不再记载河例，也是出于压缩文字的需要。

以晋水为中心是刘大鹏一直以来的本位情结。刘大鹏世居的赤桥村坐落在晋水的发源地，与晋祠、纸房二村共称"总河三村"，有"有例无程，随时灌溉"之便。刘氏坦言："吾家世居赤桥，沐晋水之泽，食晋水之德，业经多年。"[2]从清末到民国初的十余年间，晋水及流域内各村落也随之发生变迁。光绪二十二年（1896）、二十四年（1898）、二十七年（1901）汾水连年大涨，波及晋水流域近20个村。其中东庄村因坐落汾河西岸，地势低洼，受灾最重。光绪二十二年（1896），水灾时刘大鹏目睹东庄村"房屋尽行塌毁，所留者三五间而已。闻水到村，阖村男妇皆登戏台及市楼上……一

---

[1] 有关《晋水志》的介绍，参见行龙：《刘大鹏及其〈退想斋日记〉》，载行龙主编：《社会史研究》第14辑，北京：社会科学文献出版社，2023年版。

[2] 《充（重）修晋祠两次经理之十二诬》，四十二卷本，第169—1172页。

切衣食器用皆被淹没，嗷嗷待哺"[1]。村内的东庄水寨被水冲毁，"仅留基址"。曾经环绕东庄的台骀泽也被汾河所没，最终淤高为平地。仅仅十余年便已是"沧海桑田"。祸不单行，民国二年（1913）汾河再度泛滥，使西岸的土地大为淤高，以致无法得到晋水灌溉，其中东庄村受灾的土地面积达11顷86亩，该村从而退出晋祠水例。[2]十六卷本因此将"东庄水寨"正式列入"古迹"门：

> 今之东庄水堡也，土人呼东庄村，在晋祠东五里，其西南即古之台骀泽，堡周三里，四面水绕，万柳环堤，门设三面，惟北无门，东门之外横清水河，门内即清跨楼，北汉时最盛，至明仍繁，高公汝行即水堡之人物，迨至国朝，渐次凋敝，堡城就圮，门亦塌毁，光绪壬辰壬寅等年，屡经汾涨，侵剥浸没，堡益残废，仅留基址，惟清跨楼无恙，楼下之碑石，仍旧屹峙楼上东檐，明少师王恭襄公手书"清跨楼"三字之立匾尚存。

值得注意的是，"东庄水寨"并不在晋祠内，甚至和晋祠相距五里以上。之所以受到刘大鹏的关注，很大程度与"水堡之人物"高汝行有关。高氏出生东庄，嘉靖十三年（1534）官至浙江按察司副使，在浙三年持正守廉，吏治有声。三年

---

[1] 刘大鹏：《退想斋日记（稿本）》，光绪二十二年七月初八日。
[2] 《晋祠水利志》编委会编：《晋祠水利志》，太原：山西人民出版社，2003年版，第18—19页。

后受权贵诬陷从而致仕，归乡后便心生编修县志的想法。抄录古碑，访询故老，"备一邑文献"。历时六年编成《太原县志》[1]一书，共六卷、四十九目。是历史上首部《太原县志》。四十二卷本征引过《太原县志》的篇目就多达93篇。嘉靖二十七年（1548），高汝行又倡议捐资重修晋祠，亲自督修唐叔虞祠和善利、难老泉亭，并建读书台，重建望川亭，晋祠由是更显"巨观"。

以晋水为中心的本位情结更体现在刘大鹏主持重修晋祠的过程中。三年间，修缮祠内44处建筑，基本做到了全覆盖。此外，还创建了石梯口、石塘栏杆、真趣亭等建筑。十六卷本增补的"石梯口"谓之：

在石塘北岸北渎分水源头岸，辟一门，门内设磴。为出入石塘陟降之路，北河决水挑浚河道之期，赤桥村人均从此口入塘洗纸。

文中的石塘，一名清潭、金沙滩，在难老泉出水之处。宋仁宗嘉祐年间太原县尉陈知白在此创建分水堰，南、北渎各三七分水。赤桥村便属于北总河村之一，在北河用水。赤桥村的生计是造纸业，有"吾乡人众，务农者十之一，造纸者十之九"[2]的说法。至民国年间仍是如此，村民保有每日早起晒纸的习惯，趁日光之利，欲多行造纸事。每年三月举行

---

[1] 嘉靖《太原县志》，上海古籍书店，1963年版。
[2] 刘大鹏：《退想斋日记（稿本）》，光绪十八年闰六月二十一日。

晋祠石梯口

祭祀造纸鼻祖蔡伦的庙会，百姓乐此不疲，可谓盛极一时。《退想斋日记》记曰："里中演戏，系造作草纸之家敬奉造纸之蔡侯，今日第三天，来观者十分众多，昨日约数万人，予家驻客七八人，他家皆有此等无益之费，民皆情愿也……有客二三十人，均午餐。"[1]

盛况的背后，是赤桥村造纸业十分发达的写照，同时也使赤桥村人的生产生活极度依赖造纸业的发展。赤桥经常因为纸价过低，以致里人"多冻馁也"[2]。造纸过程中，无论是制浆过程中的用水浸泡草料，抑或后续的蒸煮、洗草、水洗

---

[1] 刘大鹏：《退想斋日记（稿本）》，民国三年三月十五日。
[2] 刘大鹏：《退想斋日记（稿本）》，光绪二十七年正月初七日。

晋祠真趣亭

纸浆、沤制等，都离不开大量用水。所幸赤桥村受晋水滋润，唯有春、夏两季决水期时无水可用。"河例"有载："决水之时各十余日，河内无水，不能洗纸，村中造纸之家不得已即赴难老泉金沙滩洗纸，历年久远，从无异词。"[1]但是南、北两河渠甲为渔利与赤桥村人争讼不休，延续数年，直至道光二十七年（1847）争端才止。自此晋祠和赤桥各树立了一块《洗纸公文碑》，将赤桥村民决水期进石塘借水洗纸纳入"河例"，渐为后世所承。

至民国年间石梯口坍圮，"陟降维艰"。刘氏"为一劳永逸之计"，便倡议赤桥村民凑集六十缗钱，借重修晋祠的机会

---

[1] 四十二卷本，卷三十《河例一》，第573页。

将之一并修缮。并改"口"为"洞",民国七年(1918)季夏,参议院议员李枫圃(庆芳)先生来游晋祠,便雅爱无匹,随即"爱书'洗耳洞'三字于石,付诸剞劂"。[1] "洗耳洞"由此得名。

除新修石梯口外,因村民在石塘取水洗纸的时候,"塘堤危竣",故在石塘两岸创建三尺高的栏杆。在石梯口上按照黄国梁的建议新修真趣亭,作为文人墨客观赏赋诗之地。刘亲书《晋祠真趣亭记》《真趣亭联》及《真趣亭诗》五章以示欣喜。以难老泉源为起点,沿智伯渠为轴溯流而上,晋祠与晋水深为关切的建筑如同一幅画卷依次展开,构成石梯口、石塘、真趣亭等以晋水为中心的建筑群。靠水吃水,"晋水为晋阳发脉之区,晋祠为晋水延洪之宅"。晋阳以晋水得名,晋祠为晋阳名胜,晋水发源于晋祠三泉,又惠及流域内三十余个村落。以晋水为中心不仅是刘大鹏的一个本位情结,也是晋水流域整体的区域表征。

---

[1] 《晋祠洗耳洞跋》,四十二卷本,第1162页。

送赤橋村
劉友鳳先生台啟
太原縣公署緘

今收到
縣署公文壹件
赤橋村劉友鳳具
六月十三日

刘大鹏生平及著述简表

说明：

（一）本表依刘大鹏《退想斋日记》及其他遗存著述出之，兼及国家、山西并区域事件。

（二）依《退想斋日记》纪年习惯，本表年、月均以农历出之。生卒、年龄亦以民间传统虚岁出之。

（三）刘大鹏一生著述丰赡，《碑铭》及其他记载数十种不一，本表以现存及确有成书时间著述为准。

（四）本表参考李海清《刘大鹏先生年表》及刘卫东《刘大鹏的著述》，特致谢忱。

刘大鹏，字友凤，号卧虎山人、梦醒子、自了汉等，山西省太原县赤桥村人。

高祖刘伏保。

曾祖刘美。

祖父刘兴义（1799—1872）。

父亲刘明（1825—1907），字云龙，号善圃。

母亲刘氏（1831—1903）。

清咸丰七年（1857），一岁

五月十八日，刘大鹏生于赤桥村。

是年，英法联军进入珠江，广州失陷。太平天国石达开部出走。捻军各头目接受太平天国领导。

咸丰十年（1860），四岁

清政府与英、法分别订立《北京条约》。

咸丰十一年（1861），五岁

咸丰帝病逝，同治帝继位，"辛酉政变"慈禧太后"垂帘听政"。

同治二年（1863），七岁

"七岁始能言，仍哺母乳。"

同治四年（1865），九岁

入塾，从师赤桥村刘午阳，前后十六年。

光绪元年（1875），十九岁

八月，娶郭氏为妻。

光绪二年（1876），二十岁

七月，长子刘玠生。

光绪三年（1877），二十一岁

大旱，晋水流域灾情惨不忍睹。"山人"死亡十之八九，赤桥死亡十之六七，其余死者亦皆大半。

是年，应童生试。

光绪四年（1878），二十二岁

是年，入泮采芹，补县学生员。

光绪五年（1879），二十三岁

是年，肄业太原县桐封书院。

光绪七年（1881），二十五岁

六月，次子刘瑄生。郭氏生刘瑄后，月内去世。

光绪八年（1882），二十六岁

是年，入省城太原府崇修书院研读，前后十年。应壬午科乡试，先后"七科而不得"。

光绪十年（1884），二十八岁

是年，刘明在太谷县里满庄开设万义和木店。

光绪十八年（1892），三十六岁

正月，开始记日记，即《退想斋日记》。

在太原县王郭村张资深家塾做私塾先生，前后三年。

四月，刘玠应太原府童生试。

八月，作《鸦片烟说》，痛陈鸦片烟之害。

十二月，三子刘珦（第二任妻子北大寺武氏所生）生。

光绪十九年（1893），三十七岁

六月，迁入新宅。

八月，刘玠初婚。

光绪二十年（1894），三十八岁

二月，刘玠应县试，得第九名。刘玠妻（第一任）亡。

四月，刘玠应院试，得第十名。补府学生员。

八月，偕刘玠赴省应甲午科乡试，刘大鹏中举，得第七十名。刘玠不中。

十一月，刘玠续弦。

是年，中日甲午战争爆发。

光绪二十一年（1895），三十九岁

正月，公车北上，应乙未科会试，未中。游览颐和园、香山等处。闻中日议和，"心中殊多不乐"。

五月，长女红荚生。

是年，成《乙未公车日记》四卷。

光绪二十二年（1896），四十岁

二月，太谷县南席村武氏家塾做私塾先生，前后十三年。次子刘瑄应太原县童生试。

光绪二十三年（1897），四十一岁

正月，四子刘珽生。

四月，刘玠补廪。

光绪二十四年（1898），四十二岁

二月，公车北上，应戊戌科会试，未中。偕郝济卿、李仙洲游览天津，前后六日。经大同、忻州返家。

五月，刘瑄入泮。

是年，成《戊戌公车日记》。

是年，发生戊戌变法，百日而亡。

光绪二十六年（1900），四十四岁

正月，颈痛，前后半年。

三月，列强攻打固关，晋阳一川大震。自南席回家避乱。

七月，八国联军攻入北京，慈禧太后携光绪帝逃往西安，路经太原县小店镇、北格镇。

是年，义和拳起于山东，山西多地爆发义和拳。南城角、晋祠、小店、北格等村镇义和拳纷起。七八月间，各地义和拳集聚晋祠。

光绪二十七年（1901），四十五岁

八月，山西因去岁义和拳乱，停止乡试五年。

十二月，省城岁考因去岁义和拳乱，改在徐沟县。

是年，清政府与列强签订《辛丑条约》，清廷谕令实行新政。

桐封书院改为太原县小学堂，课试时文改策论。

光绪二十八年（1902），四十六岁
刘玠赴西安应庚子辛丑并科乡试，中举。
刘瑄入新成立的山西大学堂校士馆。
是年，动笔撰《晋祠志》。

光绪二十九年（1903），四十七岁
二月，刘大鹏、刘玠父子同赴开封参加会试，皆不中。
刘瑄赴西安参加乡试，不中。
三月，母亲刘氏逝世。年七十三岁。
是年，成《桥梓公车日记》四卷。

光绪三十年（1904），四十八岁
二月，刘玠再赴开封参加会试，不中。
六月，刘瑄补廪。

光绪三十一年（1905），四十九岁
冬，榆次车辋村设立女学堂。
是年，清廷下诏废科举。

光绪三十二年（1906），五十岁
刘瑄参加未入学堂生员优生考试，不中。

光绪三十三年（1907），五十一岁

二月，刘瑄在省参加提学司考试，不中。

三月，刘玠赴京参加吏部举贡考试，不中。

八月，刘珦婚。

九月，刘玠赴京禀请分发试用，分直隶试用。

十月，刘明逝世，年八十三岁。

是年，成《晋祠志》四十二卷，重编《晋水志》十三卷，成《潜园琐记》六卷（据其记事推断）。

是年，正太铁路通车。

光绪三十四年（1908），五十二岁

正月，厚葬乃父刘明，前后270席。

二月，刘玠在天津任职。

四月，偕郝济卿、郜子玉游介休绵山。

五月，成《游绵山记》二卷。

十一月，妻子武氏逝世，年四十岁。

宣统元年（1909年），五十三岁

三月，被太原县推为省谘议局议员。

辞南席教馆职，偕史竹楼回到家乡赤桥。任山西省谘议局议员，前后两年。

宣统三年（1911），五十五岁

十月，太原辛亥起义。

是年，刘瑄疯癫。

是年,阎锡山任都督。

民国元年(1912),五十六岁
三月,公推任太原县议会议长,力辞。
五月,被强行剪辫。

民国二年(1913),五十七岁
正月,仍被推为太原县议会议长,"不得不而应允"。
二月,充晋祠蒙养小学校教员。
九月,刘玠妻(第二任)亡。
十月,刘玠续弦王郭村张氏(第三任妻子)。
是年,长女红荚嫁本县西寨村阎佩书。刘瑄妻亡。

民国三年(1914),五十八岁
正月,与友人合伙租赁明仙峪石门窑,租期五年。
二月,晋祠住持邀请议修晋祠。
六月,自号"遁世翁"。
十一月,四子刘琎完婚。

民国四年(1915),五十九岁
八月,任太原县商会特别会董。与友人武广文等合办柳子峪西坪窑,以五年为期。期满,"又续五年"。
九月,登选为国民会议议员。赴省参加国民代表大会。
是年,参与修缮晋祠事宜,为修祠工程局十八经理之一。

民国五年（1916），六十岁

七月，任太原县教育会副会长。

是年，在陆军十二混成旅旅长黄国梁支持下，主持重修晋祠庙宇。修改四十二卷本《晋祠志》，成十六卷本《晋祠志》。

民国六年（1917），六十一岁

正月，任太原县清查财政公所所长。

二月，登选为县公款局经理。撰《重修孙家沟幻迹》二卷。

五月，主持重开晋祠西路，于是月告成。

八月，晋祠修缮工程全部完工。

九月，上交省政府"申诉词"，申诉重修晋祠事，"吁请送交法庭"。

是年，太谷万义和木店移至阳邑镇，改号万义生。

是年，张勋拥宣统复辟。阎锡山督军兼省长，实行"六政三事"。

民国七年（1918），六十二岁

正月，瘟疫爆发，省城戒严。三子刘珣续弦。合葬胞姐刘寄娥（1852—1874）。

七月，着笔《迷信丛话》。

九月，瘟疫盛行，刘玠妻（第三任）亡。

秋后至冬至，成《重修晋祠杂记》二卷。

十二月，《日记》登录已编著述二十种。

民国八年（1919），六十三岁

五月，省城爆发五四运动。

八月，刘玠四婚，娶本县西峰村张氏为妻。

九月，赴平定、阳泉、盂县等地考察煤矿办法。

十二月，成《明仙峪记》四卷。

是年，续租石门窑十年。

是年，山西改行村制，改晋祠为古唐模范村。

民国九年（1920），六十四岁

六月，五子刘钰（为三妻史竹楼所生）生。

民国十年（1921），六十五岁

二月，被聘为县立女子高等小学校校长。

三月，公举为南四峪煤矿事务所经理。

十一月，登近作诗于《卧虎山房诗集》。

是年，自号"自了汉"，成《琢玉闲吟》诗集一册。

是年，开辟晋祠汽车路。

民国十一年（1922），六十六岁

三月，时疫流行。

七月，阎锡山巡视太原县整理村范事，全省三十八县知事来县参观。

八月，充明仙峪后瓦窑经理。杨九锡辞退石门窑而去。

十月，次女翠荚婚，嫁清源城张永福。

秋冬，再行瘟疫。

十一月，充县煤矿事务所所长。

是年，直奉战争爆发，孙中山在广州任非常大总统。

民国十二年（1923），六十七岁

正月，与友人合办柳子峪灰沟窑，入股经营。

四月，初成《迷信丛话》十二卷。

八月，订《愠群笔谭》一册二十五卷。

冬，瘟疫流行。

是年，成《弹琴余话》四卷。刘玠赴代县省立第三女校任教。

民国十四年（1925），六十九岁

二月，三女碧荑（为三妻史竹楼所生）生。

六月，上书省议会，递煤矿事务所陈请建议书。

民国十五年（1926），七十岁

八月，欲辞煤矿事务所经理职。

十月，与友人合包柳子峪南岔大观窑。

冬，瘟疫流行。殇孙男一，孙女二。

民国十六年（1927），七十一岁

正月，成《迷信丛话》十七卷、附录六卷。

春，国民党太原县党部在县城文庙成立。晋祠设立区党部。

五月，刘玠任大同兵站书记长。

六月，谢任煤矿事务所经理。

是年，阎锡山任中国国民革命军北方总司令。

民国十七年（1928），七十二岁

春，瘟疫流行。

三月，刘玠去世。当月，刘玠妻（第四任）亦亡。

十月，县党部筹备纂修太原县志，举为筹备员之一。

是年，太原县公署改称太原县政府，知事改称县长。

民国十八年（1929），七十三岁

二月，任太原县志书局局长。

五月，购买明仙峪后瓦窑、梨树沟窑、后坡窑。冯玉祥驻晋祠。

七月，为冯玉祥寄一函。

八月，冯玉祥赠一小袋肥料。

九月，因石门窑号事与韩金成发生纠葛。

民国十九年（1930），七十四岁

十一月，阎锡山下野，徐永昌代理晋省军政。

十二月，王郭村私塾东家张资深逝世。

是年，蒋、冯、阎中原大战。冯、阎倒蒋失败后，冯玉祥驻天龙山圣寿寺。晋祠东门外新华造纸厂投产。

民国二十年（1931），七十五岁

九月，九一八事变爆发，日本侵占东三省。

十月，日本扶植溥仪成立伪满洲国。

十一月，本县学界成立抗日救国会，示威游行。

是年，晋钞闹荒，百物腾贵。

民国二十一年（1932），七十六岁

正月，致书黄国梁挺身而出，"荡寇灭虏，复我疆土"。

三月，里人推举小学生四人，在家教授。

七月，汾水大涨，境内数十村庄受灾。

秋，太原县第四区调解委员会成立，为委员之一。

十月，县府设立保存古迹古物委员会，被举为特别委员，主持整理天龙山圣寿寺佛经和清查寺产的工作。

民国二十二年（1933），七十七岁

闰五月，汾水大涨，淹没境内十数村庄。

六月，汾水再涨，百余村庄报灾。

八月，好友郝济卿逝世，年七十五岁。

九月，上书山西省政府并南京中央政府检察院，"根除本县之害"。

是年，山西实施"十年计划"。太原县更改征粮办法，勒逼大小煤窑一律注册。

民国二十三年（1934），七十八岁

二月，偕代表四人赴五台县河边村欲面见阎锡山，请求借款及粮，以济民生。阎未露面，省府拟定救济办法三条。

三月，清查天龙山庙产十日。

九月，太原县成立文献委员会，被推为委员长。

是年，成《柳子峪志》八卷。

民国二十五年（1936），八十岁

春，红军东征，晋西南二十余县戒严。

五月，三女碧荑病逝，年十二岁。

是年，西安事变发生。山西各地组织"公道团"。

民国二十六年（1937），八十一岁

三月，上书省府三函。

四月，省政府主席赵戴文批示，于赤桥、纸房间设立晋恒造纸厂，抵制无果。

七月，天龙山圣寿寺重修禅院正殿，充募化布施经理。

十月，省城、太原县城相继失陷。溃兵数次入家骚扰，民人多入山避乱。劫后余生，改号"再生"。

十一月，日军驻扎县城、小店、晋祠等处，红军潜伏西山一带。

是年，卢沟桥事变发生，全面抗战爆发。

民国二十七年（1938），八十二岁

元旦后，伪太原县政府成立。

六月，日军来家，请其写四个大字，以"写字太拙"，不允。

十月，参加本县"反共救国敬老大会"。

十二月，红军在西山阎家峪杜儿坪村设立太原县公署，抗击日军。是年，日军在晋水流域烧杀奸淫，四处抢掠。纸币闹荒，粮价大涨。

是年，日军曾进家，其被推扑倒地。

民国二十八年（1939），八十三岁

正月，赴晋祠吕祖阁求签，祈求太平。日军来家，强取黄国梁所赠五台山中堂而去。

八月，日军在晋祠开全县骡马大会，"人皆怨恨日军"。

是年，成书《倭夷猾夏纪略》十卷。

是年，南京国民政府移至四川重庆。

民国二十九年（1940），八十四岁

五月，瘟疫流行。

七月，日军来家询问晋祠、天龙山古迹古物，院中应对而去。

民国三十年（1941），八十五岁

正月，日人来家询问本地古迹，一时而去。

夏，成书《太原现状一瞥》三卷。

四月，偕保存古迹古物委员会委员等二十余人考察风洞，祭祀风神。

五月，八十五岁生日，县公署多人及家人贺寿。

八月，五子刘钰完婚。省城委员来县考察风洞《华严经》古碑，偕县长并保存古迹古物委员会委员考察风洞。

十二月，因日人欲霸占晋水，赴县城及北大寺、长巷等

村游说阻止。

是年,太平洋战争爆发。

民国三十一年(1942),八十六岁
正月,浑身瘙痒,咳嗽大发。

二月,县文庙祭祀孔子,因左足疼痛未往。

三月,头晕目眩。

六月,太原县改为晋泉县。补修祖茔石堰。

七月初四日,最后一次赴晋祠赛会。

七月十四日,最后一天记日记。

七月十九日,逝世于赤桥家中。

后记

这本小书既已辑成，我多少还是有一点轻松感。自2018年通读刘大鹏《退想斋日记》始，不知不觉间，时光已过去了六个年头。从手稿缩微胶片，到复印纸质文本、影印电子文本，三种不同形式的原稿，读得我视力下降，肩颈并痛。刘大鹏所谓"撰述之事良非易焉"，与我心有戚戚焉。虽然，我远比不上他那般的用功。

本书七篇文章，其中五篇已在相关刊物发表。《一部晋祠志　前后两版本》一文，由山西大学历史文化学院本科生石文杉同学提供初稿。在此，对相关刊物及关心本书写作的同志们，尤其是在田野工作中给予我很多帮助的同志们，表示感谢。

特别要感谢的是三晋出版社张仲伟和他潜文工作室几位"做嫁衣"者。我交给他们的稿子，都是在通读前述三种形式的原稿基础上写成的，其中有些地方因模糊不清造成缺失，甚或错讹。是他们将全部引文逐一对照既已出版的影印本《退想斋日记》（三晋出版社，2024年4月出版）及其他资料，不胜其烦又不厌其烦。书中的插图也是他们多方搜集，精心设计的。"年来年去年年忙，为他人做嫁衣裳"，我能体会到他们付出的辛劳。

自业师乔志强先生发现刘大鹏，迄今约七十年；予自抄录刘氏两部公车日记，迄今四十余年；业师标注本刘氏日记出版，迄今也逾三十年。刘大鹏及其《退想斋日记》的研究，已然成为学界一个不小的热点。有人说，中国近现代日记已出版上千种，除《蒋介石日记》外，刘氏及其日记的研究最为活跃。我不知道这样的判断是否合适，但每每念及业师慧眼识珠，还是放不下这个末世举人刘大鹏。

也许，我会对刘大鹏及其《退想斋日记》的研究继续下去。

行　龙

甲辰夏日于山西大学

中国社会史研究中心

编后记

这本学界第一部在研读《退想斋日记》全本基础上开展刘大鹏微观社会史研究的专著，终于要出版问世了。作为恩师行龙教授新著的责任编辑，荣幸与惶恐之外，满满的全是感激与感动。

行龙老师师从《退想斋日记》的发现者——乔志强先生，是学界最早参与《日记》整理并利用《日记》开展学术研究的学者。1990年《日记》标注本出版后，作为重要的基础史料得到了众多海内外知名专家、学者的关注，相关的研究成绩斐然，甚至成为一个与社会史复兴同频且持续的学术热点。

面对繁华，老师却选择了孤寂，将关注的重点转而放在了《日记》全本的深入研究上。2018年至今，读《日记》、写长编、下田野，成为师兄弟们口中老师的常态，每次去老师办公室看到的总是他埋首苦读《日记》的身影，环视四周，映入眼帘的也一定是各种版本装订成册的《日记》复制本，间或亦有满是老师批改的长编打印稿。就这样，在过去的六年中，老师以惊人的毅力反复多遍研读了《日记》全文及存世的海量刘大鹏相关文献。老师在系统深入地研读《日记》

全本的基础上开展的刘大鹏及其《日记》的研究是不同于以往的重大学术突破，是围绕刘大鹏开展的微观社会史研究，具有全新的范式意义。

与此同时，长时间超负荷的工作，带给老师的却是眼部、颈肩部、腰部等多部位的病痛，每次与老师分别，他总嘱咐我注意休息，可私底下，我最挂念的永远是老师的健康。

在书稿编校过程中，我总是不由得想起自己编校《退想斋日记》影印本书稿的那一个个辛劳的日夜，想着老师这几年来竟是几倍于我的辛苦付出，那一刻我早已哽咽泪目。

时间过得真快，回想17年前初入师门，老师指导我研读《日记》标注本的岁月恍在昨日，与同门其他师兄弟相比，我无疑是最幸运的：因为我有幸见证了《末世举人刘大鹏》一书诞生的全过程。

龙山叠翠，晋水难老。相信在不久的将来，我们会看到行老师对刘大鹏及其《日记》研究的续作。

张仲伟

2024年8月于三晋出版社

图书在版编目(CIP)数据

末世举人刘大鹏 / 行龙著. -- 太原：三晋出版社，2024.9. -- ISBN 978-7-5457-2881-1

I.K825.41

中国国家版本馆CIP数据核字第2024RL1637号

末世举人刘大鹏

著　　者：	行　龙
责任编辑：	张仲伟
责任印制：	李佳音
装帧设计：	段宇杰
出　　品：	潇文工作室
出 版 者：	山西出版传媒集团·三晋出版社
地　　址：	太原市建设南路21号
电　　话：	0351—4956036（总编室）
	0351—4922203（印制部）
网　　址：	http://www.sjcbs.cn
经 销 者：	新华书店
承 印 者：	山西人民印刷有限责任公司
开　　本：	889mm×1194mm　1/32
印　　张：	10.5
字　　数：	200千字
印　　数：	1—3000册
版　　次：	2024年9月　第1版
印　　次：	2025年1月　第1次印刷
书　　号：	ISBN 978-7-5457-2881-1
定　　价：	66.00元

如有印装质量问题，请与本社发行部联系　电话：0351-4922268